Direito Agrário

Direito Agrário

DIREITO DE PREFERÊNCIA LEGAL E CONVENCIONAL

2016

Tatiana Bonatti Peres

DIREITO AGRÁRIO
DIREITO DE PREFERÊNCIA LEGAL E CONVENCIONAL
© ALMEDINA, 2016

AUTOR: Tatiana Bonatti Peres
DIAGRAMAÇÃO: Almedina
DESIGN DE CAPA: FBA.

ISBN: 978-858-49-3096-8

Dados Internacionais de Catalogação na Publicação (CIP)
(Câmara Brasileira do Livro, SP, Brasil)

Peres, Tatiana Bonatti
Direito agrário : direito de preferência legal
e convencional / Tatiana Bonatti Peres. --
São Paulo : Almedina, 2016.
Bibliografia.

ISBN 978-85-8493-096-8

1. Arrendamento - Brasil 2. Contratos - Brasil
3. Direito agrário - Brasil 4. Direito de
preferência - Brasil 5. Estatuto da Terra
6. Parcerias I. Título.

15-05361   CDU-347.9(81)

Índices para catálogo sistemático:

1. Brasil : Direito de preferência legal e
convencional : Direito agrário 347.243(81)

Este livro segue as regras do novo Acordo Ortográfico da Língua Portuguesa (1990).

Todos os direitos reservados. Nenhuma parte deste livro, protegido por copyright, pode ser reproduzida, armazenada ou transmitida de alguma forma ou por algum meio, seja eletrônico ou mecânico, inclusive fotocópia, gravação ou qualquer sistema de armazenagem de informações, sem a permissão expressa e por escrito da editora.

Março, 2016

EDITORA: Almedina Brasil
Rua José Maria Lisboa, 860, Conj.131 e 132, Jardim Paulista | 01423-001 São Paulo | Brasil
editora@almedina.com.br
www.almedina.com.br

Tendo em vista a importância econômica da produção agrária, que se destina basicamente ao sustento das necessidades primárias do ser humano, a propriedade imobiliária agrária ganha destaque neste século, por causa da necessidade do Poder Público de regular de perto seu uso e gozo, para a garantia da produção.

(LUCIANO DE SOUZA GODOY)[1]

---

[1] GODOY, Luciano de Souza. **Direito agrário constitucional**: o regime da propriedade. São Paulo: Atlas, 1998, p. 9.

Agradeço a Deus pela inspiração e força e aos meus pais por criarem um ambiente propício à minha dedicação a esta tarefa.

PREFÁCIO

Recebi, honrado, o convite da Dra. Tatiana Bonatti Peres para prefaciar este livro, "Direito agrário: direito de preferência legal e convencional", de grande atualidade e inegável importância para o Direito Imobiliário.

A Dra. Tatiana Bonatti Peres é especialista em Contratos pela PUC-SP (COGEAE), mestre e doutora em Direito Civil pela PUC-SP, autora de diversos artigos jurídicos de relevância e da obra singular "Opção de Compra", entre outras.

O presente trabalho desvenda, com percuciência, o direito de preferência legal no arrendamento rural, traçando importante comparação deste com o contrato de parceria.

Pela escassez de trabalhos acadêmicos sobre a matéria, é obra de inegável utilidade para os operadores do Direito Imobiliário, notadamente em razão da profundidade de tratamento dos temas propostos.

A autora discorre, ainda, sobre o direito de preferência no âmbito empresarial, analisando as diversas espécies ao relacionar o direito de preferência societário ao agrário.

A obra, definitivamente, esgota o tema ao tratar, inclusive, dos aspectos registrais e processuais, especialmente, quanto a estes, da execução específica do direito de preferência.

Demonstrando familiaridade com o tema e coragem, a autora analisa o posicionamento do Superior Tribunal de Justiça e oferece importantes soluções práticas para o pacto de preferência, alertando, em razão de profunda pesquisa, a necessidade de aprimoramento legislativo do Estatuto da Terra.

Enfim, trata-se de obra completa e inédita, que brinda os estudantes e estudiosos do Direito Imobiliário.

O resultado é um livro claro, prático, didático e profundo que vem para preencher lacuna editorial, tarefa brilhantemente levada a efeito pela culta autora e que ora apresento ao leitor.

LUIZ ANTONIO SCAVONE JUNIOR

Coordenador do Curso de pós-graduação em Direito Imobiliário da Escola Paulista de Direito – EPD

Professor da Universidade Presbiteriana Mackenzie

SUMÁRIO

INTRODUÇÃO 15

1. OS CONTRATOS AGRÁRIOS E O ESTATUTO DA TERRA 19
    1.1. Origem e tendência de extinção da parceria no Direito Estrangeiro 31
        1.0.1. Distinção entre contrato de parceria e arrendamento rural 36
        1.1.2. Cultivador direto 50
        1.1.3. A empresa agrária e sua gestão e exercício 52
        1.1.4. Função social da propriedade e exercício do direito de preferência 58
        1.1.5. Contratos agrários e o estrangeiro 64

2. O DIREITO DE PREFERÊNCIA 71
    2.1. Origem 71
    2.2. Noção 74
    2.3. Natureza jurídica 77
        2.3.1. Fases do direito de preferência 77
        2.3.2. Natureza jurídica do direito de ser preferido, do direito de prelação e do direito de resgate 82
    2.4. Possibilidade de renúncia do direito de preferência 89
    2.5. Utilidade 90
    2.6. Eficácia real ou pessoal do direito de preferência legal 92
    2.7. Regulamentação 95

DIREITO AGRÁRIO

3. O DIREITO DE PREFERÊNCIA NO ESTATUTO DA TERRA
(POSIÇÃO DO ARRENDATÁRIO) — 97
   3.1. A venda do imóvel durante a vigência do contrato – normas gerais — 100
   3.2. Extensão do direito de preferência — 108
      3.2.1. Direito de preferência em outras situações além da venda do imóvel — 108
      3.2.2. Direito de preferência no arrendamento de área parcial do imóvel — 113
      3.2.3. Direito de preferência do subarrendatário — 117
   3.3. Notificação para exercício do direito de preferência (denuntiatio) — 119
      3.3.1. Condições da oferta — 119
      3.3.2. Natureza jurídica da notificação (denuntiatio) — 126
   3.4. Exercício do direito de preferência (a opção de compra) — 132
   3.5. Venda judicial do imóvel – continuidade do contrato e exercício do direito de preferência — 134
   3.6. Eficácia real do direito de preferência do arrendatário — 145
   3.7. Desnecessidade de registro — 148
   3.8. Visão moderna do princípio da relatividade dos contratos — 153
   3.9. Responsabilidade do adquirente que viole o contrato agrário — 158

4. O DIREITO DE PREFERÊNCIA DO LOCATÁRIO — 163

5. O DIREITO DE PREFERÊNCIA NAS RELAÇÕES CIVIS — 173
   5.1. Direito de preferência como pacto adjeto da compra e venda — 173
   5.2. Eficácia pessoal do direito de preferência como pacto adjeto da compra e venda — 178
   5.3. Direito de preferência do condômino — 183
   5.4. Eficácia real do direito de preferência do condômino e propriedade resolúvel — 192

6. O DIREITO DE PREFERÊNCIA NO ÂMBITO SOCIETÁRIO — 195
   6.1. Sociedades de pessoas e o contrato de parceria — 196
      6.1.1. Sociedade em comandita simples — 196
      6.1.2. Sociedade em nome coletivo — 199
      6.1.3. Sociedade de capital e indústria — 200
      6.1.4. Sociedade em conta de participação — 203
      6.1.5. Sociedade por quotas de responsabilidade limitada — 204

SUMÁRIO

6.2.	Direito de preferência nas sociedades de pessoas em geral	205
6.3.	Direito de preferência na sociedade por quotas de responsabilidade limitada	206
6.4.	Sociedade por ações e o contrato de parceria	207
6.5.	Direito de preferência na sociedade por ações	208
6.6.	Eficácia real do direito de preferência societário	210
6.7.	Relação entre o direito de preferência societário e agrário	212

7. DIREITO DE PREFERÊNCIA DO PARCEIRO OUTORGADO ... 217

7.1. Técnicas de interpretação do Estatuto da Terra e seu Regulamento ... 217

7.2. Interpretação doutrinária e jurisprudencial do Estatuto da Terra e seu Regulamento ... 219

7.2.1. Defensores da existência do direito legal de preferência do parceiro outorgado ... 220

7.2.2. Defensores da inexistência do direito legal de preferência do parceiro outorgado ... 223

7.2.3. Posição intermediária – indo além da mera interpretação literal e/ou sistemática (interpretações teleológica e histórica) ... 228

7.3. Conclusões sobre a interpretação do Estatuto da Terra e seu Regulamento ... 232

8. DIREITO DE PREFERÊNCIA CONVENCIONAL ... 235

8.1. Caracterização ... 239

8.2. Elementos de existência e requisitos de validade ... 243

9. PRINCIPAIS EFEITOS JURÍDICOS DO CONTRATO DE PREEMPÇÃO ... 249

9.1. Efeitos para o preferente ... 250

9.2. Efeitos para o proprietário ... 252

9.3. Efeitos para terceiros ... 254

10. REGISTRO DO CONTRATO DE PREEMPÇÃO ... 255

11. EXECUÇÃO ESPECÍFICA DO DIREITO DE PREFERÊNCIA DO PARCEIRO OUTORGADO ... 259

11.1. Execução específica do direito de preferência com efeitos pessoais ... 260

DIREITO AGRÁRIO

11.2. Execução específica da preferência com efeitos reais – a ação
de preferência 266
11.2.1. Legitimidade passiva na ação de preferência 275
11.2.2. Prazo para exercer o direito de preferência violado 279
11.2.3. Depósito do preço 283

12. CESSÃO DO DIREITO DE PREFERÊNCIA COM EFICÁCIA REAL 293

13. CAUSAS EXTINTIVAS 297

CONCLUSÃO 301
REFERÊNCIAS 305

INTRODUÇÃO

O Estatuto da Terra[2], no parágrafo 3º do artigo 92[3], assim como o artigo 45[4] de seu Regulamento[5], asseguram ao arrendatário, de forma expressa, o direito de preferência em caso de alienação do imóvel arrendado, enquanto a mesma Lei e seu Regulamento não apresentam dispositivo equivalente que assegure de forma expressa o direito de preferência ao parceiro outorgado.

Não obstante, o inciso VII do artigo 96 do Estatuto da Terra[6], estabelece que se aplicam à parceria rural as normas pertinentes ao arrendamento rural, "no que couber", bem como as "regras do contrato de sociedade", no que não estiver regulado pela referida Lei.

Preliminarmente, a interpretação conjunta desses dois dispositivos, poderia levar à conclusão de que a Lei assegura, também, ao parceiro outorgado o direito de preferência para a aquisição do imóvel objeto da

---

[2] Lei nº 4.504, de 30 de novembro de 1964.

[3] Art. 92, §3º – No caso de alienação do imóvel arrendado, o arrendatário terá preferência para adquiri-lo em igualdade de condições, devendo o proprietário dar-lhe conhecimento da venda, a fim de que possa exercitar o direito de perempção dentro de trinta dias, a contar da notificação judicial ou comprovadamente efetuada, mediante recibo.

[4] Art. 45. Fica assegurado a arrendatário o direito de preempção na aquisição do imóvel rural arrendado. Manifestada a vontade do proprietário de alienar o imóvel, deverá notificar o arrendatário para, no prazo, de 30 (trinta) dias, contado da notificação, exercer o seu direito (art. 92, §3º do Estatuto da Terra).

[5] Decreto nº 59.566, de 14 de novembro de 1966.

[6] Assim como o artigo 34 de seu Regulamento.

DIREITO AGRÁRIO

parceria, seja pela aplicação da regra relativa aos contratos de arrendamento, já que o direito de preferência agrário encontra-se regulado pela Lei agrária, ou, ainda, pela possibilidade de aplicação de certas regras do contrato de sociedade.

Não obstante, o entendimento que prevalece na doutrina e jurisprudência pátrias, conforme, aliás, é o atual entendimento do STJ, é o contrário, conforme se verifica do trecho a seguir transcrito: "O direito de preferência que se confere ao arrendatário rural não alcança o contrato de parceria."[7]

Todavia, é possível encontrar entendimento doutrinário e jurisprudencial em sentido contrário, que defende que o direito de preferência da Lei também se aplica ao contrato de parceria.

Neste trabalho, analisaremos tanto os argumentos favoráveis e contrários ao direito de preferência que denominaremos de direito de preferência "legal" do parceiro outorgado, isto é, que independe de previsão contratual, bem como e independentemente da conclusão a que se chegar quanto à primeira questão, a possibilidade de parceiro outorgante e parceiro outorgado fixarem regras específicas relativas ao direito de preferência do parceiro outorgado, que chamaremos de direito de preferência "convencional" do parceiro outorgado, bem como quais efeitos teriam uma convenção dessa natureza.

Para tal finalidade, analisaremos: (I) as diferenças entre os contratos de arrendamento e parceria, especialmente para entender se é justificável tratamento diferenciado a tais contratos, quanto ao direito de preferência, em caso de venda do imóvel rural durante o prazo contratual; (II) a natureza jurídica do instituto do direito de preferência, bem como os valores que justificaram a sua proteção legal, nos casos em que existe, (III) as regras, finalidades e efeitos atinentes ao direito de preferência do Estatuto da Terra e outros direitos legais de preferência, (IV) as regras atinentes aos principais contratos de sociedade existentes à época da edição do Estatuto da Terra, que poderiam se aplicar à parceria e ao direito de preferência do parceiro outorgado; (V) a natureza e efeitos do direito de preferência contratual, (VI) as fases de existência do direito de preferên-

---

[7] Conforme decisão da 4ª Turma do STJ, nos autos do RESP 264.805 MG, j. em 21/03/ 2002, rel. o Min. Cesar Asfor Rocha. No mesmo sentido: RESP 37.867-2 RS, 4ª Turma do STJ, j. em 31/05/1994, rel. o Min. Barros Monteiro, e RESP 97.405 RS, 4ª Turma do STJ, j. em 15/10/1996, rel. Min. Ruy Rosado de Aguiar Junior.

INTRODUÇÃO

cia, bem como suas causas extintivas e possibilidade de cessão do direito; e (VI) a possibilidade de execução específica, em caso de inadimplemento, tanto do direito de preferência legal quanto convencional.

Não será objeto de estudo neste trabalho o direito de preferência do parceiro outorgado para a renovação do contrato de parceria, conforme previsto no inciso III do artigo 96 do Estatuto da Terra.

1.

Os Contratos Agrários e o Estatuto da Terra

O Estatuto da Terra e seu Regulamento têm seu âmbito de incidência nos contratos celebrados para o uso temporário de imóveis para a atividade agrícola, pecuária, agropecuária, extrativa ou mista, ainda que o imóvel se situe em área urbana. Tais atividades podem ser exploradas, portanto, por meio de contratos de arrendamento (modalidade de locação de imóvel para finalidade rural) ou parceria, contratos típicos previstos na Lei agrária, ou sob outra modalidade contratual.[8]

A Lei do Inquilinato[9], por sua vez, regula a locação de imóveis para finalidades urbanas (comércio, indústria, moradia), ressalvadas as leis especiais e as locações que continuam regidas pelas normas gerais do Código Civil (artigos 565 a 578).

Em outras palavras, o critério para a caracterização de locação de imóvel urbano (aplicação da Lei do Inquilinato) ou arrendamento de imóvel rural (aplicação do Estatuto da Terra) deve ser não a localização do imóvel, mas a atividade a ser nele desenvolvida.

---

[8] Assim dispõe o artigo 39 do Regulamento: "Art.39. Quando o uso ou posse temporária da terra fôr exercido por qualquer outra modalidade contratual, diversa dos contratos de Arrendamento e Parceria, serão observadas pelo proprietário do imóvel as mesmas regras aplicáveis à arrendatários e parceiros, e, em especial a condição estabelecida no art. 38 supra."

[9] Lei nº 8.245, de 18 de outubro de 1991.

DIREITO AGRÁRIO

Altamir Pettersen e Nilson Marques, em 1977, esclareciam que a passagem da regulação das relações agrárias do Código Civil (artigos 1.211 a 1.215 e artigos 1.410 e seguintes do Código Civil de 1916) para uma lei especial foi exigência da evolução e busca no equilíbrio das referidas relações, em que os parceiros e arrendatários eram explorados economicamente pelos proprietários das terras:

> Durante a vigência do Código Civil como regulador das relações agrárias, a situação no campo favorecia totalmente os proprietários, os quais, de *modo ávaro e anti-social*, recebiam a cada ano o valor da própria terra, deixando, do lado oposto, parceiros e arrendatários em extremada pobreza e instabilidade econômica, sem as mínimas garantias de subsistência para si e seus familiares, sem possibilidade de progresso econômico, tornando injustas as relações contratuais vigorantes.
>
> O direito, como ciência, evolui. O Direito Agrário, paulatinamente, acompanhando a evolução da própria vida, evoluiu, desgarrando-se do tronco civil primitivo, ganhando foro de disciplina autônoma [...].
>
> Mereceu a função social da propriedade relevo especial no Estatuto da Terra (artigo 2º e parágrafos e artigo 12), objetivando antes e acima de tudo, a perfeita ordenação do sistema agrário do país, de acordo com os princípios de justiça social, conciliando a liberdade de iniciativa com a valorização do trabalho (artigo 103).
>
> O cerne do problema da função social está posto no dispositivo mencionado, ao declarar, *literis:*
>
> A PROPRIEDADE PRIVADA DA TERRA CABE INTRINSECAMENTE UMA FUNÇÃO SOCIAL E SEU USO É CONDICIONADO AO BEM-ESTAR COLETIVO PREVISTO NA COBSTITUIÇÃO FEDERAL E CARACTERIZADO NESTA LEI (ART. 12).[10]

No mesmo sentido, Giselda Maria Fernandes Novaes Hironaka apontava, em 1990, sobre a necessidade de intervenção estatal na relações agrárias:

> A necessidade de uma legislação especificamente agrária que disciplinasse a matéria, sem dissociá-la da realidade social, tornava-se cada vez mais pre-

[10] PETTERSEN, Altamir; MARQUES, Nilson. **Uso e posse temporária da terra** (arrendamento e parceria). São Paulo: Pró-livro, 1977, p. 25-27.

OS CONTRATOS AGRÁRIOS E O ESTATUTO DA TERRA

mente à medida que profundas transformações operavam-se no meio rural. As crises que abalaram nossa agricultura, nosso País e o mundo todo, de modo geral, impunham a necessidade de substituição das normas fundamentadas na doutrina da autonomia da vontade (e que, na realidade, só protegiam os interesses do proprietário), por outras, que atentassem para os aspectos sociais do problema, visando antes de tudo o homem e, a seguir, o uso adequado da terra, a preservação dos recursos naturais, respeitado o princípio da função social da propriedade.[11]

Acerca da função social da propriedade[12], vale esclarecer que é apenas um dos princípios que regem os contratos e o Direito Agrário, como enfatiza Wellington Pacheco Barros, pois os contratos agrários, assim "como todo o direito agrário, está assentado em 5 princípios fundamentais: – Função social da propriedade; – Justiça social; – Prevalência do interesse coletivo sobre o individual; – Reformulação da estrutura fundiária; e – Progresso econômico e social." [13]

José Bezerra Costa, por sua vez, ao afirmar que "O Direito Agrário busca a promoção social de quem trabalha a terra, a fim de ajustar a propriedade do fundo rústico à sua função social"[14], está nos remetendo a um dos pilares que justificaram a introdução no sistema jurídico brasileiro do direito de preferência legal de quem cultiva a terra.

Emílio Alberto Maya Gischkow, na mesma linha, associa a função social da propriedade com a preocupação com o acesso à terra:

A função social da propriedade (CF, art. 160, III) constitui a nova fundamentação constitucional da propriedade, visando a justiça social.

Em outras palavras, o fundamento constitucional do direito agrário visa a realização da justiça social, através da reformulação do sistema fundiário, com base na função social da propriedade.

[...]

---

[11] HIRONAKA, Giselda Maria Fernandes Novaes. Contratos agrários. In: **Revista de Direito Civil, Imobiliário, Agrário e Empresarial**, ano 14, p. 100-121, jul.-set., 1990, p. 100-101.

[12] Voltaremos a tratar especificamente da função social da propriedade no item 1.1.4 deste trabalho.

[13] BARROS, Wellington Pacheco. **Contrato de parceria rural**: doutrina, jurisprudência e prática. Porto Alegre: Livraria do Advogado, 1999, p. 19.

[14] COSTA, José Bezerra. **Arrendamento rural**: direito de preferência. Goiânia: AB, 1993, p. 24.

O primeiro elemento conceitual do direito agrário diz com a *igualdade de oportunidades de acesso à terra* (Lei nº 4.504, art. 2º).

O conteúdo do dispositivo, nitidamente de caráter social, evidencia prevalência de um critério de direito público. Implica normas programáticas que determinam um critério distributivista da propriedade. Esta deve ser acessível a todos. Todos têm direito de ser proprietários. Dentro desse conceito, a propriedade se socializa, não no sentido de sua extinção, mas de sua distribuição a todos. [15]

Pinto Ferreira lembra, ainda, que: "Os contratos agrários têm características que disciplinam a sua estrutura; não resultam tão-só de simples acordo de vontades, mas obedecem a normas obrigatórias e imperativas, tendo em vista o interesse coletivo." [16]

Em outras palavras, nos contratos agrários, a liberdade de contratar das partes é limitada pelas normas e princípios de caráter cogente, ou seja, normas e princípios que estão acima da vontade das partes, que não podem ser por elas afastados ou alterados, por envolverem interesses maiores, interesses sociais (coletivos). Os artigos 12 e 13 do Regulamento do Estatuto da Terra apresentam cláusulas obrigatórias, que devem constar dos contratos agrários escritos.

Por sua vez, o artigo 93 do Estatuto da Terra[17] traz algumas vedações expressas, visando a proteção do parceiro outorgado e do arrendatário.

Há quem diga que a intenção da Lei e seu Regulamento é proteger a parte considerada mais fraca na relação, isto é, o trabalhador.[18] Nessa linha, defende Wellington Pacheco Barros:

---

[15] GISCHKOW, Emílio Alberto Maya. **Princípios de direito agrário** – desapropriação e reforma agrária. São Paulo: Saraiva, 1988, p. 15.

[16] FERREIRA, Pinto. **Curso de direito agrário.** 2.ed.São Paulo: Saraiva, 1995, p. 219.

[17] Art. 93. Ao proprietário é vedado exigir do arrendatário ou do parceiro: I – prestação de serviço gratuito; II – exclusividade da venda da colheita; III – obrigatoriedade do beneficiamento da produção em seu estabelecimento; IV – obrigatoriedade da aquisição de gêneros e utilidades em seus armazéns ou barracões; V – aceitação de pagamento em "ordens", "vales", "borós" ou outras formas regionais substitutivas da moeda.

Parágrafo único. Ao proprietário que houver financiado o arrendatário ou parceiro, por inexistência de financiamento direto, será facultado exigir a venda da colheita até o limite do financiamento concedido, observados os níveis de preços do mercado local.

[18] Nesse sentido, vide: BORGES, Antonino Moura. **Estatuto da Terra comentado.** Leme, SP: Edijur, 2007, p. 365.

OS CONTRATOS AGRÁRIOS E O ESTATUTO DA TERRA

É possível concluir do estudo que se faça do tema, que os contratos agrários surgiram com uma conotação visível de justiça social e que na análise integrada de seus dispositivos, nitidamente se observa a proteção contratual da maioria desprivilegiada, a detentora do trabalho e que vem a possuir a terra de forma onerosa, em detrimento da minoria privilegiada, os proprietário ou possuidores rurais permanentes.[19]

Roberto Grassi Neto[20], por outro lado, afirma que, na origem, o Estatuto da Terra visava a proteção do polo economicamente mais fraco, correspondente à parte que administra a empresa agrária.

Tais assertivas, com o devido respeito às opiniões, não nos parecem totalmente precisas, pois, conforme detalharemos mais adiante no presente trabalho, na origem, o proprietário da terra era quem administrava a empresa agrária no contrato de parceria e, atualmente, arrendatário e parceiro outorgado podem não ser trabalhadores, mas grandes empresas administradoras da atividade agrária.

De modo que, consideramos que é preferível dizer apenas que a intenção da lei foi proteger arrendatários e parceiros outorgados dos abusos cometidos até então pelos proprietários das terras, assim como garantir o acesso à terra e a continuidade da empresa agrária. Nessa linha, aponta Luciano de Souza Godoy:

> Tendo em vista a importância econômica da produção agrária, que se destina basicamente ao sustento das necessidades primárias do ser humano, a propriedade imobiliária agrária ganha destaque neste século, por causa da necessidade do Poder Público de regular de perto seu uso e gozo, para a garantia da produção.[21]

---

[19] BARROS, Wellington Pacheco. **Curso de direito agrário**. v.1. 7. ed. rev. e ampl. Porto Alegre: Livraria do Advogado, 2012, p. 112-113.

[20] GRASSI NETO, Roberto. **Evolução e perspectiva dos contratos agrários**. São Paulo: Faculdade de Direito da Universidade de São Paulo, 1998, 287 f. Dissertação (Mestrado em Direito), elaborada sob a orientação do Professor Doutor Fábio Maria De-Mattia, no curso de Direito Civil da Faculdade de Direito da Universidade de São Paulo, p. 172.

[21] GODOY, Luciano de Souza. **Direito agrário constitucional**: o regime da propriedade. São Paulo: Atlas, 1998, p. 9.

DIREITO AGRÁRIO

A configuração original dos contratos agrários mudou bastante desde a edição do Estatuto da Terra até o presente, razão pela qual enfatizamos no presente trabalho as datas em que os autores aqui citados emitiram a sua opinião.

Como afirmam Luiz Fernando Fraga e Pedro Bruning do Val:

> Sobre o tema, há quem considere os contratos agrários típicos valiosos instrumentos para o agronegócio, mas aduza que eles não condizem com o alto grau de profissionalização das relações agrárias atualmente existentes, sugerindo sua revisão.
>
> Tem-se aqui polêmico aspecto dos contratos agrários, qual seja, a inadequação da vigente legislação à nova realidade do campo no Brasil, da produção agrícola e pecuária, do agronegócio, uma vez que suas normas de cunho protecionista foram formuladas e promulgadas em um contexto muito diferente do que se verifica já há algum tempo.[22]

É para proteger arrendatários e parceiros outorgados que o artigo 2º do Regulamento[23] estabeleceu a irrenunciabilidade dos direitos e vantagens previstas no referido Decreto e em outras leis. Além disso, consta expressamente na Lei nº 4.947/66, além da irrenunciabilidade dos direitos, a proteção social e econômica aos arrendatários cultivadores diretos e pessoais:

> Art. 13 – Os contratos agrários regulam-se pelos princípios gerais que regem os contratos de Direito comum, no que concerne ao acordo de vontade e ao objeto, observados os seguintes preceitos de Direito Agrário:
> [...]
> V – proteção social e econômica aos arrendatários cultivadores diretos e pessoais.

As definições de cultivador direto e cultivador direto e pessoal estão nos artigos 7 e 8 do Regulamento, a saber:

---

[22] FRAGA, Luiz Fernando; VAL, Pedro Bruning do. A função social da propriedade como limitador da autonomia da vontade nos contratos agrários e sua aplicação pelo Poder Judiciário. In: MEDEIROS NETO, Elias Marques de. **Aspectos polêmicos do agronegócio**: uma visão através do contencioso. São Paulo: Castro Lopes, p. 791-811, 2013, p. 805.

[23] Assim como o artigo 13, I do Regulamento.

OS CONTRATOS AGRÁRIOS E O ESTATUTO DA TERRA

Art. 7º Para os efeitos dêste Regulamento entende-se por exploração direta, aquela em que o beneficiário da exploração assume riscos do empreendimento, custeando despesas necessárias.

§1º Denomina-se Cultivador Direto aquêle que exerce atividade de exploração na forma dêste artigo.

§2º Os arrendatários serão sempre admitidos como cultivadores diretos.

Art. 8º Para os fins do disposto no art.13, inciso V, da Lei nº 4.947-66, entende-se por cultivo direto e pessoal, a exploração direta na qual o proprietário, ou arrendatário ou o parceiro, e seu conjunto familiar, residindo no imóvel e vivendo em mútua dependência, utilizam assalariados em número que não ultrapassa o número de membros ativos daquele conjunto.

Parágrafo único. Denomina-se cultivador direto e pessoal aquêle que exerce atividade de exploração na forma dêste artigo.

Devendo, de acordo com a definição legal, o cultivador direto, custear as despesas de exploração do empreendimento, não será cultivador direto o parceiro outorgante que apenas contribuir com a terra nua, conforme artigo 49 do Regulamento:

Art. 49. Para todos os efeitos do presente Regulamento, o parceiro-outorgante, no caso de parceria da modalidade prevista na alínea "a", inciso VI, do art. 96, do Estatuto da Terra, não será considerado cultivador direto.[24]

Vale ressaltar, novamente, que a realidade mudou bastante desde a edição da Lei e seu Regulamento, e a riqueza não necessariamente está nas mãos de proprietários de imóveis, podendo, muitas vezes, os arrendatários e parceiros outorgados ser grandes empresas e os proprietários dos imóveis rurais pessoas físicas ou pequenas empresas, o que demonstra que, atualmente, na prática, em algumas situações a Lei protege não a parte economicamente mais frágil.

Por esta razão, já se discutiu quanto à aplicação do Estatuto da Terra aos contratos celebrados por empresas para o uso temporário da terra.

---

[24] Assim dispõe o referido artigo e inciso: VI – na participação dos frutos da parceria, a quota do proprietário não poderá ser superior a: a) 20% (vinte por cento), quando concorrer apenas com a terra nua;

DIREITO AGRÁRIO

Apesar da decisão do extinto 2º Tribunal de Alçada Cível de São Paulo, afirmando que o arrendamento rural entre empresas rege-se pelo Código Civil, a decisão foi revertida no STJ, em 24 de novembro de 1997, nos autos do RESP 112.144 SP, tendo como relator o Min. Carlos Alberto Menezes Direito, onde prevaleceu o entendimento que o Estatuto da Terra se aplica a quaisquer contratos de arrendamento e parceria rural, independentemente de quem sejam as partes contratantes: "Na verdade, a proteção ao menos favorecido economicamente, ainda que explicitada no Decreto regulamentar, não tem o condão de desqualificar o arrendamento entre pessoas jurídicas para o efeito da incidência da Lei nº 4.504/64."

Como afirmam Luiz Fernando Fraga e Pedro Bruning do Val:

> Pela análise da jurisprudência, percebe-se que até recentemente questões relativas a contratos agrários firmados por grandes empresas produtoras não eram frequentes, havendo até julgados em que se reconhecia a aplicação das regras de Direito Agrário indistintamente a pessoas físicas e jurídicas.
>
> Contudo, existem precedentes, especialmente do Tribunal de Justiça do estado de São Paulo, em que, com base em análise teleológica do Estatuto da Terra, as normas cogentes de tal diploma foram consideradas inaplicáveis às hipóteses em que não houvesse desequilíbrio entre o proprietário rural e aquele que explora a terra.[25]

Nesse sentido, por exemplo, o acórdão de 23/02/2011, da 30ª Câmara de Direito Privado do TJ-SP, nos autos da Apelação 0003587-37.2009.8. 26.0415, tendo como relator o Des. Marcos Ramos, que manteve como obrigatórios os percentuais de remuneração devida ao proprietário da terra, em contrato de parceria, estabelecidos acima dos fixados no Estatuto da Terra, quando o parceiro outorgado não era vulnerável:

> [...] Estatuto da terra – inaplicabilidade – Parceria pactuada por usina de açúcar e álcool – Lei criada com o fito de proteger a agricultura de subsistência. [...]

---

[25] FRAGA, Luiz Fernando; VAL, Pedro Bruning do. A função social da propriedade como limitador da autonomia da vontade nos contratos agrários e sua aplicação pelo Poder Judiciário. In: MEDEIROS NETO, Elias Marques de. **Aspectos polêmicos do agronegócio**: uma visão através do contencioso. São Paulo: Castro Lopes, p.791-811, 2013, p. 806.

[...]

Isso porque, uma usina de açúcar, pessoa jurídica de forte estrutura financeira e administrativa, em nada se assemelha ao pequeno produtor rural, que normalmente trabalha a terra com sua família e ostenta situação de inferioridade cultural e econômica, elementos que justificam o tratamento protecionista, haja vista que um dos escopos básicos da legislação agrária é promover a melhor distribuição da terra, mediante modificações no regime de sua posse e uso, a fim de atender aos princípios de justiça social e valorizar o homem no campo.

Assim, não se verificando a situação de desigualdade, não há que se aplicar uma estrutura legal fundada em um conjunto de providências de amparo à propriedade da terra, que se destinam a orientar, no interesse da economia rural, as atividades agropecuárias, seja no sentido de garantir-lhes o pleno emprego, seja no de harmonizá-las com o processo de industrialização do país (conceito rural de "Política Agrícola").

A inaplicabilidade do Estatuto da Terra à hipótese se mostrou evidente desde a primeira contratação, ocorrida em 1988, e em todas as subsequentes, que se deram com total autonomia de vontades, sem intervenção estatal, de forma que, formado o vínculo validamente, vale dizer, definidos os direitos e obrigações de cada parte, as respectivas cláusulas têm, para os contratantes, força obrigatória.

Também em acórdão de 03/09/2009 da 3ª Turma do STJ, nos autos do RESP 1.103.241, tendo como relatora a Min. Nancy Andrighi, já se decidiu que "os direitos previstos ao arrendatário pelo Estatuto da Terra e por seu Regulamento – dentre eles, o de preferência – são titularizados apenas pelo pequeno agricultor que exerce sua atividade em âmbito familiar ou em pequeno grupo e que reside no imóvel explorado. [...]." E acrescenta:

A premissa inicial adotada não é inovadora, tanto na doutrina quanto na jurisprudência.

A orientação no sentido de que o direito de preferência do arrendatário depende da verificação dos requisitos relativos à exploração direta e familiar da terra foi adotada no STJ em dois precedentes, a saber: Resp no 36.227/MG, 4a Turma, Rel. Min. Torreão Braz, DJ de 13.12.1993 (este citado como paradigma pelo recurso especial) e Resp no 485.814/MG, 3a Turma, Rel. Min. Menezes Direito, DJ de 31.05.2004)

Todavia, a mesma decisão reconheceu o direito de preferência ao arrendatário, pois existia a previsão contratual acerca de tal direito.

Com o devido respeito à posição adotada pelo STJ, consideramos que enquanto não existir uma outra Lei e Decreto regulamentadores dos contratos agrários, o Estatuto da Terra e seu Regulamento aplicam-se a quaisquer contratos agrários, ainda que as partes contratantes não sejam hipossuficientes, embora entendemos que os dispositivos do Estatuto da Terra e seu Regulamento possam ser afastados ou alterados, por contrato, quando houver real autonomia das partes na contratação.

De todo modo, não parece razoável afastar o direito de preferência legal do arrendatário, se não houver expressa disposição contratual nesse sentido. Tal possibilidade geraria insegurança jurídica, por afastar um direito assegurado por lei, sem que as partes tenham tido oportunidade de se manifestar pelo interesse em afastá-lo ou renunciá-lo.

Ademais, consideramos que, embora alguns dispositivos do Estatuto da Terra e seu Regulamento possam ser afastados, por contrato, pelas partes que tenham autonomia contratual, a renúncia em abstrato do direito de preferência legal não deve ser considerada válida, pois tem razões outras que não apenas a preocupação exclusiva com a titularidade da terra, como, por exemplo, de assegurar a continuidade da empresa agrária.

Roberto Grassi Neto destaca, com o que nos alinhamos, que o direito de preferência legalmente estabelecido representa "uma maior preocupação com a tutela da empresa agrária propriamente dita, do que com a propriedade em si." [26]

Em outras palavras, assim como a Lei do Inquilinato protege o direito à moradia, em contratos residenciais, protege o ponto empresarial em contratos não-residenciais, e assegura ao empresário urbano o direito de preferência, para a preservação da atividade, independentemente do tamanho da empresa, essa discriminação também não deve existir na esfera rural.

Sérgio Campinho esclarece acerca do princípio da preservação da empresa, que é protegido em nosso sistema jurídico tanto em nível constitucional quanto infraconstitucional:

---

[26] GRASSI NETO, Roberto. O "direito de preferência" nos contratos agrários. In: **Revista de Direito Imobiliário, Agrário e Empresarial**, ano 18, p. 108-123, abr.-jun., 1994, p. 112.

O princípio da preservação da empresa, fundado na sua função social, direciona o intérprete para sempre incentivar o seu exercício (o da empresa), ante um foco de interesses próprios marcado pela produção de dividendos sociais. É inevitável sua consideração como um importante fator de desenvolvimento econômico-social, irradiando e distribuindo riquezas, na medida em que se afigura como fonte de empregos, de tributos e de produção de bens e serviços que beneficiam toda a comunidade em que ele atua.[27]

J. Paulo Bittencourt, em 1976, apontava que, quanto à:

prelação legal do cultivador direto para a aquisição do fundo agrário, é bem de ver que seu fundamento reside na tutela que se quer dar ao trabalho do cultivador como razão da aquisição do direito de propriedade e à qual se junta o propósito de consolidar a empresa agrária, especialmente nos casos em que este surge do trabalho pessoal ou familiar do empresário.[28]

Isso não se alinha ao entendimento dos que defendem que a Lei apenas se preocupou com o direito de preferência do arrendatário, pois, o parceiro outorgado também pode ser (e normalmente é, na configuração atual dos contratos de parceria) cultivador direto.

Atualmente, a situação mais comum que se verifica nos contratos de parceria é a que o proprietário apenas contribui com a terra nua, situação esta que aproxima o contrato celebrado a um arrendamento com aluguel variável.

Vale lembrar, ainda, que a parceria mais comumente existente, na origem do instituto, era na realidade um contrato em que o parceiro outorgado contribuía apenas com seu trabalho, como uma espécie de sociedade de capital e indústria, porém sem personalidade jurídica, assunto do qual voltaremos a tratar mais adiante, no item 6.1.3 deste trabalho.

---

[27] CAMPINHO, Sérgio. Regime jurídico do contrato. O contrato de locação na falência. Direito de preferência do locatário do falido. A falência e o princípio da "venda (não) rompe a locação". In: **Revista Semestral de Direito Empresarial**. Rio de Janeiro, n. 2, p. 241-267, jan-jun., 2008, p. 262.

[28] BITTENCOURT, J. Paulo. O direito de prelação do cultivador direto. In: **Arquivos do Ministério da Justiça**, v.33, n. 140, p. 182-190, out-dez.,1976, p. 188.

DIREITO AGRÁRIO

Por esta razão, aliás, que o artigo 84 do Regulamento[29] veio a definir a falsa parceria, isto é, quando tal contrato, ao invés de representar compartilhamento de riscos da atividade, atribui a gestão e riscos da empresa exclusivamente ao parceiro outorgante e ao parceiro outorgado cabe como contraprestação pelo seu trabalho, um valor em dinheiro, além de percentual na lavoura, assegurado o pagamento de um salário mínimo.

Em que pesem as diferenças dos contratos agrários, tanto em sua definição legal quanto na sua configuração real, isto é, na contribuição efetiva de cada parceiro, conforme estabelecido em cada contrato de parceria, é certo que tanto os contratos de arrendamento quanto os de parceria são contratos próximos e regidos pela mesma Lei e sujeitos aos mesmos princípios, que visam proteger interesses coletivos e não apenas das partes contratantes.

Diante das considerações acima, temos as seguintes conclusões parciais:

(1) Os contratos agrários (arrendamento e parceria) regulam o uso de imóvel para finalidade rural. Eles são regidos por legislação protecionista (o Estatuto da Terra e seu Regulamento), que assegura diversos direitos irrenunciáveis à parte considerada mais fraca, o arrendatário/parceiro outorgado.

(2) As partes não podem afastar tais normas, de caráter cogente, ressalvada a hipótese de haver real autonomia contratual, por exemplo, quando a parte mais fraca na relação contratual não for o arrendatário/parceiro outorgado, ou quando eles não forem vulneráveis.

(3) Na falta de previsão contratual em contrário, as normas do Estatuto da Terra e seu Regulamento aplicam-se a todas as pessoas (física ou jurídicas) que celebrem contratos agrários, ainda que haja real autonomia contratual.

---

[29] Art. 84. Os contratos que regulam o pagamento do trabalhador, parte em dinheiro e parte percentual na lavoura cultivada, ou gado tratado, são considerados simples locação de serviço, regulada pela legislação trabalhista, sempre que a direção dos trabalhos seja de inteira e exclusiva responsabilidade do proprietário, locatário do serviço a quem cabe todo o risco, assegurando-se ao locador, pelo menos a percepção do salário-mínimo no cômputo das duas parcelas.

> (4) A legislação agrária assegura de forma expressa o direito de preferência ao arrendatário, de modo que, independentemente da qualidade de cultivador direito ou do porte da empresa agrária, tal direito deve ser assegurado a qualquer arrendatário, pois a finalidade do direito de preferência agrário é: (I) assegurar a moradia/subsistência do trabalhador rural; e/ou (II) assegurar a continuidade da empresa agrária.

1.1. Origem e tendência de extinção da parceria no Direito Estrangeiro

Quanto à origem dos contratos agrários, Antonino Moura Borges indica que:

> Os contratos tipicamente agrários, tanto o arrendamento quanto a parceria, passaram por evoluções, mas sempre existiram desde o Império Romano, onde foi mais utilizado na antiguidade. [...]
>
> No entanto, antes do Império Romano, já surgira o famoso Código de Hammurabi, de origem árabe, principalmente do povo da Babilônia, escrito por Hamurabi, também chamado de Khamu – rabi, em 1.694 antes de Cristo, o qual achou por bem escrever um Código que fosse o mais perfeito da época, até porque entendia que estava inspirado por Deus, tanto é que trazia sempre um braço apertado no peito como sinal da dita inspiração e então escrevia decretos sobre justiça e equidade, perfazendo 46 colunas, as quais continha 3.600 linhas cada, portanto, pode-se dizer que era composto de 280 parágrafos, dentre os quais, nada menos que 65 trataram das atividades agropecuárias.[30]

A legislação brasileira, nas palavras de Roberto Grassi Neto, é uma mistura entre as antigas legislações alemã e italiana, por sua vez baseadas no *Code Napoléon*.[31]

---

[30] BORGES, Antonino Moura. **Curso completo de direito agrário.** 4. ed. Campo Grande: Contemplar, 2012, p. 463-464.

[31] Nesse sentido, vide: GRASSI NETO, Roberto. **Evolução e perspectiva dos contratos agrários.** São Paulo: Faculdade de Direito da Universidade de São Paulo, 1998, 287 f. Dissertação (Mestrado em Direito), elaborada sob a orientação do Professor Doutor Fábio Maria De-Mattia, no curso de Direito Civil da Faculdade de Direito da Universidade de São Paulo, p. 144.

DIREITO AGRÁRIO

O mesmo autor[32] ensina que "A primeira experiência referente à adoção da parceria rural no Brasil coube ao Conselheiro "Vergueiro, que, a partir de 1840 passou a gradualmente introduzi-la na cultura cafeeira". O autor mostra que, na origem, revelava-se como uma forma de financiamento da atividade pelo dono da terra, que financiava, inclusive, a viagem do colono contratado na Europa.

Na Itália, a partir da Lei nº 203/1982, foram extintas as figuras associativas da *mezzadria* (parceria) e da *colonia parziaria* (colonato), devendo os contratos existentes à época da entrada em vigor de referida lei ser convertidos em arrendamento, em um prazo de 4 anos.

Giovanni Carrara[33] aponta as diferenças e traços comuns dos dois contratos associativos italianos (*mezzadria* e *colonia parziaria*), sendo que têm em comum, dentre outros aspectos, o caráter associativo, a direção da empresa agrária atribuída ao concedente/outorgante, mas têm como diferenças, dentre outras: (I) as partes, porque a *mezzadria* uma das partes deve ser uma família colônica, mas na *colonia parziaria* não é necessário ser família, podendo ser feita a um ou mais colonos, (II) o objeto: porque na *mezzadria* é a fazenda, isto é, o terreno com a casa de moradia da família colônica, dotado de tudo o que for necessário para o exercício da empresa, enquanto na *colonia parziaria* o objeto é a terra nua; (III) a divisão de resultados: na *mezzadria*, a divisão é 50/50, salvo ajuste em contrário, enquanto na *colonia parziaria* a divisão depende de ajuste contratual. A *mezzadria* requer que a fazenda esteja em regular condições de produtividade, caso contrário, outra modalidade contratual deve ser utilizada até a sua recuperação[34].

De todo modo, atualmente não se pode mais celebrar contratos de parceria na Itália, em razão de ter sido considerada a forma (pretensamente) associativa como uma forma injusta de exploração de mão de obra rural, pelo proprietário.

A tendência europeia é caminhar no sentido da extinção do contrato de parceria e adoção do contrato de arrendamento como modelo de contrato agrário.

---

[32] GRASSI NETO, Roberto. **Evolução e perspectiva dos contratos agrários**. São Paulo: Faculdade de Direito da Universidade de São Paulo, 1998, 287 f. Dissertação (Mestrado em Direito), elaborada sob a orientação do Professor Doutor Fábio Maria De-Mattia, no curso de Direito Civil da Faculdade de Direito da Universidade de São Paulo, p. 162.

[33] CARRARA, Giovanni. **I contratti agrari**. Torino: Torinese, 1959, p. 757.

[34] CARRARA, Giovanni. **I contratti agrari**. Torino: Torinese, 1959, p. 583.

Roberto Grassi Neto tenta explicar essa tendência:

A justificativa poderia ser encontrada no fato de que o arrendamento possibilita ao cultivador um incentivo maior ao seu esforço pessoal, já que toda a recompensa corresponde a tal esforço e a ele caberá, não tendo que ser dividida com o proprietário que, na associação, desfruta de todos os resultados de um eventual maior empenho de seu parceiro no cultivo da terra, em que pese pouco possa ser feito além de ceder seu uso. Desse modo, havendo um incentivo ao aumento da produção, o arrendamento seria o tipo contratual que estaria mais adequado à realidade atual, na qual se destaca a importância do conceito de função social da propriedade, correspondente à ideia de ser nela obtida a maior produtividade possível, de modo a não apenas dar trabalho ao homem do campo, mas também permitir o fornecimento de um maior volume de alimentos à população.

Além da explicação acima, uma outra ponderação merece ser, ainda, tecida. O contrato associativo, que encontra na parceria seu melhor e mais característico modelo, é calcado não na valorização da atividade agrária, do trabalho do homem que cultiva o meio, mas na proteção dos direitos do proprietário do fundo, que manteve, sempre, a direção da empresa agrária [...].

Ao contrário do que se sustenta, a adoção da parceria enseja na prática, e em uma escala muito maior do que o arrendamento, a verdadeira exploração do homem pelo seu semelhante. Se sob um ponto de vista teórico a associação é mais aceitável pela divisão de direitos e responsabilidades, a história nos mostra que tal divisão não só nunca foi efetuada de modo equitativo e justo, como deu ensejo a formas associativas nas quais o outorgado contribui com seu trabalho e o outorgante com todo o restante, assegurado o percebimento por aquele de um salário mínimo e um percentual meramente simbólico da produção. Trata-se da figura da **falsa parceria** que, mascarando o que seria um verdadeiro contrato de trabalho rural, acaba permitindo que o proprietário se esquive dos ônus e o cultivador se prive dos benefícios sociais que normalmente defluem da relação trabalhista. [35]

---

[35] GRASSI NETO, Roberto. **Evolução e perspectiva dos contratos agrários**. São Paulo: Faculdade de Direito da Universidade de São Paulo, 1998, 287 f. Dissertação (Mestrado em Direito), elaborada sob a orientação do Professor Doutor Fábio Maria De-Mattia, no curso de Direito Civil da Faculdade de Direito da Universidade de São Paulo, p. 146.

DIREITO AGRÁRIO

Igualmente, em 1967, já apontava J. Motta Maia que vozes individuais e coletivas se levantavam contra o contrato de parceria, tendo em Seminário Latino Americano sobre os problemas da terra, alinhado contra ele os seguintes argumentos:

a) a parceria é uma forma de exploração propícia simultaneamente ao latifúndio e ao minifúndio, ambos igualmente condenáveis;
b) ela significa para os agricultores, insegurança econômica e escravidão econômica, além de que estimula e mantém uma classe de produtores em condições condenáveis de pobreza e em posição submarginal como empresários agrícolas;
c) ela favorece a degradação dos solos, bem assim de outros recursos renováveis e é responsável pela situação de marginalização de apreciáveis setores da produção.[36]

Roberto Grassi Neto[37] ao analisar a regulamentação dos contratos agrários no Direito Francês (Livro IV do novo Código Rural, surgido com o advento da Constituição de 1958 – Baux Ruraux – Decreto nº 83.212, de 16 de março de 1983 cc. Lei nº 91.363, de 15 de abril de 1991), aponta que à parceria "são aplicáveis quase todas as regras pertinentes aos contratos de arrendamento em geral, como o direito de preempção [...]."

Contudo, o mesmo autor aponta que o governo é contrário à parceria por ela ser "prejudicial ao desenvolvimento da empresa agrária francesa, por não permitir o desenvolvimento econômico e social daquele que explora a terra", criando-se a possibilidade de conversão da parceria em arrendamento.

Em Portugal, o Decreto-Lei nº 294/2009 proibiu, em seu artigo 36, a celebração de contratos de parceria agrícola e determinou que os contratos de parceria existentes deveriam ser convertidos em arrendamento, em 30 dias antes de sua renovação ou até a cessação do contrato, nos contratos firmados sem duração. Nota-se que tal restrição não se aplica à parceria

---

[36] MAIA, J. Motta. **O Estatuto da Terra comentado.** 2. ed. Rio de Janeiro: Mabri, 1967, p. 195.
[37] GRASSI NETO, Roberto. **Evolução e perspectiva dos contratos agrários.** São Paulo: Faculdade de Direito da Universidade de São Paulo, 1998, 287 f. Dissertação (Mestrado em Direito), elaborada sob a orientação do Professor Doutor Fábio Maria De-Mattia, no curso de Direito Civil da Faculdade de Direito da Universidade de São Paulo, p. 86-87.

pecuária, pois esta é regulada pelos artigos 1.121 a 1.128 do Código Civil Português e não pela lei especial.

A legislação brasileira também sofreu influência dessa linha de pensamento, como se vê do artigo 50 do Regulamento: "Art. 50. O parceiro-outorgante e o parceiro-outorgado poderão a qualquer tempo, dispor livremente sôbre a transformação do contrato de parceria no de arrendamento."

Todavia, referido artigo é tímido e sem maiores efeitos práticos, pois, por liberdade contratual as partes sempre podem converter contratos de arrendamento em parceria ou vice-versa.

Aliás, a Lei nº 11.443, de 5 de janeiro de 2007, na contramão da tendência europeia, deu forças ao contrato de parceria no Brasil, ao ampliar o que se considera compartilhamento de riscos, para caracterização do contrato agrário como contrato de parceria, conforme a nova redação dada ao artigo 96 do Regulamento do Estatuto da Terra, em especial seus parágrafos 1 a 3, abaixo:

§1º Parceria rural é o contrato agrário pelo qual uma pessoa se obriga a ceder à outra, por tempo determinado ou não, o uso específico de imóvel rural, de parte ou partes dele, incluindo, ou não, benfeitorias, outros bens e/ou facilidades, com o objetivo de nele ser exercida atividade de exploração agrícola, pecuária, agroindustrial, extrativa vegetal ou mista; e/ou lhe entrega animais para cria, recria, invernagem, engorda ou extração de matérias-primas de origem animal, mediante partilha, isolada ou cumulativamente, dos seguintes riscos:

I – caso fortuito e de força maior do empreendimento rural;

II – dos frutos, produtos ou lucros havidos nas proporções que estipularem, observados os limites percentuais estabelecidos no inciso VI do caput deste artigo;

III – variações de preço dos frutos obtidos na exploração do empreendimento rural.

§2º As partes contratantes poderão estabelecer a prefixação, em quantidade ou volume, do montante da participação do proprietário, desde que, ao final do contrato, seja realizado o ajustamento do percentual pertencente ao proprietário, de acordo com a produção.

§3º Eventual adiantamento do montante prefixado não descaracteriza o contrato de parceria.

DIREITO AGRÁRIO

Se a parceria foi mal vista por ser considerada exploração da mão de obra do parceiro outorgado, em sua configuração original, e por limitar suas chances de crescimento e ganhos, a configuração atual da parceria, na maioria dos casos, muito mais se aproxima de um contrato de locação com aluguel variável, pois a empresa agrária fica sob a administração do parceiro outorgado, conforme trataremos mais detalhadamente adiante.

Diante das considerações acima, temos as seguintes conclusões parciais:

(1) O contrato de parceria já existia desde o Império Romano. No Brasil, passou a ser adotado a partir de 1840. A legislação agrária brasileira sofreu influência da Direito Italiano e Alemão, que por sua vez, inspiraram-se no Direito Francês. Por isso, apresentamos especial atenção ao Direito Agrário Italiano, neste trabalho.

(2) Na contramão da tendência europeia de extinção do contrato de parceria, o Brasil fortaleceu esse tipo contratual em 2007, considerando até mesmo parceria o contrato que tem mais feições de arrendamento com aluguel variável (percentual).

1.0.1. Distinção entre contrato de parceria e arrendamento rural
No Código Civil de 1916 (artigo 1.410 e seguintes) já estavam previstas as figuras da parceria agrícola e da parceria pecuária.[38]

Mas, "todos os mandamentos acima foram revogados com a promulgação do Estatuto da Terra."[39]

O artigo 3º do Regulamento do Estatuto da Terra traz a definição do contrato de arrendamento:

> Art. 3º Arrendamento rural é o contrato agrário pelo qual uma pessoa se obriga a ceder à outra, por tempo determinado ou não, o uso e gozo de imóvel

---

[38] A parceria pecuária, vale ressaltar, tal como regulada pelo Código Civil de 1916, não envolvia a cessão de uso e gozo de imóvel, mas apenas a entrega dos animais, para partilha de lucros. Por esta razão, foge ao objeto do presente estudo.

[39] ALVARENGA, Octávio Mello. **Curso de direito agrário.** Brasília: Fundação Petrônio Portella, 1982, p. 29.

rural, parte ou partes do mesmo, incluindo, ou não, outros bens, benfeitorias e ou facilidades, com o objetivo de nêle ser exercida atividade de exploração agrícola, pecuária, agro-industrial, extrativa ou mista, mediante, certa retribuição ou aluguel, observados os limites percentuais da Lei.

O artigo 4º do Regulamento, por sua vez, define o contrato de parceria:

> Art. 4º Parceria rural é o contrato agrário pelo qual uma pessoa se obriga a ceder à outra, por tempo determinado ou não, o uso especifico de imóvel rural, de parte ou partes do mesmo, incluindo, ou não, benfeitorias, outros bens e ou facilidades, com o objetivo de nêle ser exercida atividade de exploração agrícola, pecuária, agro-industrial, extrativa vegetal ou mista; e ou lhe entrega animais para cria, recria, invernagem, engorda ou extração de matérias primas de origem animal, mediante partilha de riscos do caso fortuito e da fôrça maior do empreendimento rural, e dos frutos, produtos ou lucros havidos nas proporções que estipularem, observados os limites percentuais da lei (artigo 96, VI do Estatuto da Terra).

Silvio Rodrigues, ao tratar da parceria rural em seu formato original, apontava, em 1967, sobre sua origem e finalidade:

> A parceria rural, principalmente a parceria agrícola surge para possibilitar a exploração da terra cujo proprietário não quer, ou não pode, dela se ocupar. De sorte que o parceiro-proprietário faculta ao parceiro-agricultor a exploração de seu solo, mediante uma percentagem do que fôr colhido. Contrato extremamente antigo, vinha disciplinado nas Ordenações Filipinas (Livro IV, tít. 45), sob o título: "Do que dá herdade a parceiro de meias, ou à terço, ou a quarto, ou a arrenda por certa quantidade. [...]
> Trata-se de contrato altamente difundido não só neste país, como no resto do mundo, pois oferece vantagem para ambas as partes: para o proprietário porque lhe proporciona um ganho sem que assuma os riscos e forneça os esforços necessários para a exploração de seu solo; para o lavrador porque o promove da condição de empregado a de empresário, abolindo, ao menos teoricamente, qualquer teto a seus ganhos.[40]

---

[40] RODRIGUES, Silvio. **Direito civil**: dos contratos e das declarações unilaterais da vontade. v.III. 3.ed. São Paulo: Max Limonad, 1967, p. 369-370.

DIREITO AGRÁRIO

Todavia, conforme antes apontado, a visão otimista do autor não se mostrou uma realidade, na prática, pois a parceria foi, em toda história, utilizada como forma de exploração da mão de obra, de modo que se tornou uma tendência legislativa a sua substituição pelo contrato de arrendamento, conforme já esclarecemos no item 1.1 deste trabalho.

Embora ambos os contratos tenham por objeto o uso temporário de imóvel rural[41] para qualquer atividade agrícola, pecuária, agroindustrial, extrativa ou mista[42], existe uma diferença essencial entre os dois contratos.

Enquanto no contrato de arrendamento[43], o arrendador assegura ao arrendatário o uso da terra, mediante contraprestação fixa e previamente acordada entre as partes[44], na parceria agrícola[45], a remuneração devida ao parceiro outorgante é fixada em razão da produção efetiva do imóvel e existe entre as partes o compartilhamento dos riscos da atividade agrária, sendo que no arrendamento tais riscos cabem exclusivamente ao arrendatário.

O Estatuto da Terra estabelece os valores máximos de remuneração devidas ao proprietário pelo uso da terra, sendo certo que os tribunais

---

[41] Conforme apontam Silvia C. B. Opitz e Oswaldo Opitz, "Em conformidade com a melhor doutrina e jurisprudência dominante, é a destinação o critério diferenciador entre prédios rústicos e urbanos", pelo menos para fins de se aplicarem as regras da Lei do Inquilinato e/ou o Estatuto da Terra. (OPITZ, Silvia C. B; OPITZ, Oswaldo. **Curso completo de direito agrário.** 8. ed. São Paulo: Saraiva, 2014, p. 60).

[42] Artigo 10 do Regulamento do Estatuto da Terra.

[43] Conforme o artigo 3º do Regulamento do Estatuto da Terra: "Arrendamento rural é o contrato agrário pelo qual uma pessoa se obriga a ceder à outra, por tempo determinado ou não, o uso e gozo de imóvel rural, parte ou partes do mesmo, incluindo, ou não, outros bens, benfeitorias e ou facilidades, com o objetivo de nêle ser exercida atividade de exploração agrícola, pecuária, agroindustrial, extrativa ou mista, mediante, certa retribuição ou aluguel, observados os limites percentuais da Lei."

[44] Observados os limites do artigo 95, XII, do Estatuto da Terra.

[45] Conforme o artigo 4º do Regulamento do estatuto da terra: "Parceria rural é o contrato agrário pelo qual uma pessoa se obriga a ceder à outra, por tempo determinado ou não, o uso específico de imóvel rural, de parte ou partes do mesmo, incluindo, ou não, benfeitorias, outros bens e ou facilidades, com o objetivo de nêle ser exercida atividade de exploração agrícola, pecuária, agroindustrial, extrativa vegetal ou mista; e ou lhe entrega animais para cria, recria, invernagem, engorda ou extração de matérias primas de origem animal, mediante partilha de riscos do caso fortuito e da fôrça maior do empreendimento rural, e dos frutos, produtos ou lucros havidos nas proporções que estipularem, observados os limites percentuais da lei (artigo 96, VI do Estatuto da Terra)".

têm reconhecido a validade de cláusulas contratuais que não respeitem tais percentuais, no caso de haver real autonomia contratual entre as partes contratantes:

(I) **no arrendamento:** (art. 95, XII): a remuneração do arrendamento, sob qualquer forma de pagamento, não poderá ser superior a 15% (quinze por cento) do valor cadastral do imóvel, incluídas as benfeitorias que entrarem na composição do contrato, salvo se o arrendamento for parcial e recair apenas em glebas selecionadas para fins de exploração intensiva de alta rentabilidade, caso em que a remuneração poderá ir até o limite de 30% (trinta por cento).

(II) **na parceria (art. 96, VI):** na participação dos frutos da parceria, a quota do proprietário não poderá ser superior a:

  a) 20% (vinte por cento), quando concorrer apenas com a terra nua;
  b) 25% (vinte e cinco por cento), quando concorrer com a terra preparada;
  c) 30% (trinta por cento), quando concorrer com a terra preparada e moradia;
  d) 40% (quarenta por cento), caso concorra com o conjunto básico de benfeitorias, constituído especialmente de casa de moradia, galpões, banheiro para gado, cercas, valas ou currais, conforme o caso;
  e) 50% (cinqüenta por cento), caso concorra com a terra preparada e o conjunto básico de benfeitorias enumeradas na alínea d deste inciso e mais o fornecimento de máquinas e implementos agrícolas, para atender aos tratos culturais, bem como as sementes e animais de tração, e, no caso de parceria pecuária, com animais de cria em proporção superior a 50% (cinqüenta por cento) do número total de cabeças objeto de parceria;
  f) 75% (setenta e cinco por cento), nas zonas de pecuária ultraextensiva em que forem os animais de cria em proporção superior a 25% (vinte e cinco por cento) do rebanho e onde se adotarem a meação do leite e a comissão mínima de 5% (cinco por cento) por animal vendido;

DIREITO AGRÁRIO

g) nos casos não previstos nas alíneas anteriores, a quota adicional do proprietário será fixada com base em percentagem máxima de dez por cento do valor das benfeitorias ou dos bens postos à disposição do parceiro;

O artigo 1.639 do Código Civil Italiano permite que o valor do aluguel seja estabelecido como uma parte fixa ou variável dos frutos do imóvel locado.

Já no Brasil, o Regulamento do Estatuto da Terra veda que o valor do aluguel seja ajustado em quantidade fixa de produtos ou seu equivalente em dinheiro[46].

Todavia, existe uma corrente jurisprudencial que defende a validade da cláusula, com fundamento nos usos e costumes, a exemplo da decisão de 17 de dezembro de 2009, da 10ª Câmara Cível do TJ-RS, nos autos da Apelação Cível 70029144409, tendo como relator o Des. Paulo Roberto Lessa Franz:

> Não é de ser declarada nula a cláusula do contrato rural que fixa o arrendamento em produto. Aplicação do art.18, parágrafo único que resta mitigado, considerando os usos e costumes do interior.

Como aponta José Roberto de Castro Neves:

> A *ratio* da norma é de fácil visualização: visa-se proteger o arrendatário, normalmente a parte mais frágil dessa relação. Entende-se que essa variação do valor da mercadoria lhe será, em regra, desfavorável, retirando do produtor, assim, um risco. Na prática, a lei vai permitir a criação de uma obrigação alternativa, na qual caberia ao arrendatário fazer, no momento em que deve pagar, a concentração entre as duas possíveis prestações: dinheiro ou produto.[47]

[46] Conforme artigo 18 e seu parágrafo único: "Art. 18. O preço do arrendamento só pode ser ajustado em quantia fixa de dinheiro, mas o seu pagamento pode ser ajustado que se faça em dinheiro ou em quantidade de frutos cujo preço corrente no mercado local, nunca inferior ao preço mínimo oficial, equivalha ao do aluguel, à época da liquidação. Parágrafo único. É vedado ajustar como preço de arrendamento quantidade fixa de frutos ou produtos, ou seu equivalente em dinheiro."

[47] NEVES, José Roberto de Castro. O arrendamento rural e a sua contraprestação. In: MEDEIROS NETO, Elias Marques de. **Aspectos polêmicos do agronegócio**: uma visão através do contencioso. São Paulo: Castro Lopes, p. 361-375, 2013, p. 366.

E conclui José Roberto de Castro Neves:

> Eis, então, que é forçoso reconhecer: a norma que não admite qualquer flexão pode gerar injustiças e inconvenientes no caso concreto.
>
> Melhor seria se o juiz pudesse apreciar a situação in concretu, a fim de avaliar se, no caso em exame, existe algum tipo de abuso, ou se o ajuste acaba por ser a forma mais conveniente e justa para as partes.
>
> Afinal, o juiz, embora atento à lei positivada, não pode virar-se à realidade social, nem desprezar a função social dos negócios. Mais do que à letra, o juiz deve buscar ser fiel ao espírito da norma.
>
> Se a aplicação d artigo 18 do Decreto nº 59.566/66, no caso concreto, não trouxer prejuízo ao arrendatário, não há motivo para, aprioristicamente, tornar nula a disposição.[48]

Porém, Luciano de Souza Godoy indica que:

> A tendência dos precedentes do STJ também neste assunto segue o mesmo sentido, qual seja de fazer valer as normas do Estatuto da Terra e do seu regulamento independentemente de existir ou não relação contratual com uma das partes hipossuficiente.[49]

Mas o mesmo autor diz que não vê com bons olhos essa posição do STJ e explica:

> Em um país com permanente instabilidade econômica, permitir que o produtor rural fixe o valor a ser pago pelo arrendamento rural de uma área que este toma para produzir, geraria estabilidade e segurança aos atores do agronegócio; ele sabe quanto pode produzir, contratando desta forma saberá quanto irá pagar. Com este raciocínio, inúmeros produtores rurais e empresas agropecuárias no país fixam o preço do arrendamento em produto,

---

[48] NEVES, José Roberto de Castro. O arrendamento rural e a sua contraprestação. In: MEDEIROS NETO, Elias Marques de. **Aspectos polêmicos do agronegócio**: uma visão através do contencioso. São Paulo: Castro Lopes, p.361-375, 2013, p. 374.

[49] GODOY, Luciano de Souza. Uma visão dos contratos agrários à luz dos precedentes do Superior Tribunal de Justiça. In: MEDEIROS NETO, Elias Marques de. **Aspectos polêmicos do agronegócio**: uma visão através do contencioso. São Paulo: Castro Lopes, p. 377-395, 2013, p. 387.

DIREITO AGRÁRIO

correndo risco de não ver reconhecida a validade desta cláusula contratual em eventual litígio judicial.[50]

Nesse sentido, por exemplo, acórdão de 16/05/2002 da 3ª Turma do STJ, nos autos do RESP 334.394, tendo como relator o Min. Carlos Alberto Menezes Direito: "Inválida a cláusula que fixa o preço do arrendamento rural em produto ou seu equivalente, e não quantia fixa em dinheiro (art. 18 e seu parágrafo único do Decreto nº 59.566/66)."

Consideramos que tal dispositivo legal alinha-se com a ideia de que, se fixado o valor em produtos, o proprietário compartilhará os riscos da variação dos preços, o que, para a nossa Lei vigente, transmudaria o contrato em parceria, conforme já apontamos anteriormente sobre a ampliação do conceito de "riscos do empreendimento" (artigo 96, parágrafo primeiro, III, do Regulamento).

Todavia, reiteramos que não nos parece a solução legislativa a mais tecnicamente correta, ao entender que um contrato tem natureza associativa apenas pela possibilidade de variação da contraprestação ajustada. Assim, concordamos com José Roberto de Castro Neves que a validade da cláusula e/ou a transmudação do contrato de arrendamento em parceria (ou vice-versa) deve ser feita caso a caso, analisadas as especificidades de cada contratação.

Na parceria agrícola, as partes contratantes compartilham os riscos da produção, diferentemente do que ocorre no contrato de arrendamento, onde o aluguel independe do sucesso ou insucesso da atividade realizada no imóvel. Por esta razão, cabe ao parceiro outorgante, por exemplo, o direito a fiscalizar as atividades do parceiro outorgado[51] no imóvel, o que não acontece no contrato de arrendamento.

Na realidade, com o devido respeito a opiniões em contrário, entendemos que a interferência do parceiro outorgante é maior que a de mero fiscalizador e não se trata apenas de direito, mas de dever de fiscalização da atividade, pois o parceiro outorgado também é por ela responsável.

---

[50] GODOY, Luciano de Souza. Uma visão dos contratos agrários à luz dos precedentes do Superior Tribunal de Justiça. In: MEDEIROS NETO, Elias Marques de. **Aspectos polêmicos do agronegócio**: uma visão através do contencioso. São Paulo: Castro Lopes, p. 377-395, 2013, p. 388.

[51] BORGES, Antonino Moura. **Estatuto da Terra comentado**. Leme, SP: Edijur, 2007, p. 323-324.

Se o parceiro outorgante não tiver uma participação ativa na atividade agrária, se não contribuir de fato para a realização da atividade, consideramos que estaremos diante de um simples contrato de arrendamento com contraprestação variável.

Na origem do contrato de parceria, como voltaremos a tratar mais adiante neste trabalho, havia uma situação de subordinação entre parceiro outorgante e parceiro outorgado, de modo que ao primeiro é que cabia, em regra, a gestão da atividade agrária e não apenas a sua fiscalização.

Acerca da natureza associativa da parceria, Antonino Moura Borges afirma que:

> Na parceria existe uma espécie de sociedade de resultado, no entanto, juridicamente não chega a se identificar com um contrato de sociedade, até porque, as partes contratantes parceiro outorgante e parceiro outorgado, correm o risco do resultado da colheita, isto é, se houver perda de frutos a serem colhidos ou se houver uma queda da produção estimada, ambos os contratantes suportam este ônus, não tendo qualquer deles direito de exigir qualquer tipo de recompensa.[52]

Helena Maria Bezerra Ramos, no mesmo sentido, aponta que:

> No contrato de parceria rural, como o próprio nome do contrato diz, é uma parceria, ou seja, uma reunião de pessoas para determinado fim comum. Vale dizer: uma "espécie de sociedade", apesar de não ser uma sociedade em sua definição jurídica, em que o proprietário cede o imóvel para o uso ou o gado para o parceiro cuidar. Os lucros e as despesas são divididos entre eles, bem como, o risco do negócio.[53]

O autor italiano Paolo Scalini, por sua vez, chama a atenção, como traço que diferencia os dois contratos, para a existência de transferência da atividade agrária (empresa agrária) do proprietário para o arrendatário, o que não ocorre no contrato de parceria:

---

[52] BORGES, Antonino Moura. **Estatuto da Terra comentado**. Leme, SP: Edijur, 2007, p. 323-324.
[53] RAMOS, Helena Maria Bezerra. **Contrato de arrendamento rural**: teoria e prática. Curitiba: Juruá, 2012, p. 119.

DIREITO AGRÁRIO

Na hipótese do arrendamento, existe um contrato agrário que visa constituir a empresa agrícola na pessoa do arrendatário, independentemente de qualquer participação do proprietário, cuja interferência é mínima e dirigida apenas para a finalidade de apreender as rendas devidas a ele e a exercer o controle sobre o destino e boa gestão da coisa produtiva. No outro caso, no entanto, se há um contrato de natureza associativa ou de participação no sentido de que à empresa colabora o proprietário com a terra e capital, e o agricultor ou parceiro com o fator trabalho. [54] [55]

É certo que, no caso brasileiro, o proprietário pode contribuir apenas com a terra nua (artigo 35, I do Regulamento). Mais uma vez, consideramos que essa situação pressupunha a gestão da atividade agrária (conjunta com o parceiro outorgado ou exclusiva) pelo parceiro outorgante, pois, caso contrário, estar-se-ia diante de verdadeiro contrato de arrendamento com aluguel percentual.

Luís de Lima Stefanini, por fim, define a parceria e a distingue de demais contratos que lhe são semelhantes, conforme o trecho a seguir, enfatizando que o parceiro outorgado é força de trabalho na empresa agrária:

A parceria rural é uma união de capitais e serviços com o objetivo de exploração do imóvel e tem alguma semelhança com o contrato de sociedade, com o contrato de prestação de serviços e com o contrato de arrendamento. Contudo, não se confunde com qualquer contrato similar. Do contrato de sociedade difere-se pela *affectio societatis*; do contrato de prestação de serviços separa-se pela insujeição do parceiro-outorgado ao parceiro proprietário; do arrendamento afasta-se pela não percepção de aluguéis pelo parceiro proprietário.

---

[54] SCALINI, Paolo. **L'impresa agraria e i contratti agrari**. Torino: Editrice Torinese, 1968, p. 10.

[55] Tradução livre, do original: "Nell'ipotesi dell'affitto si ha un contratto agrario che mira a constituire l'impresa agricola nella persona dell'affittuario indipendentemente da ogni partecipazione del proprietario, la cui ingerenza è minima e diretta unicamente allo scopo di apprendere le rendite che gli spettano e ad esercitare il controllo sulla buona destinazione e gestione della cosa produttiva. Nell'altro caso, invece, si ha un contratto agrario di natura associativa o participativa nel senso che alla impresa collaborano il proprietario con la immissione del fattore terra e capitale, e il mezzadro o colono con l'imissione del fattore lavoro."

[...]

A parceria caracteriza-se pela existência de um parceiro proprietário, que é o detentor do capital, e o parceiro outorgado é, basicamente, o detentor da força de trabalho, podendo este último concorrer também com algum capital menor. [56] [57]

Em outras palavras, na origem do instituto, era mais comum que o parceiro outorgado contribuísse apenas com trabalho (aproximando-se a parceria de uma sociedade de capital e indústria), mas é permitido ao parceiro outorgado, pela lei, contribuir também com capital. Além disso, vale lembrar que, como inexiste disposição legal na Lei brasileira expressa acerca da gestão da empresa agrária no contrato de parceira, ela pode ser regulada pelas partes em contrato, apesar de que o mais comum, na origem, era a gestão exclusiva pelo parceiro outorgante.

Segundo Joaquim Luiz Osório, "Celebram contratos de sociedade as pessoas, que mutuamente se obrigam a combinar esforços ou recursos, para lograr fins comuns"[58].

Por essa definição, seria a parceria modalidade de sociedade de resultados, quando o parceiro outorgado contribui com a força de trabalho (e algum recurso financeiro) e o proprietário com a terra ou com a terra e outros recursos financeiros necessários à atividade agrária.

Vale lembrar que a sociedade de capital e indústria, modalidade que permitia a um dos sócios contribuir à sociedade apenas com sua força de trabalho, foi extinta de nosso ordenamento jurídico e atualmente não se admite a sociedade limitada empresária em que a contribuição de um dos sócios consista em serviços (artigo 1.055, parágrafo segundo, CC). Também a contribuição em serviços não é permitida na sociedade por ações (artigo 7º, Lei das S/A – Lei nº 6.404/76). Por outro lado, na sociedade simples, o artigo 997, V, CC, permite a contribuição em serviços.

A esse respeito, apesar de ser matéria controvertida, alguns autores, como Attila de Souza Leão Andrade Júnior, entendem, que o artigo 997, V, permite ao sócio contribuir em serviços à sociedade, mas não ao seu

---

[56] STEFANINI, Luís de Lima. **A propriedade no direito agrário**. São Paulo: RT, 1978, p. 253.

[57] No mesmo sentido, vide: BITTAR, Carlos Alberto. **Contratos civis**. Rio de Janeiro: Forense, 1990, p. 196-197.

[58] OSORIO, Joaquim Luiz. **Direito rural**. Rio de Janeiro: Konfino, 1948, p. 89.

DIREITO AGRÁRIO

capital social, assunto que será retomado quando tratarmos da sociedade de capital e indústria, no item 6.1.3 deste trabalho:

> Aqui, cabe a observação de que no direito brasileiro não se contribui ao capital social em serviços, pois serviços não é capital. A contribuição em serviços é à sociedade de tal forma que o sócio cuja contribuição seja em serviços, embora participe dos lucros sociais, não participa do capital social porquanto este somente se compõe em dinheiro e bens suscetíveis de avaliação pecuniária.[59]

De todo modo, como será detalhado mais adiante, a parceria mais se aproxima de um contrato de investimento, ou de uma sociedade (de pessoas) sem personalidade jurídica.

Retomando o dito anteriormente, apesar de seu caráter associativo, na prática, a parceria servia muitas vezes a camuflar verdadeiro contrato de prestação de serviços ou contrato de trabalho, de modo a fraudar os direitos do trabalhador rural, de modo que, o parágrafo único do artigo 96 da Lei definiu a falsa parceria.

Dada a ampla diversidade de possibilidades e liberdade contratual das partes, é de extrema relevância lembrar que, independente do nome que se dê ao contrato, necessário verificar seu conteúdo para averiguar se é, de fato, uma parceria, ou outro contrato.

Octávio Mello Alvarenga bem apontava em 1979 que:

> Ora, se na terminologia genérica há tantas disparidades, forçosamente naquilo que se relaciona com os hábitos – e de modo mais específico – aos contratos, é claro que ainda subsistem dúvidas. Há falsas parcerias encobrindo verdadeiros contratos de trabalho, e contratos de parceria que não passam de autênticos arrendamentos.[60]

Como se vê, independentemente do nome que as partes dêem ao contrato, será arrendamento ou parceria, conforme se verifique, no caso con-

---

[59] ANDRADE JÚNIOR, Attila de Souza Leão. **Comentários ao Código Civil**: direito das sociedades, vol. IV. Rio de Janeiro: Forense, 2002, p. 97.

[60] ALVARENGA, Octávio Mello. **Teoria e prática do direito agrário**. Rio de Janeiro: Esplanada, 1979, p. 202.

creto, a existência ou não de compartilhamento de riscos entre quem explora a terra e quem cede o direito ao seu uso.

De acordo com o parágrafo primeiro do artigo 96 do Regulamento, deve haver partilha, isolada, ou cumulativamente, dos seguintes riscos para se caracterizar o contrato de parceria:

I – caso fortuito e de força maior do empreendimento rural;

II – dos frutos, produtos ou lucros havidos nas proporções que estipularem, observados os limites percentuais estabelecidos no inciso VI do caput deste artigo;

III – variações de preço dos frutos obtidos na exploração do empreendimento rural.

Nesse sentido, aliás, a decisão da 5ª Câmara do extinto 2º Tribunal de Alçada Cível do Estado de São Paulo, em 26 de maio de 1999, nos autos da Apelação sem revisão nº 546871-00/8, tendo como relator o Desembargador Pereira Calças[61]:

Mesmo que as partes denominem o contrato agrário como "parceria agrícola", deve-se dar a ele o tratamento de "arrendamento rural" se o preço da retribuição estipulado em quantia certa em dinheiro ou no seu equivalente em frutos ou produtos. A parceria agrícola se caracteriza pelo caráter societário do contrato, pelo qual, as partes correm os riscos do empreendimento e partilham os lucros ou prejuízos.

Aqui, consideramos que vale a pena fazer uma reflexão: será que seria suficiente ao proprietário da terra ceder o direito de uso da terra, para ser considerado parceiro? Ou deve ele se envolver de algum modo na atividade agrária (gestão, decisões, custeamento de despesas, etc.)? Parece-nos que se o parceiro outorgado não tiver atuação relevante na atividade

---

[61] No mesmo sentido, (I) a decisão da 2ª Câmara do extinto 2º Tribunal de Alçada Cível do Estado de São Paulo, em 29 de janeiro de 2003, nos autos da Apelação sem revisão nº 652991-00/2, tendo como relator o Juiz Gilberto dos Santos; (II) a decisão da 34ª Câmara do Tribunal de Justiça do Estado de São Paulo, em 14 de setembro de 2005, nos autos da Apelação sem revisão nº716130-0/2, tendo como relator o Desembargador Irineu Pedrotti; e (III) a decisão da 9ª Câmara Cível do TJ/MG, em 06 de março de 2007, nos autos da Apelação Cível nº 1.0118.05.003166-5/001, tendo como Relator o Desembargador Osmando Almeida.

DIREITO AGRÁRIO

agrária ou sua gestão e contribuir apenas com a terra nua (ou com a terra nua e parte não relevante de despesas), o contrato deve ser tido como de arrendamento (ainda que com aluguel variável), para todos os fins, inclusive no que se refere ao direito de preferência.

Paralelamente, no Direito Italiano, uma outra diferença que a lei estabelece entre o contrato de arrendamento ou parceria é que no primeiro a direção da empresa agrária é do arrendatário, mas na parceria, a direção cabe ao proprietário da terra.[62]

Como se vê, o contrato de parceria, em sua origem, era um contrato que tinha por finalidade a proteção dos interesses do proprietário da terra[63], gestor da empresa agrária.

Octávio Mello Alvarenga aponta que, na origem dos institutos, quando abolidas as constituições das capitanias, permanecem os latifundiários: "Pois o arrendamento advirá da impossibilidade de o proprietário arcar com o ônus de explorar o bem de produção que lhe chegou às mãos; da mesma forma a parceria, maneira de auferir lucro por meio de trabalho de outrem." [64]

Parece-nos, como já afirmamos, que um contrato de parceria em que o proprietário não se envolve na atividade agrária (seja pela sua gestão ou pelo custeio substancial da atividade) não deve ser considerado contrato de parceria, mas um contrato de arrendamento com aluguel percentual, o que é muito comum em contratos de locação de lojas em shopping center, cujo valor é fixado em razão do faturamento da atividade do locatário.

---

[62] Nesse sentido, vide: (I) GRASSI NETO, Roberto. **Evolução e perspectiva dos contratos agrários**. São Paulo: Faculdade de Direito da Universidade de São Paulo, 1998, 287 f. Dissertação (Mestrado em Direito), elaborada sob a orientação do Professor Doutor Fábio Maria De-Mattia, no curso de Direito Civil da Faculdade de Direito da Universidade de São Paulo, p. 130; (II) BETTI, Emilio. **Lezioni di diritto civile sui contrati agrari**. Milano: Giuffrè, 1957, p. 09-10.

[63] A esse respeito, ao tratar do Direito Espanhol, vide: GRASSI NETO, Roberto. **Evolução e perspectivos dos contratos agrários**. São Paulo: Faculdade de Direito da Universidade de São Paulo, 1998, 287 f. Dissertação (Mestrado em Direito), elaborada sob a orientação do Professor Doutor Fábio Maria De-Mattia, no curso de Direito Civil da Faculdade de Direito da Universidade de São Paulo, p. 139: "Quando o legislador quis tutelar os interesses do proprietário, foi do modelo de parceria que se lançou mão."

[64] ALVARENGA, Octávio Mello. **Curso de direito agrário**. Brasília: Fundação Petrônio Portella, 1982, p. 24.

Tal distinção é extremamente relevante, pois, na locação, assim como no arrendamento, não tem o proprietário do imóvel responsabilidade solidária ou subsidiária pelas atividades realizadas no imóvel (salvo previsão legal ou contratual expressa nesse sentido, como por exemplo as responsabilidades originadas na legislação ambiental), nem tem o proprietário do imóvel o dever de fiscalizar as atividades realizadas no imóvel, salvo as relativas à execução do contrato de locação/arrendamento.

Altamir Pettersen e Nilson Marques assinalavam, em 1977: "O parceiro proprietário pode fiscalizar, em comum com o outorgado, o desenrolar dos trabalhos objeto do contrato; mas, o arrendador, ajustada a relação contratual, se exonera de quaisquer espécies de controle da atividade laboral."[65]

Sobre a responsabilidade (e dever de fiscalização) do proprietário pelas atividades realizadas em seu imóvel, por exemplo, podemos citar a decisão da 3ª Turma do STJ, em 26 de novembro de 2013, nos autos do RESP 1.295.838-SP, tendo como relatora a Min. Nancy Andrighi, embora tratando de locação para as atividades reguladas pela Lei do Inquilinato (Lei nº 8.245/91):

40. Assim, não há como imputar ao locador o dever de fiscalizar a atividade efetivamente desenvolvida por cada locatário, de sorte a confirmar a eventual prática de algum ilícito civil ou criminal. A relação locatícia não confere ao locador poder de polícia sobre os locatários.

41. O locador não detém legitimidade para averiguar se o estabelecimento comercial instalado no imóvel locado vem cumprindo as obrigações legais inerentes ao negócio. Sua obrigação se restringe às condições necessárias ao perfeito desenvolvimento da relação locatícia, ou seja, se o objeto social da empresa locatária é lícito e pode ser exercido no imóvel locado.

42. A fiscalização, controle e repressão de atividades contrárias à lei, nos seus mais variados aspectos (higiene, segurança, moralidade, economia popular etc.), incumbe exclusivamente à Administração Pública, detentora do poder discricionário de disciplinar e restringir direitos e liberdades individuais em prol do interesse público.

---

[65] PETTERSEN, Altamir; MARQUES, Nilson. **Uso e posse temporária da terra** (arrendamento e parceria). São Paulo: Pró-livro, 1977, p. 37.

DIREITO AGRÁRIO

Por outro lado, no contrato de parceria, pela sua natureza associativa, pressupõe-se que existe a participação do proprietário na atividade desenvolvida no imóvel e, portanto, existe, também, a sua responsabilidade por ela.

Todavia, como já esclarecemos, mister se faz a verificação do conteúdo do contrato, para entender se estamos diante de uma parceria de verdade ou de um arrendamento com contraprestação fixa ou variável, em especial, há de ser verificado quem é o cultivador direto e quem exerce e/ou administra a empresa agrária, o que estudaremos melhor nos próximos itens deste trabalho.

Diante das considerações acima, temos as seguintes conclusões parciais:

(1) Arrendamento e parceria diferem, essencialmente, na remuneração do dono da terra e sua participação ou não na atividade agrária. Na parceria, há compartilhamento de riscos da atividade agrária, cujos lucros são divididos entre os parceiros, no percentual ajustado, enquanto no arrendamento a atividade agrária é transferida ao arrendatário, que paga um valor fixo pelo uso da terra.

(2) Independentemente do nome que as partes dêem ao contrato, necessário verificar seu conteúdo para caracterizá-lo como arrendamento ou parceria.

1.1.2. Cultivador direto

Pela Lei Italiana, o exercício do direito de preferência, nos contratos agrários, depende da prova de cultivador direto[66] da parte, cuja definição se encontra no artigo 31 da Lei nº 590/65:

> Para os fins desta Lei são considerados cultivadores diretos aqueles que, diretamente e de forma habitual se envolverem no cultivo da terra e na criação de gado, sempre que a força de trabalho total do núcleo familiar não seja

[66] GARBAGNATI, Luigi; NICOLINI; Massimo; CANTÚ, Cristina. **Contratti, prelazione e processo agrario.** Milano: Giuffrè, 2011, p. 105.

inferior a que um terço do que a necessária para as necessidades normais do cultivo da terra e para a criação de gado. No cálculo da força de trabalho, o trabalho da mulheres é equiparado ao do homem.[67]

Conforme já apontado no item 1 deste trabalho, conforme a legislação vigente no Direito Brasileiro, o arrendatário é sempre o cultivador direto, salvo em caso de subarrendamento, em que o cultivador direto será o subarrendatário.

Por outro lado, o parceiro outorgado, por definição legal, pode ser cultivador direto ou não, a depender da sua contribuição (custeio) para as despesas da atividade agrária.

Apesar da lacuna legislativa brasileira, esse pode ser um fator relevante para se decidir, se cabe ou não o direito de preferência ao parceiro outorgado.

Conforme já mencionamos, em acórdão de 03/09/2009 da 3ª Turma do STJ, nos autos do RESP 1.103.241, tendo como relatora a Min. Nancy Andrighi, já se decidiu que "os direitos previstos ao arrendatário pelo Estatuto da Terra e por seu Regulamento – dentre eles, o de preferência – são titularizados apenas pelo pequeno agricultor que exerce sua atividade em âmbito familiar ou em pequeno grupo e que reside no imóvel explorado. [...]." E acrescenta:

A premissa inicial adotada não é inovadora, tanto na doutrina quanto na jurisprudência.

A orientação no sentido de que o direito de preferência do arrendatário depende da verificação dos requisitos relativos à exploração direta e familiar da terra foi adotada no STJ em dois precedentes, a saber: Resp no 36.227/MG, 4a Turma, Rel. Min. Torreão Braz, DJ de 13.12.1993 (este citado como paradigma pelo recurso especial) e Resp no 485.814/MG, 3a Turma, Rel. Min. Menezes Direito, DJ de 31.05.2004)

---

[67] Tradução livre, do original: "Ai fini della presente legge sono considerati coltivatori diretti coloro che direttamente ed abitualmente si dedicano alla coltivazione dei fondi ed all'allevamento ed al governo del bestiame, sempreche' la complessiva forza lavorativa del nucleo familiare non sia inferiore ad un terzo di quella occorrente per la normale necessita' della coltivazione del fondo e per l'allevamento ed il governo del bestiame. Nel calcolo della forza lavorativa il lavoro della donna e' equiparato a quello dell'uomo."

DIREITO AGRÁRIO

Consideramos, com o devido respeito que, não apenas se o arrendatário for o cultivador direito, mas também se for gestor ou lhe couber o exercício da empresa agrária, deve ser assegurado, por lei, o seu direito à aquisição do imóvel onde é explorada a atividade agrária, seja para proteger a sua moradia e subsistência ou a continuidade da empresa.

Aliás, se o proprietário não tiver papel relevante na atividade agrária, consideramos que o contrato deve ser tratado como arrendamento (ainda que com contraprestação variável), inclusive para fins de incidência do direito legal de preferência.

Diante das considerações acima, temos as seguintes conclusões parciais:

(1) O STJ já considerou que a qualidade de cultivador direto é requisito para o exercício do direito de preferência, embora não nos alinhamos a tal entendimento.

(2) Consideramos que o direito de preferência é assegurado pela Lei indistintamente a quem exerça a atividade agrária pois o direito legal de preferência não tem apenas o objetivo de proteger a subsistência e moradia do cultivador direito, mas também a continuidade da empresa agrária.

1.1.3. A empresa agrária e sua gestão e exercício

Como já assinalamos, consideramos que um dos objetivos da Lei ao assegurar o direito de preferência agrário foi a proteção da atividade agrária, ou seja, a empresa agrária, denominada pela Lei como "empresa rural".

O Estatuto da Terra traz, em seu artigo 4, inciso VII, a definição de empresa rural, conforme transcrito abaixo, que preferimos denominar de empresa agrária, cujo termo é utilizado por alguns autores como sinônimo de empresa rural, pela abrangência do termo[68]:

> "Empresa Rural" é o empreendimento de pessoa física ou jurídica, pública ou privada, que explore econômica e racionalmente imóvel rural, dentro de

---

[68] Preferimos não utilizar a expressão rural, pois esta é antônimo de urbano, mas podem haver atividades não agrárias na área rural e atividades agrárias (do setor primário, sejam elas agrícolas, pecuárias ou extrativistas) na área urbana.

condição de rendimento econômico ...Vetado... da região em que se situe e que explore área mínima agricultável do imóvel segundo padrões fixados, pública e previamente, pelo Poder Executivo. Para esse fim, equiparam-se às áreas cultivadas, as pastagens, as matas naturais e artificiais e as áreas ocupadas com benfeitorias;

Paulo Torminn Borges explica que:

A empresa rural (Estatuto da Terra, art. 4º, VI) caracteriza-se: a) pela maneira de explorar a terra; b) pela destinação do produto obtido; c) pela extensão território do respectivo imóvel; e d) pelo modo como são compreendidos os rurícolas que participam das atividades agrárias ali levadas a efeito.[69]

Por sua vez, o Decreto nº 72.106, de 18 de abril de 1973, em seu artigo 44, estabelece alguns parâmetros para a atividade ser considerada como empresa rural:

Art. 44. O imóvel rural será classificado como "empresa rural", na forma do disposto no artigo 4º, item VI, e artigo 50, §7º, da Lei nº 4.504, de 30 de novembro de 1964, desde que sua exploração satisfaça as seguintes exigências:

I – Que a área utilizada nas várias explorações represente percentagem superior a 70% (setenta por cento) de sua área agricultável, equiparando-se, para esse fim, às áreas cultivadas as pastagens, as matas naturais e artificiais e as áreas ocupadas com benfeitorias;

II – Que obtenha coeficiente de condições sociais e de produtividade igual ou inferior a 1 (hum).

Já o artigo o Decreto nº 84.685, de 6 de maio de 1980 fixa outros parâmetros, em seu artigo 22, III, a saber:

III – Empresa Rural, o empreendimento de pessoa física ou jurídica, pública ou privada, que explore econômica e racionalmente imóvel rural, dentro das

---

[69] BORGES, Paulo Torminn. **Institutos básicos do direito agrário.** 11. ed. rev. São Paulo: Saraiva, 1998, p. 41.

DIREITO AGRÁRIO

condições de cumprimento da função social da terra e atendidos simultaneamente os requisitos seguintes:

a) tenha grau de utilização da terra igual ou superior a 80% (oitenta por cento), calculado na forma da alínea "a" do art. 8º;

b) tenha grau de eficiência na exploração, calculado na forma do art. 10, igual ou superior na 100% (cem por cento);

c) cumpra integralmente a legislação que rege as relações de trabalho e os contratos de uso temporário da terra.

Nota-se que parece ter havido uma insuficiência legislativa ao definir a empresa rural, pois apresenta uma série de critérios de produtividade (área explorável *versus* área agricultável) e rentabilidade, de modo que uma lavoura deficitária pode levar determinada atividade a não ser caracterizada pela lei como empresa rural. Todavia, tem-se que o conceito de empresa rural (como atividade rural) é mais amplo.

Tais critérios, fixados pela legislação agrária, portanto, devem ser entendidos apenas como referenciais para se verificar se a atividade agrária está cumprindo sua função social, assunto que será retomado no próximo item deste trabalho.

Paulo Torminn Borges elucida, a esse respeito:

A *propriedade familiar* é unidade de produção para conjunto familiar.

A *empresa rural* é a unidade de produção para uma comunidade mais ampla, onde se associam terra, trabalho, capital e técnica, tudo dirigido a um fim econômico. [70]

Ainda sobre o assunto, afirmava, em 1988, Emílio Alberto Maya Gischkow:

Para encontrar fórmula capaz de propiciar o conceito de empresa rural, sustenta-se que seria a caracterizada como forma associativa de produção, na qual as participações de capital e trabalho se realizariam em igualdade de condições, assegurando aos associados a co-propriedade dos rendimentos e as responsabilidades de gestão, administração e trabalho.[71]

---

[70] BORGES, Paulo Torminn. **Institutos básicos do direito agrário**. 11. ed. rev. São Paulo: Saraiva, 1998, p. 42.

[71] GISCHKOW, Emílio Alberto Maya. **Princípios de direito agrário** – desapropriação e reforma agrária. São Paulo: Saraiva, 1988, p. 146.

Essa definição já trata de empresa no sentido de sociedade empresarial e não como atividade. Quanto à responsabilidade de gestão, administração e trabalho vale lembrar que às partes é lícito fixar atribuições diferentes aos sócios da sociedade empresarial agrária.

Luís de Lima Stefanini, por sua vez, já apontava (em 1978), as insuficiências legislativas e deixando estas de lado, definia a empresa rural, conforme abaixo, definição esta que nos parece bastante apropriada:

> A empresa sem se confundir com a objetividade inanimada do imóvel rural, ou animada, do estabelecimento agrícola, conforme um verdadeiro complexo econômico-social, capaz de ser ao mesmo tempo e segundo as circunstâncias, sujeito e objeto de direitos, e, mais do que isso, desempenhar uma verdadeira função econômico-social, qualquer que seja o seu vulto, desde a pequena até a grande empresa rural.
>
> A empresa pressupõe a existência de uma "organização" no sentido da produção, aproveitando os elementos que com ela concorrem: terra, capital e trabalho. [72]

Fabio Maria de Mattia definia, em 1995, a empresa agrária como uma universalidade de fato, o que também nos parece correto:

> A empresa agrária resulta da conjunção de terra, investimento nela realizado e destinado à produção, da organização do trabalho desenvolvido no bem imóvel, dos bens móveis e semoventes nela existentes, os elementos integrados que determinam a destinação à produção. Tais elementos, analisados em conjunto e sistematizados visam a produção de bens com o intuito de lucro. A idéia de universalidade de fato corresponde ao instituto que reúne o conjunto de bens de que se compõe a empresa agrária.[73]

No mesmo sentido, Fernando Campos Scaff:

> Na empresa se congregam atividades e bens, organizados e disciplinados a partir do poder de destinação que, num primeiro momento, é outorgado ao

---

[72] STEFANINI, Luís de Lima. **A propriedade no direito agrário**. São Paulo: RT, 1978, p. 281.

[73] MATTIA, Fabio Maria de. Empresa agrária e o estabelecimento agrário. In: **Revista dos Tribunais**, v.715, p. 64, maio 1995, p. 64.

DIREITO AGRÁRIO

proprietário – e que pode assumir, ele mesmo, a atuação de um verdadeiro e próprio empresário-, ou, então, tal poder será por ele transferido a alguém para que realize o exercício dessa função de gestão produtiva de bens, o que se fará principalmente por meio da celebração de contratos, em especial por aqueles tipicamente agrários, entre nós a parceria e o arrendamento.[74]

Fabio Maria de Mattia também indica, acerca do exercício da empresa agrária, que pode caber não apenas ao arrendatário, mas também ao parceiro outorgado:

> O exercício da empresa agrária, não requer, necessariamente, que o empresário seja o proprietário do fundo, basta um poder de fato, cujo conteúdo é uma relação de senhoria material que enseja os atos de fruição e de apropriação econômica no interesse próprio, empresário, assim se qualificando, assume a álea da empresa e, por conseguinte, executa a atividade produtora em nome próprio.
>
> A categoria empresário agrícola é assim variada, pois engloba o proprietário, o possuidor, o usufrutuário, o arrendatário, o parceiro-outorgado, o concedente.
>
> Ao contrário, não são empresários agrários os proprietários de bens concedidos em usufruto, nem os proprietários ou usufrutuários de bens arrendados, dados em parceria, nem os arrendatários de bens subarrendados.[75]

Vale lembrar que na parceria, nem sempre o exercício ou gestão da empresa agrária caberá ao parceiro outorgado, que poderá contribuir apenas com sua mão de obra para a empresa agrária. Não será, nesse último caso, o parceiro outorgado, considerado cultivador direto, pois não custeia a atividade rural, isto é, não contribui para as despesas desta. Aliás, na origem, essa era a forma mais comum do contrato de parceria.

Por outro lado, como já apontamos, consideramos que o contrato de parceria no qual o custeio e a gestão da atividade agrária cabe exclusivamente ao parceiro outorgado (ele é o único empresário agrário) e não a

---

[74] SCAFF, Fernando Campos. **Direito agrário**: origens, evolução e biotecnologia. São Paulo: Atlas, 2012, p. 16.

[75] MATTIA, Fabio Maria de. Empresa agrária e o estabelecimento agrário. In: **Revista dos Tribunais**, v.715, p. 64, maio 1995, p. 64.

OS CONTRATOS AGRÁRIOS E O ESTATUTO DA TERRA

este em conjunto com o parceiro outorgante, deve ser tratado como arrendamento com valor percentual, para todos os fins.

O autor italiano Giovanni Carrara[76] explica que na *mezzadria* (parceria) não há transferência da empresa (atividade agrária) pelo outorgante, que sempre permanece como empresário ou gestor da atividade agrária. Conforme artigo 2.135 do Código Civil Italiano:

> É empresário agrícola quem exerce uma atividade de cultivador direto da terra, silvicultura, pecuária e atividades relacionadas.
>
> Consideram-se atividades relacionadas aquelas com o processamento ou comercialização de produtos agrícolas, quando eles voltam ao exercício normal da agricultura.[77]

Vale lembrar que nossa legislação foi elaborada, inspirada, também, no Direito Italiano e que embora nossa legislação seja omissa quanto a quem cabe a gestão da empresa agrária, o mais comum na origem do instituto era a gestão da empresa agrária caber exclusivamente ao proprietário, embora o parceiro outorgado pudesse ser ou não cultivador direito.

Ora, quando há transferência e não o compartilhamento da atividade empresarial, existe, na realidade, um contrato de arrendamento, com valor variável e não uma verdadeira parceria. Parceria é um contrato de natureza associativa (de compartilhamento de riscos da atividade agrária). Portanto, consideramos que isso pressupõe um mínimo de participação do parceiro outorgante na atividade agrária ou em sua gestão.

Diante das considerações acima, temos as seguintes conclusões parciais:

(1) Empresa agrária deve ser considerada como a atividade agrária e não apenas a sociedade empresária que tenha por objeto atividade agrária.

---

[76] CARRARA, Giovanni. **I contratti agrari**. Torino: Torinese, 1959, p. 592.

[77] Tradução livre, do original: "E imprenditore agricolo chi esercita un'attività diretta alla coltivazione del fondo, alla silvicoltura, all'allevamento del bestiame e attività connesse.
Si reputano connesse le attività dirette alla trasformazione o all'alienazione dei prodotti agricoli, quando rientrano nell'esercizio normale dell'agricoltura."

DIREITO AGRÁRIO

(2) A legislação agrária estabelece critérios de produtividade que, embora não sejam necessários para definir empresa agrária, são necessários para verificar sua produtividade e cumprimento de sua função social, assunto que será retomado no próximo item deste trabalho.

(3) No contrato de arrendamento, o exercício da empresa agrária e sua gestão competem sempre ao arrendatário.

(4) O contrato de parceria tem natureza associativa. Portanto, entendemos que isso pressupõe um mínimo de participação do parceiro outorgante na atividade agrária ou em sua gestão. O contrato de parceria no qual o custeio e a gestão da atividade agrária cabe exclusivamente ao parceiro outorgado (ele é o único empresário agrário) e não a este em conjunto com o parceiro outorgante, deve ser tratado como arrendamento com valor percentual, para todos os fins, inclusive para a existência do direito legal de preferência.

(5) No contrato de parceria, dada a liberdade contratual das partes, a gestão da empresa agrária pode caber ao parceiro outorgante ou ao parceiro outorgado. Na origem do instituto (assim como se verifica da legislação Italiana), a gestão da empresa agrária cabia ao parceiro outorgante, por isso existiu o tratamento diferenciado na Lei ao direito de preferência do parceiro outorgado, que podia ou não ser cultivador direto.

(6) A natureza associativa do contrato de parceria não deve afastar o direito de preferência àquele que exerce ou administra a empresa agrária, ainda que não seja seu cultivador direito, em razão do princípio da continuidade da empresa, assunto que será melhor abordado no item 2.5 deste trabalho.

1.1.4. Função social da propriedade e exercício do direito de preferência

"O direito de propriedade é garantido pela ordem jurídica; todavia, deve ser exercido à luz da função social que lhe é inerente"[78], afirma Luciano de Souza Godoy, e mais adiante:

---

[78] GODOY, Luciano de Souza. **Direito agrário constitucional**: o regime da propriedade. São Paulo: Atlas, 1998, p. 29.

É a promoção da produção, da produção agrária, que constitui um valor em destaque, importante elemento econômico e social, uma vez que patrocina os fatores de abastecimento de alimentos e matérias-primas, visando à manutenção de uma população, por meio de sua alimentação, e assim é expressão direta da concessão da dignidade humana e da cidadania às populações relacionadas com o campo.[79]

A função social da propriedade representa, no campo dos direitos reais, a passagem de um sistema de direitos absolutos para direitos que devem ser exercidos em consonância com outros direitos individuais e com o interesse coletivo. Giovanni Ettore Nanni associa ao princípio da solidariedade a funcionalização dos direitos, e afirma: "uma vez que os seres humanos convivem em sociedade, tal previsão constitucional determina que os interesses pessoais não podem se sobrepor aos da sociedade."[80]

Ou, nas palavras de Luciano de Camargo Penteado, "Função social do direito é o dever de este direito atender a interesses da sociedades."[81]

Na mesma linha, esclarecem Arruda Alvim e Tereza Alvim:

> Em verdade, falar-se em função social deve considerar dois pólos da situação: (a) o titular do direito e (b) o contexto social em que esse é titular e opera o seu direito, como, ainda, ter presente as delimitações incidentes sobre o seu direito, em função de outros direitos social e juridicamente reconhecidos [...].[82]

O artigo 2º do Estatuto da Terra determina que o acesso à propriedade da terra está condicionado pela sua função social, conforme transcrito a seguir:

> Art. 2º É assegurada a todos a oportunidade de acesso à propriedade da terra, condicionada pela sua função social, na forma prevista nesta Lei.

---

[79] GODOY, Luciano de Souza. **Direito agrário constitucional**: o regime da propriedade. São Paulo: Atlas, 1998, p. 31.

[80] NANNI, Giovanni Ettore. Abuso do direito. In: LOTUFO, Renan; NANNI, Giovanni Ettore (Coords.). **Teoria geral do direito civil**. São Paulo: Atlas, 2008, p. 744.

[81] PENTEADO, Luciano de Camargo. **Manual de Direito Civil**: coisas. São Paulo: RT, 2013, p. 32.

[82] ALVIM, Arruda; ALVIM, Thereza (Coords.). **Comentários ao Código Civil Brasileiro**. Do direito das coisas. v.I. t.I. (livro introdutório). Rio de Janeiro: Forense, 2009, p. 35.

DIREITO AGRÁRIO

§1º A propriedade da terra desempenha integralmente a sua função social quando, simultaneamente:

a) favorece o bem-estar dos proprietários e dos trabalhadores que nela labutam, assim como de suas famílias;

b) mantém níveis satisfatórios de produtividade;

c) assegura a conservação dos recursos naturais;

d) observa as disposições legais que regulam as justas relações de trabalho entre os que a possuem e a cultivem.

Igualmente, o artigo 1.228 do Código Civil traz, em seus parágrafos segundo e terceiro, restrições ao proprietário, visando limitar o exercício de tal direito, condicionando-o à observância de sua função social. Como afirma Humberto Theodoro Junior, "foi a partir da teoria do abuso do direito que se delimitou a função social da propriedade, que, afinal, o novo Código Civil, não só proclamou, como descreveu, *in verbis*" [83]:

§1º O direito de propriedade deve ser exercido em consonância com as suas finalidades econômicas e sociais e de modo que sejam preservados, de conformidade com o estabelecido em lei especial, a flora, a fauna, as belezas naturais, o equilíbrio ecológico e o patrimônio histórico e artístico, bem como evitada a poluição do ar e das águas.

§2º São defesos os atos que não trazem ao proprietário qualquer comodidade, ou utilidade, e sejam animados pela intenção de prejudicar outrem.

Também na Constituição Federal, em seu artigo 186, encontramos os requisitos para que a propriedade rural cumpra sua função social:

Art. 186. A função social é cumprida quando a propriedade rural atende, simultaneamente, segundo critérios e graus de exigência estabelecidos em lei, aos seguintes requisitos:

I – aproveitamento racional e adequado;

II – utilização adequada dos recursos naturais disponíveis e preservação do meio ambiente;

III – observância das disposições que regulam as relações de trabalho;

---

[83] THEODORO JUNIOR, Humberto. **O contrato e sua função social**. 3. ed. Rio de Janeiro: Forense, 2008, p. 98.

IV – exploração que favoreça o bem-estar dos proprietários e dos trabalhadores.

Como se vê, a propriedade representa obrigações e não apenas direitos ao seu titular, a propriedade agrária deve produzir alimentos e matérias-primas, de modo racional e adequado, respeitando o meio ambiente e a dignidade dos trabalhadores rurais. Como explica Luciano de Souza Godoy: "As restrições ao proprietário, que foram sendo impostas, restrições de início que estabeleciam somente um não fazer, e agora já trazem uma obrigação de fazer ao titular da coisa." [84]

Tendo em vista a constitucionalização da função social da propriedade, há quem defenda que, um dos requisitos para o exercício do direito de preferência, é que se comprove o cumprimento da função social da propriedade, como é a opinião de Rafael Machado Soares:

> O direito de preferência somente pode ser exercido se a exploração da terra estiver em consonância com os ditames constitucionais, ou seja, no momento da oferta da compra, deve ser observado se o arrendatário está cumprindo a função social da propriedade.[85]

Com o devido respeito à opinião, não nos alinhamos a ela, conforme passaremos a esclarecer.

É inquestionável que toda a propriedade deve cumprir sua função, tal como determina o princípio da função social da propriedade, em nível Constitucional[86], ou em seus diversos desdobramentos, nas leis infraconstitucionais.

Além disso, na forma do artigo 184[87] da Constituição Federal, o imóvel rural que não esteja cumprindo sua função social, poderá ser objeto

---

[84] GODOY, Luciano de Souza. **Direito agrário constitucional**: o regime da propriedade. São Paulo: Atlas, 1998, p. 33.

[85] SOARES, Rafael Machado. O direito de preferência no contrato de arrendamento rural à luz da hermenêutica constitucional. In: **Justiça do Direito**, Passo Fundo, v.20, n.1, p. 100-110, 2006, p. 108.

[86] BRASIL. Constituição Federal de 1988. Artigo 5º, XXIII e artigo 170, III.

[87] Art. 184. Compete à União desapropriar por interesse social, para fins de reforma agrária, o imóvel rural que não esteja cumprindo sua função social, mediante prévia e justa indenização em títulos da dívida agrária, com cláusula de preservação do valor real, resgatáveis no prazo

DIREITO AGRÁRIO

de desapropriação, sendo certo que, ficam afastados dessa possibilidade, nos termos do artigo 185[88] da Constituição Federal, a propriedade produtiva, assim como a pequena e média propriedade que seja a única de seu proprietário. "É certo que a desapropriação tem um conteúdo sancionatório, punindo o proprietário que não atende a função social da propriedade."[89], esclarece Luciano de Souza Godoy.

Como afirma Bruno Rodrigues Arruda e Silva:

> Para regulamentar as disposições constitucionais referentes à reforma agrária, a Lei nº 8.629/93, a qual disciplina a fase administrativa da desapropriação, com o detalhamento das condições específicas de cumprimento da função social e da atuação fiscalizatória do INCRA, bem como a Lei Complementar nº 76/93[90], que dispôs sobre a fase judicial daquela.[91]

Assim, certo é que a perda da propriedade pode se dar, caso não cumprida a função social da propriedade rural, observados os requisitos para

---

de até vinte anos, a partir do segundo ano de sua emissão, e cuja utilização será definida em lei. §1º – As benfeitorias úteis e necessárias serão indenizadas em dinheiro. §2º – O decreto que declarar o imóvel como de interesse social, para fins de reforma agrária, autoriza a União a propor a ação de desapropriação. §3º – Cabe à lei complementar estabelecer procedimento contraditório especial, de rito sumário, para o processo judicial de desapropriação. §4º – O orçamento fixará anualmente o volume total de títulos da dívida agrária, assim como o montante de recursos para atender ao programa de reforma agrária no exercício. §5º – São isentas de impostos federais, estaduais e municipais as operações de transferência de imóveis desapropriados para fins de reforma agrária.

[88] Art. 185. São insuscetíveis de desapropriação para fins de reforma agrária: I – a pequena e média propriedade rural, assim definida em lei, desde que seu proprietário não possua outra; II – a propriedade produtiva. Parágrafo único. A lei garantirá tratamento especial à propriedade produtiva e fixará normas para o cumprimento dos requisitos relativos a sua função social.

[89] GODOY, Luciano de Souza. **Direito agrário constitucional**: o regime da propriedade. São Paulo: Atlas, 1998, p. 91.

[90] Alterada pela LC nº 88/96. Sua versão, comentada, pela escola da AGU, está disponível em: http://www.agu.gov.br/page/content/detail/id_conteudo/234753. Acesso em: 11 abr., 2015.

[91] ARRUDA E SILVA, Bruno Rodrigues. **A prova nas ações declaratórias de produtividade que visam anular desapropriações para fins de reforma agrária**: necessidade de contemporaneidade na avaliação do estado de uso do imóvel rural. Disponível em: http://www.ambito-juridico.com.br/site/?n_link=revista_artigos_leitura&artigo_id=1390. Acesso em: 11 abr.2015.

que seja considerada produtiva, através de procedimento próprio, em que o interessado tem a oportunidade de apresentar defesa.

Por outro lado, o momento da aquisição de imóvel rural não é o momento adequado para a discussão sobre o cumprimento de função social da propriedade (ou da posse). Não existe tal exigência legal para comprovação, no momento da compra, por ocasião da lavratura da escritura de compra e venda, assim como não deve existir tal requisito, quando do exercício de opção de compra, ainda que originária em direito de preferência – legal ou convencional.

Admitir a discussão do cumprimento da função social da propriedade em processo em que se discuta a violação pelo proprietário de direito legal de preferência é abrir espaço para atos contraditórios e, portanto, de má fé. O proprietário se beneficia do contrato agrário, seja pelo recebimento de aluguéis ou, ainda, no compartilhamento dos riscos e responsabilidades pela atividades agrária.

A violação da função social da propriedade pode ser alegada, sim, como motivo de inadimplemento contratual e rescisão do contrato agrário, mas é imperioso lembrar que:

(I) se o proprietário recebia os alugueis sem questionar a violação da função social da propriedade e se o contrato agrário estava vigente no momento da venda do imóvel rural, o direito de preferência do arrendatário subsiste, sem necessidade de demonstração de cumprimento de sua função social;

(II) na parceria, o parceiro outorgante é também responsável pela atividade agrária e, portanto, pela produtividade do imóvel e pelo cumprimento da função social da propriedade, de modo que o parceiro outorgante não poderia beneficiar-se de sua própria torpeza para violar o direito de preferência do parceiro outorgado; e

(III) a perda da propriedade rural pode ocorrer a qualquer tempo, pelo não cumprimento de sua função social, mas será em razão de desapropriação para fins de reforma agrária, mediante procedimento próprio, e não para legitimar uma venda a terceiro, com violação a direito de preferência.

DIREITO AGRÁRIO

> **Diante das considerações acima, temos as seguintes conclusões parciais:**
>
> (1) A propriedade rural deve cumprir sua função social e requisitos de produtividade.
> (2) A propriedade rural que não cumpra sua função social, pode ser desapropriada para fins de reforma agrária.
> (3) Não é requisito para a compra de imóvel rural ou para o exercício do direito de preferência ou opção de compra, o cumprimento da função social da propriedade.

1.1.5. Contratos agrários e o estrangeiro

O Artigo 172 da Constituição Federal estabelece que "a lei disciplinará, com base no interesse nacional, os investimentos de capital estrangeiro, incentivará os reinvestimentos e regulará a remessa de lucros."

Assim como o artigo 190 da Constituição Federal estabelece que "a lei regulará e limitará a aquisição ou o arrendamento de propriedade rural por pessoa física ou jurídica estrangeira e estabelecerá os casos que dependerão de autorização do Congresso Nacional."

A Lei nº 5.709, de 07 de outubro de 1971, e seu regulamento, Decreto nº 74.965, de 26 de novembro de 1974 (**"Leis Restritivas"**), impõem limitações à aquisição de imóveis rurais por estrangeiros e inclusive por pessoas jurídicas brasileiras equiparadas a estrangeiras, ou seja, "pessoas jurídicas brasileiras, da qual participem, a qualquer título, pessoas estrangeiras físicas ou jurídicas que tenham a maioria do seu capital social e residam ou tenham sede no Exterior", conforme 1º parágrafo, artigo 1º, da Lei nº 5.709/71, condicionando a aquisição a autorizações governamentais e a limites de área e percentuais por município e nacionalidade.

No que diz respeito às restrições impostas pelas Leis Restritivas, é importante observar que nos termos do Parecer nº AGU/LA-04/94 emitido pela Advocacia Geral da União ("AGU"), o parágrafo 1º do artigo 1º da Lei nº 5.709/71 não foi recepcionado pela Constituição Federal de 1988 e, portanto, não deveria prevalecer qualquer restrição para a aquisição de imóvel rural por pessoas jurídicas brasileiras equiparadas a estrangeiras.

Em conformidade com o artigo 40 da Lei Complementar nº 73 de 10 de fevereiro de 1993, os Pareceres emitidos pela AGU aprovados pelo

Presidente, após sua publicação, vinculam a Administração Federal, e os pareceres aprovados, antes de sua publicação, vinculam as repartições interessadas[92] a partir do momento em que deles tenham ciência.

Contudo, a discussão foi novamente levantada após a revogação do artigo 171 da Constituição Federal o qual definia "empresa brasileira" para fins do artigo 170, IX entre outras disposições[93], devido à Emenda Constitucional nº 6, e, portanto a AGU expressou mais uma vez seu entendimento sobre a questão da mesma maneira (que o parágrafo 1º do artigo 1º da Lei nº 5.709/71 não foi recepcionado pela Constituição Federal de 1988). Em 17 de março de 1997 a AGU emitiu o Parecer nº CG-181, que também foi aprovado pelo Presidente, em 17 de dezembro de 1998.

Em 3 de setembro de 2008, a Consultoria Geral da União emitiu um novo Parecer (nº CGU/AGU-001-RVJ) revogando expressamente o Parecer anterior e sustentando que o parágrafo 1º do artigo 1º da Lei nº5.709/71 foi recepcionado pela Constituição Federal. Portanto, as restrições para aquisição de imóvel rural devem também ser observadas no caso do comprador ser uma pessoa jurídica brasileira equiparada a estrangeira. Esse Parecer foi aprovado pela AGU em uma Resolução data de 15 de outubro de 2009.

Dessa forma, a interpretação atual das autoridades brasileiras considera que o referido dispositivo legal (que equipara a pessoa jurídica brasileira com capital estrangeiro a pessoa jurídica estrangeira) foi recepcionado pela CF/88, e deu interpretação diferente ao dispositivo legal, de modo que segundo o Parecer da Corregedoria Geral da Justiça e da Advocacia Geral da União, não apenas a sociedade com maioria de capital estran-

---

[92] Incluindo o INCRA.

[93] Art.170. A ordem econômica, fundada na valorização do trabalho humano e na livre iniciativa, tem por fim assegurar a todos existência digna, conforme os ditames da justiça social, observados os seguintes princípios: I – soberania nacional; II – propriedade privada; III – função social da propriedade; IV – livre concorrência; V – defesa do consumidor; VI – defesa do meio ambiente, inclusive mediante tratamento diferenciado conforme o impacto ambiental dos produtos e serviços e de seus processos de elaboração e prestação; VII – redução das desigualdades regionais e sociais; VIII – busca do pleno emprego; IX – tratamento favorecido para as empresas de pequeno porte constituídas sob as leis brasileiras e que tenham sua sede e administração no País. (Inciso IX alterado pelo EC nº 6, de 15 de agosto de 1995. O texto original fazia referência apenas às "Empresas Brasileiras") Parágrafo Único – É assegurado a todos o livre exercício de qualquer atividade econômica, independentemente de autorização de órgãos públicos, salvo nos casos previstos em lei.

DIREITO AGRÁRIO

geiro, mas as controladas por estrangeiros, sujeitam-se às restrições das Leis Restritivas:

> para que a equiparação de pessoa jurídica brasileira com pessoa jurídica estrangeira prevista no dispositivo legal citado no item anterior ocorra, a fim de que sejam estabelecidos limites e restrições à aquisição e ao arrendamento de imóveis rurais é necessário que: (I) o estrangeiro, pessoa física, seja não-residente ou a pessoa jurídica não possua sede no país; (II) o estrangeiro, pessoa física ou jurídica, descrito no item anterior, participe, a qualquer título, de pessoa jurídica brasileira; e (III) essa participação assegure a seus detentores o poder de conduzir as deliberações da assembléia geral, de eleger a maioria dos administradores da companhia e de dirigir as atividades sociais e orientar o funcionamento dos órgãos da companhia.

Com base na lei restritiva, seu regulamento e no Parecer, o Conselho Nacional da Justiça – CNJ orientou os cartórios de notas e de registro de imóveis a observarem as restrições também com relação às sociedades brasileiras equiparadas a estrangeiras, conforme decisão havida no processo nº 0002981-80.2010.2.00.0000 e publicada em seu *site* oficial em 13 de julho de 2010.

Como os cartórios estão sujeitos à Corregedoria Geral de Justiça e, consequentemente, ao CNJ, eles estão vinculados à decisão do CNJ e respondem pela sua violação.

Todavia, especificamente em relação ao Estado de São Paulo, a Corregedoria Geral da Justiça do Estado de São Paulo emitiu o Parecer nº 461//2012–E em 11 de dezembro de 2012, baseado numa decisão do Tribunal de São Paulo de 2 de setembro de 2012 (processo nº 0058947-33.2012.8.26.0000), que se aplica aos cartórios de notas e de registro de imóveis de São Paulo, cujo entendimento se resume a seguir: "A regra do §1º do artigo 1º da Lei nº 5.709/1971 não foi recepcionada pela Constituição Federal de 1988 – Equiparação ofensiva ao artigo 190 da CF/1988 – Precedente do Órgão Especial do Tribunal de Justiça de São Paulo (Mandado de Segurança nº 0058947-33.2012.8.26.0000) – Recente mudança da orientação normativa da Corregedoria Geral da Justiça de São Paulo (Parecer nº 461/2012–E)." [94]

---

[94] Disponível em: Acesso em: 21 abr., 2015.

Não obstante, mesmo nesse Estado, o parágrafo 1º do artigo 1º, da Lei nº 5.709/71 continua em vigor e a aquisição de imóveis por sociedades brasileiras equiparadas a estrangeiras sem observância das Leis Restritivas pode levar ao questionamento de sua validade por terceiros, inclusive os entes da administração pública responsáveis pela concessão de autorização, tal como o INCRA.

A Sociedade Rural Brasileira (SRB) apresentou em 16 de abril de 2015 ao Supremo Tribunal Federal (STF) Arguição de Descumprimento de Preceito Fundamental (ADPF) com o objetivo de contestar e, portanto, reverter a interpretação atual dada às Leis Restritivas pelo Parecer, conforme notícia veiculada na internet:

> Recentemente, o Tribunal de Justiça de São Paulo (TJ-SP) reconheceu que não há lei que obrigue pessoa jurídica com capital estrangeiro a adquirir terras sem aprovação prévia de projetos pelo Incra. Assim, todos os cartórios de notas e de registro de imóveis do Estado de São Paulo estão autorizados a lavrar as escrituras e fazer os registros que transferem a propriedade sobre imóveis rurais. No entanto, não basta ter a propriedade no sentido jurídico. É preciso submeter a propriedade a uma série de controles e cadastros feitos pelo Estado, sobretudo órgãos federais, como o Incra, o Ibama e a Receita Federal. Ou seja, embora a decisão do TJ-SP viabilize a aquisição, os direitos não têm eficácia junto aos órgãos de administração.[95]

"O ajuizamento de uma ADPF permite que se questione a compatibilidade de diversas espécies de lei ou ato normativo diante da Constituição"[96], conforme esclarece Gabriel Dias Marques da Cruz. A decisão de inconstitucionalidade, pelo STF, no processo de ADPF, pode ou não ter efeitos retroativos, nos termos do artigo 11 da Lei nº 9.882, de 03 de dezembro de 1999:

> Art. 11. Ao declarar a inconstitucionalidade de lei ou ato normativo, no processo de argüição de descumprimento de preceito fundamental, e tendo

---

[95] Disponível em: http://www.monitormercantil.com.br. Acesso em: 25 abr., 2015.
[96] CRUZ, Gabriel Dias Marques da. **Arguição de descumprimento de preceito fundamental:** lineamento básico e revisão crítica no direito constitucional brasileiro. São Paulo: Malheiros, 2011, p. 80.

DIREITO AGRÁRIO

em vista razões de segurança jurídica ou de excepcional interesse social, poderá o Supremo Tribunal Federal, por maioria de dois terços de seus membros, restringir os efeitos daquela declaração ou decidir que ela só tenha eficácia a partir de seu trânsito em julgado ou de outro momento que venha a ser fixado.

Segundo o artigo 15 da Lei nº 5.709/71 – "A aquisição de imóvel rural, que viole as prescrições desta Lei, é nula de pleno direito.[...] O alienante está obrigado a restituir ao adquirente o preço do imóvel."
Conforme artigo 20 do Decreto nº74.965/74:

> As normas regulamento aplicam-se a qualquer alienação de imóvel rural para pessoa física ou jurídica estrangeira, em casos como o de fusão ou incorporação de empresas, de alteração do controle acionário da sociedade, ou de transformação de pessoa jurídica nacional para pessoa jurídica estrangeira.

Por outro lado, o INCRA considera que as restrições da Lei não se aplicam a constituição de direitos reais, tal como o usufruto[97], não estando sua constituição sujeita a prévia autorização governamental.

A Lei nº 8.629/93, em seu artigo 23 e parágrafo primeiro, ampliou as restrições da Lei nº 5.709/71, de modo que também aplicam-se ao arrendamento "todos os limites, restrições e condições aplicáveis à aquisição de imóveis rurais por estrangeiro, constantes da lei referida no caput deste artigo."

A Lei nº 5.709/71, em seu artigo 4º estabelece que: "Na aquisição de imóvel rural por pessoa estrangeira, física ou jurídica, é da essência do ato a escritura pública."

A partir da edição do Provimento CNJ nº 43, de 17 de abril de 2015, passou a ser exigida, também, escritura pública também para a celebração de contratos de arrendamento de imóvel rural por estrangeiros e por sociedades brasileiras equiparadas às estrangeiras.

Ainda, de acordo com o artigo 3º de tal Provimento,

> Os Cartórios de Registro de Imóveis inscreverão os contratos de arrendamento de imóvel rural celebrados por pessoas indicadas no artigo 1º deste

---

[97] Disponível em: http://www.incra.gov.br/tree/info/file/3310. Acesso em: 21 abr. 2015.

Provimento [estrangeiros e pessos jurídicas brasileiras equiparadas a estrangeiras] no Livro de Registro de Aquisição de Imóveis Rurais por Estrangeiros, na forma prevista no art. 15 do Decreto nº 74.965/1974.

Ainda que um Provimento não pudesse criar formalidade para a celebração do contrato de arrendamento, que a lei não estabelece (sendo certo que a lei permite até mesmo a forma verbal), a partir da edição do provimento, às partes é recomendável seguir tal formalidade, para evitar discussões quanto à validade (ou não) do contrato de arrendamento.

Como se vê, as restrições criadas pela Lei nº 8.629/93 e pelo Provimento CNJ não abrangeu o contrato de parceria.

Consideramos que os motivos dessa omissão ao contrato de parceria são os mesmos do Estatuto da Terra e seu Regulamento ao não assegurar de forma expressa ao parceiro outorgado o direito de preferência para a aquisição do imóvel rural, qual seja, a situação de, na origem, o parceiro outorgado ser mera mão de obra na empresa agrária, ou ainda, a sua situação subsidiária na empresa agrária (em relação à situação principal na empresa agrária ocupada pelo parceiro outorgante/proprietário do imóvel rural).

Ora, dada a evolução desse tipo contratual, que muitas vezes se aproxima mesmo de um verdadeiro contrato de sociedade (com compartilhamento real de riscos e das decisões/gestão da atividade agrária) ou do contrato de arrendamento (hipótese em que o proprietário não se envolve na empresa agrária, recendo apenas um aluguel variável, de acordo com a produção), se o parceiro outorgado estrangeiro for possuidor direto das terras e exercer ou gerir a atividade agrária, consideramos que as mesmas restrições criadas pela Lei nº 8.629/93 deveriam, em teoria, se aplicar aos contratos de parceria rural, de modo que a omissão na Lei nº 8.629/93 deve ser tratada como falha legislativa a ser sanada.

Todavia, é de se lembrar que as normas restritivas de direitos não podem ser interprestadas de forma extensiva[98], de modo que, dada a omissão da Lei, no atual cenário jurídico, a parceria rural pode ser celebrada pelo estrangeiro ou sociedade brasileira equiparada a estrangeira, sem que

---

[98] Waldemar Ferreira já apontava em 1958: "os juristas sabem deverem as leis restritivas de direitos entender-se restritivamente, sem que se possam ampliar por analogia ou por qualquer outro processo. A lei que abre exceções a regras gerais, ou restringe direitos, só abrange os casos que especifica." In: FERREIRA, Waldemar. **Tratado de sociedades mercantis**. v.2. Rio de Janeiro: Nacional de Direito, 1958, p. 374-375.

DIREITO AGRÁRIO

sejam aplicadas a tal contrato as normas, as restrições e estabelecidas pela Lei nº 5.709/71. Também não serão aplicáveis à parceria as formalidades estabelecidas pelo Provimento CNJ.

Nesse sentido, aponta Tércio Sampaio Ferraz Jr.[99]: "No Brasil, o art. 6º da antiga Lei de Introdução prescrevia, aliás, que 'a lei que abre exceção a regras gerais, ou restringe direitos, só abrange os casos que especifica.' Não obstante sua revogação, ela ainda prevalece como orientação doutrinária."

Diante das considerações acima, temos as seguintes conclusões parciais:

(1) A Lei nº 8.629/93 estabelece restrições à celebração de contratos de arrendamento por estrangeiros e sociedades brasileiras equiparadas a estrangeiras, condicionando-a a autorizações governamentais e a limites de área e percentuais por município e nacionalidade, conforme previstas na Lei nº 5.709/71.

(2) Discute-se a constitucionalidade dessa equiparação de sociedades brasileiras com capital estrangeiro a sociedades estrangeiras e em São Paulo já foi afastada a aplicação do parágrafo 1º do artigo 1º, da Lei nº 5.709/71, todavia apenas por norma da corregedoria, de modo que o tal dispositivo legal continua em vigor, ainda que se possa questionar a sua constitucionalidade.

(3) A restrição criada pela Lei nº 8.629/93 não abrangeu o contrato de parceria e as normas restritivas de direitos não podem ser interprestadas de forma extensiva.

(4) As formalidades exigidas pelo Provimento CNJ para a celebração do contrato de arrendamento, embora devessem ser criadas por lei, não se aplicam à parceria.

---

[99] FERRAZ JÚNIOR, Tércio Sampaio. **Introdução ao estudo do direito**: técnica, decisão, dominação. 6. ed. 2ª reimp. São Paulo: Atlas, 2010, p. 282-283.

2.
O Direito de Preferência

Antes de adentrar à análise das correntes doutrinárias e jurisprudenciais existentes relativas à existência de um direito de preferência legal do parceiro outorgado, percorreremos as noções gerais relativas ao direito de preferência, tais como origem, noção, utilidade e regulamentação.

2.1. Origem

Sílvio de Salvo Venosa[100] indica que a preferência como pacto adjeto da compra e venda teve origem no *pactum protimiseos* do Direito Romano, de origem grega.

Silvia C. B. Opitz e Oswaldo Opitz, por sua vez, esclarecem que "o direito de preferência tem origem na Grécia, no contrato de enfiteuse".[101] E seguem, na explicação:

> A fonte, como se viu, é a enfiteuse, que conferia o *ius protimeseus* ao proprietário – e também ao enfiteuta, consistente no *pacta protimeseos*, pelo qual as partes convencionavam que, em caso de comprador vender a coisa que ele vem de adquirir, o vendedor teria direito à preferência sobre qualquer outro comprador, se oferecesse também boas condições. [...]

---

[100] Venosa, Sílvio de Salvo. **Direito civil**: contratos em espécie. v.3. 13. ed. São Paulo: Atlas, 2013, p. 70.

[101] Opitz, Silvia C. B.; Opitz, Oswaldo. **Curso completo de direito agrário**. 8.ed. São Paulo: Saraiva, 2014, p. 329.

DIREITO AGRÁRIO

O *pacta protimeseos* nascia da vontade das partes, podia ser feito por testamento ou decorria da lei. Neste caso, o exemplo típico é a enfiteuse, porque a lei impunha o dever do enfiteuta vender a terra explorada ao senhorio. Era um direito real que se conferia ao proprietário ou senhorio direto, e real também a ação para haver a coisa vendida com essa infração.

Ou, como ensina José Carlos Moreira Alves:

No direito Justiniano, a enfiteuse é um direito real, alienável e transferível aos herdeiros, que atribui a alguém (o enfiteuta), mediante o pagamento de um canon anual, faculdades sobre o imóvel de outrem (o concedente) análogas às de verdadeiro proprietário. [...] É muito complexa a origem da enfiteuse como direito real sobre coisa alheia – decorreu da fusão de duas espécies de arrendamento: o dos *agri uectigales* (arrendamento de origem romana) e o decorrente da concessão do *ius emphyteuticum* e do *ius perpetuum* (arrendamentos originários da parte ocidental do Império Romano.[102]

O enfiteuta podia alienar seu direito, mas o proprietário tinha preferência, em caso de venda do imóvel.

António Menezes Cordeiro menciona, especificamente a respeito dos direitos convencionais de preferência, o seguinte:

Quanto a direitos convencionais de preferência: consideram os estudiosos que, dada a tipicidade existente, quanto aos contratos e no Direito Romano, a sua consubstanciação não seria fácil. Porventura através da *stipulatio,* eles seriam possíveis, ainda que não se documentem. Já no campo dos *bonae fidae iudicia,* onde eram compagináveis, designadamente junto da compra e venda, *pacta adiecta* ou cláusulas laterais, tínhamos: *pactum de retrovendo* (direito de venda a retro), *pactum de retroemendo* (dever de venda a retro), *pactum de non alienando* (proibição de alienar) e *pactum protimiseos* (direito de preferência). Quanto a este último, temos, nas fontes, dois fragmentos: Paulo: Sel et ita fundum tibi vendidero, ut nulli alii eum quam mihi venderes, actio eo nomine execução específica vendito est, si alii vendideris.[103]

---

[102] ALVES, José Carlos Moreira. **Direito romano.** v.1. 13. ed. Rio de Janeiro: Forense, 2002, p. 341; 343.

[103] Paulo, D.19.1.21.5 = Behrends e outros, III, 537. Em português: Mas se eu te vendo um fundo, para que não vendas a nenhum outro que não eu, é dada uma acção de venda se venderes a um outro.

O DIREITO DE PREFERÊNCIA

Hermogeniano: Qui fundum vendidit, ut eum certa mercede conductum ipse habeat vel, si vendat, non alii, sed sibi distrahat vel símile aliquid paciscatur: ad complendum id, quod pepigerunt, ex vendito agere poterit.[104][105]

E o mesmo autor complementa:

Em suma: embora, no Direito Romano, pela sua enorme riqueza e diversidade, seja possível documentar figuras semelhantes à preferência, parece assente a ausência de um verdadeiro instituto semelhante ao que, mais tarde, viria a surgir no Ocidente.
[...]
A recepção do Direito romano permitiu dogmatizar as figuras díspares de preferências, intentando-se, numa fase ulterior, a sua sistematização. A possibilidade de constituição negocial de preferências era reconhecida: mas era com eficácia obrigacional.
A partir do século XVIII, a existência das preferências multifacetárias veio a ser criticada. As concepções estratificadas da sociedade, com base numa nobreza fundiária, perderam valia, enquanto as luzes recomendavam uma propriedade livre de entraves. Desenvolveu-se uma tendência legislativa geral para a sua supressão.
[...]
Podemos considerar, numa rápida panorâmica europeia, que o direito de preferência é muito inflectido pela História e pelas tradições, apresentando diferenças notáveis, entre os códigos dos diversos países. [...]
Ao longo do século XX, houve um certo renascimento da figura [...].[106]

Silvia C. B. Opitz e Oswaldo Opitz apontam que "a França foi a vanguardeira no atribuir ao arrendatário o direito de preempção em caso de

---

[104] Hermogeniano, D.18.1.75 = Behrends e outros, IV, 466. Em português: Aquele que vender um fundo com cláusula de que ele próprio pode arrendá-lo, caso o queira vender, não o deve fazer a outrem, mas ao próprio, ou algo semelhante: pode ele agir, por via do contrato de compra, para o cumprimento.

[105] CORDEIRO, António Menezes. **Tratado de Direito Civil Português**. 2v.: Direito das obrigações t.2.: Contratos. Negócios unilaterais. Coimbra: Almedina, 2010, p. 465.

[106] CORDEIRO, António Menezes. **Tratado de Direito Civil Português**. 2v.: Direito das obrigações t.2.: Contratos. Negócios unilaterais. Coimbra: Almedina, 2010, p. 465-467; 468.

DIREITO AGRÁRIO

venda da propriedade rural por ele ocupada"[107], na legislação agrária francesa de 1945, reproduzidas no *Code Rural* de 1955.

No Brasil, a preferência do arrendatário para a compra do bem arrendado surge em 1964, com a edição do Estatuto da Terra.

Sobre o direito de preferência do locatário, Silvio de Salvo Venosa[108] indica que foi introduzida pela primeira vez na Lei nº 3.912, de 3 de julho de 1961.

Diante das considerações acima, temos as seguintes conclusões parciais:

(1) O direito de preferência já existia no Direito Romano, tendo origem grega.

(2) A França foi a primeira a assegurar o direito de preferência ao arrendatário, em 1945.

(3) No Brasil, passou a existir o direito de preferência do arrendatário a partir do Estatuto da Terra, em 1964.

(4) Quanto aos imóveis urbanos, o direito de preferência do locatário no direito brasileiro já existia desde 1961.

2.2. Noção

O direito de preferência para a compra (ou direito de preempção) é o direito conferido por lei ou contratualmente pelo proprietário de um bem (o bem preempto), o qual chamaremos de outorgante ou proprietário do bem preempto, em favor de outra pessoa, que chamaremos de preferente[109] ou titular do direito de preferência; consistindo tal direito na faculdade de comprar o bem preempto, em igualdade de condições com terceiros, caso o outorgante decida vendê-lo.

---

[107] OPITZ, Silvia C. B.; OPITZ, Oswaldo. **Curso completo de direito agrário.** 8. ed. São Paulo: Saraiva, 2014, p. 310.

[108] VENOSA, Sílvio de Salvo. **Lei do Inquilinato comentada.** 13. ed. São Paulo: Atlas, 2014, p. 153.

[109] Alguns autores utilizam o termo preemptor quando a preferência é também direito de preempção.

O artigo 414 do Código Civil Português traz a definição do pacto de preferência da seguinte forma, sendo certo que se refere à preferência na compra (preempção): "O pacto de preferência consiste na convenção pela qual alguém assume a obrigação de dar preferência a outrem na venda de determinada coisa."

António Menezes Cordeiro já define a preferência de modo mais amplo, abrangendo a prioridade na celebração de qualquer contrato:

> Diz-se, em Direito, que há preferência ou que alguém está obrigado a dar preferência quando um sujeito (o obrigado), caso queira celebrar um negócio ou contrato preferível), o deva fazer com certa pessoa (o beneficiário ou preferente), desde que esta queira acompanhar as condições do negócio em causa (caso prefira ou dê tanto por tanto) e isso em detrimento do terceiro (o preferido), com o qual o negócio fora ajustado. Aparentemente complexa, a ideia é simples: o obrigado, caso queira vender um prédio a alguém, por x, deve vendê-lo, antes, ao preferente, pelo preço em causa, caso este queira.[110]

Sobre a terminologia adequada, vale observar que o Estatuto da Terra utiliza o termo preferência.

José Osório de Azevedo Júnior[111] considera igualmente como sinônimos os termos preempção, preferência ou prelação.

Belizário Antônio de Lacerda considera que "Juridicamente, preempção e preferência têm o mesmo sentido, máxime quando se tratar da compra e venda, pois preempção quer dizer a preferência na compra de certa coisa." [112]

O artigo 513 do Código Civil vigente parece utilizar como sinônimos as expressões preempção, preferência e prelação, conforme se verifica do trecho a seguir: "Art. 513. A preempção, ou preferência, impõe ao comprador a obrigação de oferecer ao vendedor a coisa que aquele vai vender, ou dar em pagamento, para que este use de seu direito de prelação na compra, tanto por tanto."

---

[110] CORDEIRO, António Menezes. **Tratado de Direito Civil Português**. 2v.: Direito das obrigações t.2.: Contratos. Negócios unilaterais. Coimbra: Almedina, 2010, p. 462.

[111] AZEVEDO JÚNIOR, José Osório de. **Compra e venda, troca ou permuta**. 3.ed. São Paulo: RT, 2005, p. 96.

[112] LACERDA, Belizário Antônio de. **Do direito e da ação de preferência**. São Paulo: Saraiva, 1981, p. 01.

Em 1961, Agostinho Alvim[113] considerava que também o legislador de 1916 utilizou os três termos como sinônimos.

Porém, como explica Maria Isabel de Almeida Alvarenga, é possível estabelecer distinção entre os termos preempção e preferência:

> O direito de preferência não se confunde com o direito de preempção, sendo este uma espécie daquele. Embora na doutrina civilista haja quem se utilize dos dois termos indistintamente, o conceito de preferência é mais amplo que o de preempção.[114]

Pontes de Miranda explica que preempção é "direito de preferência para a compra"[115], embora nós podemos lembrar que pode haver preferência para locar, para arrendar, para celebrar contrato de prestação de serviços, ou seja, prioridade na celebração de qualquer outro contrato.

Paulo Lôbo assim elucida a questão:

> O novo Código Civil mantém a abundância dos termos utilizados pelo Código anterior, com idêntico significado. Não há qualquer distinção entre preferência, preempção e prelação, para os fins da norma. Etimologicamente, prelação é a ação de preferir; preferência, escolha; no século XV, era o direito que tinham os filhos de erem nomeados para os cargos dos pais; na terminologia jurídica tem sentido equivalente à preferência. Preempção deriva de *prae-emptor*, primeiro comprador, ou de *prae-emptio*, com significado de preferência ou precedência para a compra, ou compra contratada por antecipação. Os dois termos, em direito civil, confundem-se com preferência, entendido como direito de ser considerado em primeiro lugar, antes das outras pessoas, como vantagem ou primazia. É direito subjetivo atribuído a alguém não em virtude de sua posição pessoal, como ocorria com o privilégio medieval, mas de certas circunstâncias tuteladas pelo direito.[116]

---

[113] ALVIM, Agostinho. **Da compra e venda e da troca**. Rio de Janeiro: Forense, 1961, p. 181.

[114] ALVARENGA, Maria Isabel de Almeida. **Direito de preferência para a aquisição de ações**. São Paulo: USP, 2001, 231f. Dissertação (Mestrado em Direito), sob a orientação de Fábio Konder Comparato, no curso de Direito Comercial da USP, p. 06.

[115] MIRANDA, Pontes de. **Tratado de direito privado**. v.39. 2. ed. Rio de Janeiro: Borsoi, p. 203-225, 1962, p. 203.

[116] AZEVEDO, Antônio Junqueira de (Coord.). **Comentários ao Código Civil**. v.6. São Paulo: Saraiva, 2003, p. 170.

O DIREITO DE PREFERÊNCIA

Apesar de os termos prelação e preferência também serem utilizados como sinônimos ou não se dar atenção à diferença entre eles, preferência refere-se ao direito de preferir a terceiros em contrato de compra e venda, em caso de eventual venda do bem preempto, enquanto a prelação está associada ao direito de compra, isto é, ao exercício do direito de preferência, quando já existem os elementos necessários para tanto.

Voltaremos a discorrer mais sobre a terminologia, abaixo, quando tratarmos da natureza jurídica e das fases do direito de preferência ou preempção, pois o objeto de nosso estudo refere-se à prioridade na compra.

Diante das considerações acima, temos as seguintes conclusões parciais:

(1) O direito de preferência representa prioridade na celebração de um contrato, podendo ser legal ou convencional.

(2) Preempção é prioridade na compra ou o direito de preferência para celebrar contrato de compra e venda.

(3) A prelação está associada ao direito de compra, isto é, ao exercício do direito de preferência, quando já existem os elementos necessários para tanto.

2.3. Natureza jurídica

2.3.1. Fases do direito de preferência

Há de se ter sempre em mente os dois momentos de existência e de exercício do direito de preferência, para entender o instituto e sua natureza jurídica. Até por isso que, sabiamente, em outros países, existem dois nomes para as suas diferentes fases.

Por exemplo, no direito italiano, assim como no espanhol, são tratados os dois momentos diferentes da preempção, o direito de "prelazione" ou "tanteo" (direito de preferência regularmente exercido), que chamaremos neste trabalho de direito de prelação, e o direito de "riscatto" ou "retracto", que chamaremos de direito de resgate do bem, que é direito real de compra originado de direito de preferência violado, contra quem quer que seja seu proprietário no momento do exercício do direito.

Luis Díez-Picazo e Antonio Gullón[117] explicam que o "tanteo" é o primeiro direito de aquisição preferente do arrendatário; o "retracto" opera subsidiariamente para a hipótese em que falte a notificação ou as circunstâncias da alienação não coincidam de um modo exato com as da notificação.

O autor italiano Roberto Triola[118] vê na "riscatto" uma sanção aplicável ao terceiro adquirente, sem ter se certificado da existência ou respeitado o direito de preferência do seu titular (ou seja, a falta de *denuntiatio* válida).

Com o devido respeito à opinião, não consideramos tratar-se de sanção, mas apenas sobrevivência do direito de preferência violado, que ganha força de direito real, podendo ser exercido contra o novo proprietário do bem preempto, no prazo legal ou contratual.

Chamaremos neste trabalho de direito de preferência com eficácia real aquele que pode originar o direito real de resgate do bem preempto, em caso de violação do direito do preferente de prioridade na compra, em caso de venda do bem preempto.

Os efeitos do direito de preferência com eficácia real diferem dos efeitos do direito de preferência que possui apenas efeitos pessoais. Podemos dizer que em ambos os casos existe o direito à prelação (direito de compra), desde que haja uma intenção de venda pelo proprietário, mas apenas no segundo caso existe o direito real de resgate ou de sequela do bem preempto, sem que isso afaste a possibilidade de oponibilidade do direito de preferência com efeitos pessoais perante o terceiro adquirente que tenha conhecimento do direito violado, assunto que será retomado no item 9.3 deste trabalho.

António Menezes Cordeiro diferencia a preferibilidade fraca ou de primeiro grau e preferibilidade forte ou de segundo grau, sendo a primeira a que tem apenas efeitos pessoais e a segunda a que também possui efeitos reais:

> – preferibilidade fraca ou de primeiro grau: é admissível o pacto de preferência, mas não a acção de preferência; caso o pacto seja violado, queda uma

---

[117] Díez-Picazo, Luis; Gullón, Antonio. **Sistema de derecho civil**. v.III. Derecho de cosas y derecho inmobiliario registral. Madrid: Tecnos, 2001, p. 517.

[118] Triola, Roberto. **La prelazione legale e volontaria**. Milano: Giuffrè, 2007, p. 338.

indemnização. [...], não podendo o preferente preterido fazer seu negócio, *manu militari;*

– preferibilidade forte ou de segundo grau: além do pacto de preferência, tem cabimento, quando o mesmo seja desrespeitado, recorrer à acção de preferência, [119]

Apenas a título exemplificativo, o direito de preferência previsto no Estatuto da Terra tem preferibilidade forte, independentemente de registro, assim como o direito de preferência previsto na Lei do Inquilinato possui preferibilidade forte, desde que registrado o contrato de locação, ou preferibilidade fraca, se o contrato não for registrado, assunto que será retomado nos itens 3.6 e 4 deste trabalho.

Como se vê, cada momento de existência do direito de preferência tem efeitos distintos e natureza jurídica diferentes. Por isso, trataremos de ambos os direitos (prelação e resgate) ou fases do direito de preempção, em separado, nos itens seguintes deste trabalho.

Apenas para introduzir o assunto, podemos afirmar que tanto o direito de prelação quanto o direito de resgate são direitos potestativos em formação. Isso porque, enquanto não existir a intenção de venda pelo proprietário ou a venda do bem preempto a terceiro, ainda não haverá direito de compra ou direito de resgate pelo titular do direito de preferência, mas apenas, direito de prioridade na compra.

Direito potestativo, conforme definição de Giuseppe Chiovenda é aquele em que "a nova situação jurídica se produz em virtude de uma simples declaração de vontade do titular."[120] (tradução nossa[121]).

Segundo Pietro Perlingieri:

O chamado direito potestativo, dito também direito discricionário ou poder formativo, representa uma situação subjetiva, cujo exercício determina uma vicissitude de uma relação jurídica: o titular do chamado poder formativo pode unilateralmente constituir, modificar ou extinguir uma situa-

---

[119] CORDEIRO, António Menezes. **Tratado de Direito Civil Português**. 2v.: Direito das obrigações t.2.: Contratos. Negócios unilaterais. Coimbra: Almedina, 2010, p. 488.

[120] CHIOVENDA, Giuseppe. **Principii di diritto processuale civile**. Napoli: Casa Editrice Dott. Eugenio Jovene, 1980, p. 181.

[121] Tradução livre do original: "il nuovo stato giuridico si produce senzáltro in virtù d'una semplice dichiarazione di voluntá del titolare".

DIREITO AGRÁRIO

ção subjetiva, apesar de isso implicar uma interferência na esfera jurídica de outro sujeito, impossibilitado de evitar, em termos jurídicos, o exercício do poder.[122]

Conforme já tivemos a oportunidade de assinalar, "O direito potestativo formativo pode ser constitutivo, modificativo ou extintivo, conforme o poder do titular seja criar, modificar ou extinguir a relação jurídica de forma unilateral."[123]

Pontes de Miranda, antes mesmo da edição do estatuto da terra, em 1953, esclarecia:

> Pode surgir direito de preferência de origem negocial ou de origem legal, ambos excepcionais e estritos. Seja como fôr, entra êle na classe dos direitos formativos geradores, a que, na terminologia alemã, se chamou "begründende Gestaltungsrechte", pois que, por seu exercício, se tem por fito a formação de nova relação jurídica, ou a inserção do sujeito em relação jurídica já existente. De regra, é pessoal, e não real.[124]

Na classificação do direito italiano, poderíamos afirmar que, enquanto o direito de *"prelazione"* é formativo o direito de *"riscatto"* é modificativo. Enquanto o direito de prelação tem efeitos pessoais, o direito de resgate tem eficácia real e somente existe para os direitos legais de preferência com eficácia real, pois, no Brasil, direitos reais (ou direitos com efeitos reais) dependem de previsão legal, não podendo ser criados pelas partes, assunto que será retomado no item 3.8 deste trabalho.

O preferente tem o direito de concluir unilateralmente o contrato de compra e venda (ainda que preliminar), uma vez que o proprietário do bem preempto manifeste interesse na venda, quando então, passa a existir um direito potestativo formativo.

Caso o proprietário celebre compra e venda do bem preempto com terceiro, em prejuízo do direito com eficácia real do preferente, terá este direito potestativo, de interferir na relação entre proprietário e o adqui-

---

[122] PERLINGIERI, Pietro. **Perfis do direito civil**: introdução ao direito civil constitucional. 3. ed. Rio de Janeiro: Renovar, 2002, p. 123.

[123] PERES, Tatiana Bonatti. **Opção de compra**. Curitiba: Juruá, 2011, p. 108.

[124] MIRANDA, Pontes de. **Tratado de direito privado**. v.39. 2. ed. Rio de Janeiro: Borsoi, p. 203-225, 1962, p. 265.

O DIREITO DE PREFERÊNCIA

rente do bem, ou seja, terá direito potestativo modificativo (o direito de resgate).

António Menezes Cordeiro[125] analisa algumas outras teorias sobre a natureza jurídica do direito de preferência, que elencamos a seguir, com os argumentos resumidos pelos quais não nos alinhamos a elas:

- **teoria do ingresso:** o preferente assumiria a qualidade de parte do negócio. Consideramos que não é suficiente para explicar a preferência, pois a assunção da posição contratual só ocorre em caso de violação do direito de preferência pelo proprietário do bem preempto, vendendo-o a um terceiro;
- **teoria do contrato promessa:** uma vez que na preferência não estão definidas as condições de um futuro contrato de venda (que pode nunca sequer vir a existir), não deve prosperar o entendimento de que a preferência é espécie de contrato promessa unilateral, pelo qual uma das partes se vincula à conclusão de um contrato definitivo;
- **teoria da legitimação:** a outorga de preferência não equivale a procuração para contratar, pois, como já dissemos acima, o proprietário do bem preempto não se obriga a contratar, muito menos outorga procuração para o preferente contratar contrato de venda em seu nome;
- **teoria da oferta/proposta:** não pode ser considerada mera aceitação de proposta de contrato o pacto de preferência, pois, como já dissemos, até que haja um terceiro interessado na compra do bem e as condições estejam definidas e tenha o proprietário interesse na venda, ele não tem a obrigação de ofertar o bem prempto para compra pelo preferente;
- **teoria da dupla condição:** segundo ela, a preferência é um contrato de compra e venda condicionado ao titular querer vender a coisa por tanto a um terceiro e ao preferente querer comprá-la, a tanto por tanto. Todavia, se inexistem os elementos do contrato (sequer o preço que é elemento essencial), não é possível considerar que este é existente e apenas condicionado ou com eficácia suspensa. O contrato de preferência gera efeitos mesmo antes de existir uma intenção de compra do bem preempto por terceiros, o que examinaremos em detalhe no item 9 do presente trabalho.

---

[125] CORDEIRO, António Menezes. **Tratado de Direito Civil Português**. 2v.: Direito das obrigações t.2.: Contratos. Negócios unilaterais. Coimbra: Almedina, 2010, p. 531-536.

DIREITO AGRÁRIO

Diante das considerações acima, temos as seguintes conclusões parciais:

(1) O direito de preferência tem três fases principais: (I) direito de ser preferido em eventual venda do bem (prioridade na compra); (II) direito de prelação ou direito de compra, quando já existe a intenção de venda, sem que o bem tenha sido vendido; e (III) direito de resgate, quando o bem foi vendido a terceiro, em violação do direito de preferência com efeitos reais.

(2) Tanto o direito de prelação quanto o direito de resgate são direitos potestativos em formação. Isso porque, enquanto não existir a intenção de venda pelo proprietário ou a venda do bem a terceiro, ainda não haverá direito de compra ou direito de resgate pelo titular do direito de preferência, mas apenas, direito de prioridade na compra.

(3) O direito de ser preferido e o direito de prelação são direito obrigacionais, enquanto o direito de resgate é direito real.

2.3.2. Natureza jurídica do direito de ser preferido, do direito de prelação e do direito de resgate

Inicialmente, vale esclarecer que, antes mesmo de existir o direito de comprar o bem preempto, ou seja, o direito de prelação, existe o direito de preferência ou direito de ser preferido, isto é, caso haja a intenção de venda, pelo proprietário do bem preempto, este deve cientificar o titular da preferência das condições, para que tenha prioridade na compra do bem preempto.

Somente com a intenção do proprietário de vender o bem preempto, o direito de ser preferido se transforma no direito de prelação, ou direito de comprar o bem, em igualdade de condições oferecidas ao ou pelo terceiro.

Caio Mário da Silva Pereira considera o ajuste de preferência "assemelhável a uma promessa de venda que permanece sob a condição suspensiva daquela intenção de revender."[126]

Com o devido respeito, não consideramos tratar-se de promessa de venda, porque inexiste no direito de preferir a obrigação de vender. Tam-

---

[126] PEREIRA, Caio Mário da Silva. **Instituições de direito civil**. v.III. Contratos, declaração unilateral de vontade, responsabilidade civil. 15. ed. Rio de Janeiro: Forense, 2011, p. 184.

pouco poderia ser promessa de venda, porque lhe falta elemento essencial do contrato de venda, ou seja, o preço. Quando o direito de preferir se torna direito de prelação, terá os mesmos efeitos de uma proposta irrevogável de venda (e não de promessa de venda), pois se completará a opção de compra incompleta outorgada em favor do preferente. Em outras palavras, passa a ser opção de compra, que deve ser exercida no prazo, sobre pena de decadência do direito, diferentemente de uma promessa de venda.

Além disso, o exercício do direito de prelação do preferente, tem o condão de concluir o contrato de compra e venda, ainda que preliminar, sendo, portanto, mais forte a sua posição, isto é, tem ele a posição de titular de direito potestativo, ainda que em formação, e não apenas titular de direito de crédito, pois, como já vimos, não pode ser condicional um contrato ainda inexistente (por lhe faltar elemento essencial).

Alguns autores afirmam ser o direito de prelação um direito potestativo constitutivo de um direito de crédito, conforme discorre Carla Wainer Chalréo Lgow:

> Num primeiro momento, em que já preenchidos os pressupostos necessários ao exercício do direito (em apartada síntese, a intenção do sujeito passivo em celebrar o contrato preferível, conforme termos e condições ajustadas com terceiro), o preferente tem a seu dispor um direito potestativo, que se concretiza mediante a declaração de preferir, por meio da qual o sujeito ativo manifesta a intenção de contratar com o sujeito passivo. Na pendência do direito potestativo do preferente, o sujeito passivo nada tem a fazer, numa típica situação de sujeição, senão aguardar o exercício do direito. É somente com a declaração positiva do preferente, isto é, com o exercício de seu direito potestativo, que surge para o sujeito passivo o dever de com ele contratar. Daí se falar em direito potestativo *constitutivo* de um direito de crédito (direito de contratar com o sujeito passivo).[127]

Todavia, não nos alinhamos com esse entendimento, porque consideramos que o direito de preferência existe, ainda na pendência de manifestação do proprietário do bem preempto; existe enquanto direito de ser preferido e não enquanto direito de compra. O direito de ser preferido é

---

[127] No mesmo sentido, vide: LGOW, Carla Wainer Chalréo. **Direito de preferência**. São Paulo, Atlas, 2013, p. 59.

DIREITO AGRÁRIO

direito de compra em formação; que se torna completo: (I) com o recebimento da *denuntiatio*, formando o direito de prelação, ou (II) com a venda do bem preempto sem ser dado conhecimento ao preferente ou oportunidade para exercício de sua preferência, mas nesse segundo caso o direito de preferir originará o direito de resgate (ou apenas direito à indenização por perdas e danos, quando o direito de preferência não tiver efeitos reais).

Quando o direito de ser preferido transforma-se em direito de prelação, poderá o preferente, por manifestação unilateral de vontade sua, concluir o contrato de venda (ou fazer substituir-se no contrato já celebrado), contrato este que pode ser preliminar ou definitivo.

Apenas nessa hipótese, isto é, quando o contrato formado for preliminar (por exemplo quando necessitar o contrato definitivo de forma especial, como no caso de preferência para comprar bens imóveis), é que haverá necessidade de nova manifestação de vontade, mas isso não significa que o direito potestativo seja um direito de crédito, pois o seu exercício forma o contrato de compra e venda, seja ele preliminar ou definitivo.

No direito de preferência para aquisição de quotas ou ações de empresas, por exemplo, poderá o preferente, mediante manifestação unilateral de vontade, formar o contrato definitivo de compra e venda e exigir, em caso de recusa do proprietário, a transferência das quotas ou ações, desde que pague o preço, ou seja, desde que cumpra a sua obrigação do contrato, sem a necessidade de celebração de outro contrato ou nova manifestação de vontade do proprietário.

Pontes de Miranda afirma sobre o direito de preferência: "trata-se de direito formativo gerador, com o qual se cria relação jurídica de compra e venda mediante declaração unilateral de vontade, com o conteúdo que seria o de outro contrato de compra e venda, entre o outro contraente e o terceiro."[128]

Pontes de Miranda considera que desde logo existe o direito formativo gerador (do contrato de compra e venda do bem) ao titular do direito de preferência, cujo exercício se encontra suspenso, condicionado, nascendo "ao querer o outorgante alienar o bem e estar em via de aliená-lo."[129]

---

[128] MIRANDA, Pontes de. **Tratado de direito privado**. v.39. 2. ed. Rio de Janeiro: Borsoi, p. 203-225, 1962, p. 204.

[129] MIRANDA, Pontes de. **Tratado de direito privado**. v.38. 2. ed. Rio de Janeiro: Borsoi, p. 383-388, 1962, p. 383.

O DIREITO DE PREFERÊNCIA

Entretanto, com o devido respeito a opiniões como esta, nós consideramos que o direito de preferência é uma opção de compra incompleta ou em formação, ou seja, um direito de compra em formação e não condicional, sendo que tal direito de compra pode ser um direito potestativo formativo ou direito potestativo modificativo, conforme seja direito de prelação ou direito de resgate.

Não consideramos se tratar de direito sujeito a condição, pois ainda lhe faltam elementos para ser possível a sua existência e o seu exercício, faltam elementos essenciais do contrato a ser formado ou alterado pela declaração unilateral do preferente, ou seja, a ser formado pelo exercício do correspondente direito potestativo.

A *denuntiatio* (notificação da intenção de venda enviada pelo proprietário do bem preempto) é uma declaração idônea a "criar uma opção", nas palavras do autor italiano Paolo Duvia.[130]

Nós preferimos dizer que a *denuntiatio* é uma declaração idônea a fornecer os elementos faltantes da opção (ou direito) de compra, completando-a e tornando possível o seu exercício, assim como também completa o direito de compra a venda do bem preempto a terceiro (ou qualquer manifestação inequívoca sobre a intenção de venda).

Por esta razão, consideramos que a situação jurídica nesta etapa se trata, na realidade, de opção de compra incompleta ou em formação, pois lhe faltam elementos essenciais, em especial o preço de venda, que não permitem o exercício (ou a existência) do direito potestativo, desde o nascimento do direito de preferência. Trata-se o direito de preferir de direito potestativo em formação e não condicional, pois lhe falta elemento essencial – o preço – do contrato de venda a ser formado.

Ser direito de opção de compra incompleto, não significa que do direito de preferência não decorram efeitos a partir de sua celebração, antes da intenção de venda, pelo proprietário do bem preempto e determinação do preço (e condições de pagamento), ou seja, enquanto o direito de preferir ainda não se transforma em direito de compra.

Significa, apenas, que o titular do direito de preferência, nesta fase, não pode exercer o direito de compra do bem preempto, até porque inexiste obrigação do proprietário vender o bem até que passe a existir no mundo jurídico a sua intenção firme e as condições de venda, que são os elemen-

---

[130] DUVIA, Paolo. **La denuntiatio nella prelazione volontaria**. Milano: Giuffrè, 2005, p. 4-5.

DIREITO AGRÁRIO

tos faltantes para nascer a opção de compra (ou o direito de prelação ou resgate).

É por esta razão, também, que não concordamos com os que tentam aproximar a natureza do direito de preferência apenas com uma obrigação de não fazer do outorgante.

Nesse sentido, por exemplo, é a opinião do autor português Carlos Lacerda Barata:

> Ora se a violação do pacto de preferência (como o inadimplemento de uma obrigação legal de preferência) ocorre com a celebração do negócio jurídico com terceiro, há que concluir estarmos em presença de uma obrigação com conteúdo negativo, já que a prestação a cargo do sujeito passivo consiste numa abstenção que lhe impõe o dever de prescindir de um acto que, em termos gerais, caso não existisse essa obrigação, teria direito a realizar.[131]

Se, por um lado, na primeira fase do direito de preferência, não pode o outorgante vender o bem preempto sem o oferecer ao preferente antes, não tem nem a obrigação de vender o bem nem está impedido de o vender.

Se existe, desde o nascimento do direito de preferência, o direito de ser preferido, e esse pressupõe a obrigação do outorgante de enviar a *denuntiatio* e dar preferência ao preferente, caso tenha a intenção de vender, estas são apenas obrigações do proprietário do bem preempto durante a vigência da primeira fase do direito de preferência, que serão retomadas mais adiante no presente trabalho, mas não são suficientes para explicar a outra fase do direito de preferência, consistente nos direitos de compra (prelação e resgate) do preferente.

Como aponta Carla Wainer Chalréo Lgow: "Se o interesse subjacente do preferente fosse apenas o de evitar a celebração do contrato preferível com o terceiro, eventual distrato da avença celebrada em violação à preferência deveria ser suficiente para satisfazê-lo".[132]

Mas sabemos que não é suficiente: nessas condições, isto é, quando é feita venda a terceiro em violação ao direito de preferir, o preferente continua tendo direito de compra, se seu direito de preferência tiver eficácia

---

[131] BARATA, Carlos Lacerda. **Da obrigação de preferência**: contributo para o estudo do artigo 416 do Código Civil. Coimbra: Coimbra, 2002, p. 155.

[132] LGOW, Carla Wainer Chalréo. **Direito de preferência**. São Paulo, Atlas, 2013, p. 56.

O DIREITO DE PREFERÊNCIA

real. Terá ele o direito de resgate, mas não terá direito de anular ou exigir o distrato da venda efetuada a terceiro, se não tiver interesse na compra e efetivamente comprar o bem preempto (com pagamento do preço nas mesmas condições em que foi vendido).

Guido Jesu[133] aponta, sobre o direito de "riscatto":

> O direito de resgate é um direito potestativo cujo exercício produz imediatamente a aquisição da propriedade do bem rústico, a sentença que o reconhece tem efeito *ex tunc*, uma vez – como já mencionado – tem efeito declaratório e não constitutivo. O direito de resgate é classificado pela doutrina como *jus ad rem*, o que significa que ele pode ser exercido não só contra o comprador original, mas também contra todos os adquirentes subsequentes [...].
>
> Com o exercício do direito de resgate não ocorre nem uma resolução do contrato de transferência nem uma nova transferência de propriedade do alienante ao titular do direito de preferência. A declaração enviada pelo preferente ao adquirente, tendo natureza receptícia, determina *ipso iure* a substituição do preferente ao adquirente.[134]

A natureza do direito de resgate (exercício contra o terceiro adquirente do direito de preferência) é de direito potestativo modificativo, pois o preferente substitui ao comprador no celebrado contrato de compra e venda, resolvendo-se a propriedade do bem preempto em favor do preferente.

Por outro lado, a natureza do exercício regular do direito de preferência (direito de prelação), no momento em que já preenchidos os pressupostos necessários ao exercício do direito, é de direito potestativo constitutivo, pois a sua manifestação tem o condão de formar o contrato de compra e

---

[133] JESU, Guido. **La prelazione legale agraria**: lineamenti dell'istituto e rassegna giurisprudenziale. Milano: Giuffrè, 2004, p. 81.

[134] Tradução livre, do original: "Il diritto di riscatto è un diritto potestativo il cui esercizio produce immediatamente l'acquisito della proprietà del bene rustico; la sentenza che lo riconosce ha efficacia ex tunc essendo – come già anticipato – di mero accertamento e non constitutiva. Il diritto di riscatto è qualificato della dottrina come jus ad rem, nel senso che può essere esercitato non solo nei confronti del primo acquirente, ma anche di tutti i successivi aventi causa. [...] Con l'esercizio del riscatto non si verifica né una risoluzione del contratto di transferimento, né un nuovo passaggio di proprietà dall'alienante al riscattante. La dichiarazione inviata dal riscattante all'acquirente, avendo natura recettizia, ipso iure la sostituzione del riscattante all'acquirente."

DIREITO AGRÁRIO

venda com o outorgante, ainda que o contrato preliminar, quando se tratar de bem imóvel.

Somente após o proprietário do bem preempto manifestar sua intenção de vender o bem por certo valor e condições, é que o direito de preferir (a terceiros na venda) torna-se (I) opção de compra, direito potestativo formativo gerador, caso seja enviada a *denuntiatio* ou chegue ao conhecimento do preferente a notícia da intenção de venda do bem preempto, antes da sua venda a terceiro, ou (II) direito potestativo modificativo, caso seja necessário o resgate do bem vendido, quando o exercício do direito de preferência, com efeitos reais, ocorre após a venda do bem preempto ao terceiro.

Uma vez completa a opção (o direito) de compra; pode o preferente, mediante manifestação unilateral, tornar perfeito (completo e eficaz) o contrato preliminar de compra do bem (ou definitivo, se não depender de forma especial).

Não existe para o preferente a obrigação de compra do bem preempto, podendo "não exercer sua faculdade de adquirir a coisa"[135], o que se alinha à sua natureza de opção de compra, que é uma faculdade de comprar o bem, sem nenhuma consequência caso não exercida tal faculdade. Todavia, caso exercida a prelação, fica o preferente obrigado a comprar o bem preempto.

Conforme apontam Silvia C. B. Opitz e Oswaldo Opitz, comentando o direito de preferência legal:

> Exercendo o arrendatário o direito, fica vinculado à compra do imóvel arrendado, sem que possa retrata-se ou revogar a declaração de vontade manifestada na forma legal. Nada impede que essa declaração possa ser anulada, se ocorrer alguma das hipóteses de vícios de consentimento.[136]

Logicamente, se a manifestação do preferente, como direito potestativo que é, faz nascer o contrato de compra e venda, a partir daí tem a obrigação de comprar o bem, desde que seja válido o contrato de compra e venda que sua manifestação de vontade originou.

---

[135] COSTA, José Bezerra. **Arrendamento rural**: direito de preferência. Goiânia: AB, 1993, p. 48.
[136] OPITZ, Silvia C. B; OPITZ, Oswaldo. **Curso completo de direito agrário**. 8. ed. São Paulo: Saraiva, 2014, p. 312-313.

O DIREITO DE PREFERÊNCIA

Diante das considerações acima, temos as seguintes conclusões parciais:

(1) O direito de ser preferido representa direito de natureza obrigacional consistente na prioridade ao preferente em eventual interesse de venda do bem preempto, resultando em: (I) obrigação de fazer ao proprietário do bem, consistente em dar conhecimento ao preferente das condições de eventual venda (enviar a *denuntiatio*); e (II) obrigação de não fazer, isto é, não vender o bem preempto, sem oferecer com prioridade ao titular do direito de preferência.

(2) O direito de ser preferido é direito de natureza obrigacional consistente no direito de compra (opção de compra) em formação e não condicional, pois falta elemento essencial do contrato de compra e venda (o preço) e a intenção de venda, pelo proprietário.

(3) O direito de prelação, ou direito de compra, é direito de natureza obrigacional e passa a existir quando já existe a intenção de venda, tendo ela sido ou não noticiada ao preferente, por meio da *denuntiatio*. Trata-se de direito formativo gerador, ou seja, pode o preferente fazer nascer o contrato (preliminar, no caso de imóveis) de compra e venda do bem preempto, por simples manifestação de vontade.

(4) O direito de resgate é direito real de compra e pode ser exercido quando o bem foi vendido a terceiro, em violação do direito de preferência com efeitos reais, é direito formativo modificativo, ou seja, pode o preferente se fazer substituir no contrato de compra e venda do bem preempto, por simples manifestação de vontade, através da ação de preferência, quando a propriedade do bem preempto se resolve em seu favor, assunto que será retomado no item 11.2 deste trabalho.

2.4. Possibilidade de renúncia do direito de preferência

Sobre a possibilidade de renúncia do direito de preferência, o autor português António Carvalho Martins esclarece:

> [...] o titular do direito de preferência tem de ter conhecimento do negócio em que pode vir a querer preferir ou em que possa vir a renunciar, sem o que a preferência ou renúncia carecem de objeto definido. [...] É ineficaz a

DIREITO AGRÁRIO

renúncia antecipada ao direito de preferir, se ao preferente não foi dada notícia das cláusulas do contrato.[137]

No Direito Italiano, também não é admitida a renúncia prévia[138], ou seja, a renúncia ao direito de preferir.

Igualmente, no Brasil, não se admite a renúncia antecipada ou genérica (isto é, sem explicitar as condições da venda) do direito de preferência assegurado por lei, mas, será válida a renúncia ao direito de preferência convencional.

Como aponta Carla Wainer Chalréo Lgow: "A impossibilidade de renúncia prévia de direitos legais de preferência seria, assim, reflexo dos interesses de ordem pública que justificam a sua concessão".[139]

O que a lei quer assegurar é o direito de compra, caso exista uma venda. Enquanto o direito de preferir um terceiro na venda não se transformar em direito de prelação, não deve ser admitida a renúncia, pois o direito de prelação sequer se tornou completo, para poder ser renunciado.

Diante das considerações acima, temos as seguintes conclusões parciais:

(1) O direito de ser preferido assegurado por lei não pode ser renunciado. Não obstante, quando já formada a opção de compra ou já existente o direito de prelação ou de resgate, estes podem ser renunciados.

(2) O direito de ser preferido ou o direito de compra (opção de compra) criado por contrato podem ser renunciados.

2.5. Utilidade

Conforme já apontamos anteriormente, a preferência legal do Estatuto da Terra visa a proteção de quem cultiva a terra, tem a finalidade de dar à pessoa que cultiva a terra a possibilidade de se tornar proprietária da

---

[137] MARTINS, António Carvalho. **Preferência**. Coimbra: Coimbra, 2001, p. 29-30.

[138] Nesse sentido, vide: JESU, Guido. **La prelazione legale agraria**: lineamenti dell'istituto e rassegna giurisprudenziale. Milano: Giuffrè, 2004, p. 58.

[139] No mesmo sentido, vide: LGOW, Carla Wainer Chalréo. **Direito de preferência**. São Paulo, Atlas, 2013, p. 102.

mesma. Tem, também, a finalidade de assegurar a continuidade da empresa agrária.

O autor italiano Roberto Triola[140] aponta que, segundo a jurisprudência daquele país, a *ratio* da preferência agrária é a continuidade da empresa agrária ou fazer coincidir a qualidade de cultivador direto com a de proprietário do imóvel rural.

Em complemento, Imar Santos Cabeleira, que defendia a existência do direito legal de preferência do parceiro outorgado, afirmava, em 1985:

> O legislador, preocupado em garantir o uso econômico da terra explorada pelo arrendatário ou parceiro-outorgado, outorgou esta preferência para evitar que as terras venham a cair nas mãos de pessoas estranhas à relação contratual.[141]

António Menezes Cordeiro, por sua vez, aponta que nas múltiplas ocorrências da preferência, traduz "como que uma forma de controle da comunidade ou da família, sobre o destino de bens significativos."[142]

Sylvio Capanema de Souza, ao tratar do direito de preferência do locatário (artigo 27 da Lei do Inquilinato), explica:

> A regra tem grande alcance social, evitando que a alienação importe na retirada do locatário do imóvel, agravando o *déficit* habitacional.
>
> Converte-se, assim, o locatário em proprietário da coisa que lhe fora, antes, locada, o que socialmente é do maior interesse, operando-se a chamada *traditio brevi manu*, ou seja, a interversão da posse.[143]

Silvio de Salvo Venosa, por sua vez, lembrando que o direito de preferência se aplica também à locação não residencial, aponta:

---

[140] TRIOLA, Roberto. **La prelazione legale e volontaria**. Milano: Giuffrè, 2007, p. 55.

[141] CABELEIRA, Imar Santos. **Dos contratos de arrendamento rural e parceria rural**. Rio de Janeiro: Aide, 1985, p. 113.

[142] CORDEIRO, António Menezes. **Tratado de Direito Civil Português**. 2v.: Direito das obrigações t.2.: Contratos. Negócios unilaterais. Coimbra: Almedina, 2010, p. 463.

[143] SOUZA, Sylvio Capanema de. **A Lei do inquilinato comentada**. 7.ed. Rio de Janeiro: GZ, 2012, p. 143.

DIREITO AGRÁRIO

Com a preferência do inquilino, a Lei visa não só diminuir os riscos de uma venda simulada, que rompe na maioria das vezes a locação, como também facilitar a permanência do inquilino no imóvel, sua moradia ou seu comércio.[144]

Por fim, Carla Wainer Chalréo Lgow esclarece que "uma das funções históricas da preferência é, justamente, o poder de exclusão de certos terceiros das relações negociais."[145]

Ou seja, a preferência agrária é também concedida, para que quem explora a terra não seja obrigado a manter o vínculo de arrendamento com o terceiro adquirente da terra, pois o contrato não se interrompe com a venda do imóvel.

Especificamente sobre a preferência do condômino, sua função primordial é a extinção do estado anormal da propriedade e evitar os "inconvenientes que resultam da entrada de um estranho na comunhão."[146]

> **Diante das considerações acima, temos as seguintes conclusões parciais:**
>
> (1) O direito de preferência tem por finalidade o controle do destino de bens significativos.
> (2) Ele protege a moradia, a atividade desenvolvida no imóvel, bem como visa evitar a entrada de estranhos indesejados na relação locatícia, de parceria, ou na comunhão de bens.

2.6. Eficácia real ou pessoal do direito de preferência legal
António Menezes Cordeiro[147] menciona que:

> A preferência legal implica uma afectação de uma coisa corpórea, em termos de aquisição. Entre o seu titular e o proprietário da coisa onerada estabe-

---

[144] VENOSA, Sílvio de Salvo. **Lei do Inquilinato comentada.** 13.ed. São Paulo: Atlas, 2014, p. 156.

[145] LGOW, Carla Wainer Chalréo. **Direito de preferência.** São Paulo, Atlas, 2013, p. 89.

[146] BEVILÁQUA, Clóvis. **Código Civil dos Estados Unidos do Brasil.** v.II. 5ª tir. Rio de Janeiro: Rio, [ano], p. 249.

[147] CORDEIRO, António Menezes. **Tratado de Direito Civil Português.** 2v.: Direito das obrigações t.2.: Contratos. Negócios unilaterais. Coimbra: Almedina, 2010, p. 535-536.

O DIREITO DE PREFERÊNCIA

lecem-se relações jurídicas (reais), moldadas sobre a relação obrigacional de preferência. Esta pode, pelo prisma do Direito das obrigações, considerar-se como dobrada, junto à prestação principal, por um direito real de aquisição. Tal direito toma corpo pela acção de preferência, estruturalmente potestativa (absoluta) e dirigida ao aproveitamento da coisa, em termos de aquisição.

Todavia, vale apenas lembrar que no Brasil existem direitos de preferência legais com ou sem eficácia real (com ou sem o direito real de resgate). Aqui o português autor refere-se aos direitos com eficácia real, apenas.

Falamos em eficácia real, porque o direito de preferência é um direito de natureza obrigacional, que pode originar direito real, ou seja, o direito de resgate, em caso de sua violação, com venda do bem preempto a terceiro.

Todos os direitos de preferência (legais ou convencionais) conferem ao seu titular, desde o seu nascimento, direitos de natureza obrigacional, a saber: (i) o direito de preferir terceiros na compra do bem; e (ii) o direito de prelação (direito de compra do bem preempto, uma vez existentes a intenção de venda e os elementos da venda, a serem preenchidos na opção de compra em formação). Mas apenas o direito de preferência com eficácia real gera, em caso de sua violação, o direito de resgate – esse sim, direito real de aquisição, conferindo a faculdade ao preferente, de recuperar o bem preempto vendido com violação ao direito de preferência, de quem dela for dono.

Mister é lembrar que o direito de preferência que se torne direito de compra gera sempre o direito de prelação, mas nem sempre o direito de resgate. O direito de prelação é direito de compra pessoal, enquanto o direito de resgate é direito de compra real e depende de previsão legal para existir.

O direito de preferência legal pode ter ou não eficácia real (gerar o direito de resgate em caso de violação) – o direito de preferência do arrendatário tem eficácia real – mas o direito de preferência convencional não gera o direito de resgate, ainda que possa ser oposto ao terceiro adquirente de má-fé, como será detalhado no item 9.3 deste trabalho.

Vale lembrar que, mesmo em sua fase obrigacional, a lei deu ao direito de preferência proteção especial, de modo que é oponível erga omnes, no caso do arrendatário, independentemente de registro do contrato agrário, e do locatário, desde que o contrato de locação esteja registrado na matrícula do imóvel. Nesse sentido que se deve entender o direito obrigacional com eficácia real, ou seja, um direito obrigacional oponível erga omnes.

DIREITO AGRÁRIO

Como explicam Arruda Alvim e Thereza Alvim:

Surge, nessa hipótese, o que se pode chamar de obrigação com eficácia real. Trata-se, na realidade, de uma opção do legislador, quando este entenda que certa relação obrigacional mereça tratamento de maior proteção, transformando-a em situação próxima da do direito real.[148]

Conforme já indicamos anteriormente, é necessário analisar dois momentos distintos. Enquanto o proprietário não vende o bem, o preferente possui apenas expectativa de direito com relação à compra do bem, isto porque a existência de direito de compra depende de intenção de disposição por parte do outorgante, que não tem a obrigação de vender, mas apenas a de não vender a terceiro, sem oferecer com prioridade ao preferente.

Após receber a notificação do proprietário ou tomando conhecimento da sua intenção de venda por outros meios, poderá o preferente exercer o direito potestativo formativo gerador (ou constitutivo), pois o direito de preferência deixa de ser mera expectativa de direito de compra e passa a ser opção de compra. Segundo a corte inglesa e americana, no momento que o titular do direito de preferência recebe a *denuntiatio*, o direito de *prelazione* se transforma em opção de compra.[149]

Assim, se a notificação não contiver todos os elementos a converter a preferência em opção, isto é, necessárias a possibilitar o exercício do direito potestativo, deve ser considerada como não válida ou ineficaz, podendo o titular do direito de preferência solicitar informações adicionais e, enquanto não recebidas, não correrá o prazo para o exercício da opção. Também não é suficiente que seja enviada pelo terceiro interessado na compra, pois faltará a manifestação de interesse firme na venda, que deve partir do proprietário do bem.

Analisaremos abaixo de forma sucinta a regulamentação e os efeitos do direito de preferência do arrendatário, bem como de cada um dos direitos de preferência legais que foram objeto do presente trabalho, no intuito de melhor entender a situação específica do parceiro outorgado.

---

[148] ALVIM, Arruda; ALVIM, Thereza (Coords.). **Comentários ao Código Civil Brasileiro.** Do direito das coisas. v.I. t.I. (livro introdutório). Rio de Janeiro: Forense, 2009, p. 165.

[149] Nesse sentido, vide: DUVIA, Paolo. **La denuntiatio nella prelazione volontaria.** Milano: Giuffrè, 2005, p. 24.

Diante das considerações acima, temos as seguintes conclusões parciais:

(1) O direito de preferência legal pode ter eficácia real ou pessoal (gerar o direito real de compra ou apenas direito pessoal de compra).

(2) Somente haverá direito de resgate em caso de violação do direito de preferência com eficácia real.

(3) O direito de resgate é direito real.

(4) A eficácia real de um direito depende de previsão legal.

2.7. Regulamentação

Conforme aponta Augusto Passamani Bufulin, "o direito de preferência aparece em vários dispositivos esparsos do ordenamento jurídico brasileiro, em uma gama variada de hipóteses e que não recebem uma disciplina unitária."[150]

Apresentamos nos itens 3 a 6 do presente trabalho as noções gerais sobre a regulamentação e especificidades do direito de preferência agrário, locatício, societário e nas relações civis, tanto no Brasil, como em Portugal, Itália e Espanha.

Uma vez compreendidas as normas gerais de direitos agrário e as normas gerais dos diversos direitos legais de preferência, passaremos, no item 7, a tratar especificamente da situação do parceiro outorgado, para, então, tratar do direito convencional de preferência, a partir do item 8 deste trabalho.

---

[150] BUFULIN, Augusto Passamani. Breves notas sobre o direito de preferência na locação de imóveis urbanos (Lei 8.245/1991). In: **Revista de Direito Privado** v.53, p. 101, jan., 2013. Disponível em: www.revistadostribunais.com.br. Acesso em: 01 abr., 2015.

3.

O Direito de Preferência no Estatuto da Terra (Posição do Arrendatário)

O artigo 45 do Regulamento do Estatuto da Terra assegura, de forma expressa, ao arrendatário, o direito de preempção, em caso de venda do imóvel arrendado.

José Bezerra Costa indica que a preempção agrária possui finalidades sociais, "objetivando o acesso à propriedade da terra dos que nela trabalham, porque o sentido da vida reside na garantia de progresso social do homem."[151]

Modernamente, fala-se até mesmo em direito fundamental à busca da felicidade.[152]

O acórdão de 16 de abril de 2013 da 4ª Turma do STJ, nos autos do REsp 1339432/MS, tendo como relator o Ministro Luis Felipe Salomão, também prestigiou o entendimento de que a preferência agrária tem a finalidade de proteção de quem trabalha na terra:

> 3. O direito de preferência previsto no Estatuto da Terra beneficia tão somente o arrendatário, como garantia do uso econômico da terra explorada por ele, sendo direito exclusivo do preferente.

[151] COSTA, José Bezerra. **Arrendamento rural**: direito de preferência. Goiânia: AB, 1993, p. XV.

[152] Nesse sentido, por exemplo, acórdão da 3ª Turma do STJ nos autos do RESP 1281236/SP, de 19/03/2013, tendo como relatora a Min. Nancy Andrighi.

DIREITO AGRÁRIO

4. Como instrumento típico de direito agrário, o contrato de arrendamento rural também é regido por normas de caráter público e social, de observação obrigatória e, por isso, irrenunciáveis, tendo como finalidade precípua a proteção daqueles que, pelo seu trabalho, tornam a terra produtiva e dela extraem riquezas, dando efetividade à função social da terra.

No mesmo sentido, a decisão de 25 de março de 2014 da 4ª Turma do STJ, nos autos do REsp 1175438/PR, tendo como relator o Ministro Luis Felipe Salomão, considerou que a preferência do Estatuto da Terra tem por objetivo manter o arrendatário na exploração da terra, garantindo o seu uso econômico (a atividade agrária):

1. Apesar de sua natureza privada, o contrato de arrendamento rural sofre repercussões de direito público em razão de sua importância para o Estado, do protecionismo que se quer dar ao homem do campo e à função social da propriedade e ao meio ambiente, sendo o direito de preferência um dos instrumentos legais que visam conferir tal perspectiva, mantendo o arrendatário na exploração da terra, garantindo seu uso econômico.

Roberto Grassi Neto aponta que, antes do advento do Estatuto da Terra "não havia, ainda, uma preocupação com a função social da propriedade, com a figura do homem que, dela fazendo uso temporário, diretamente realiza ou o cultivo ou a atividade pastoril."[153]

O Código Civil de 1916, que regulava os contratos de parceria e locação de prédios rústicos (imóveis rurais) antes do Estatuto da Terra, não previa direito de preferência em caso de venda do imóvel rural.

Na Itália, Guido Jesu[154] indica que a preferência agrária encontra seu fundamento na Constituição, que determina a função social da propriedade, e que se reveste no privilégio a uma determinada categoria social, a do cultivador direto. Três são as lei que regulam a preferência agrária italiana: 590/1965 (regula a preferência do cultivador direto); 817/1971 (regula a preferência do proprietário confinante cultivador direto) e 2/1979

---

[153] GRASSI NETO, Roberto. O "direito de preferência" nos contratos agrários. In: **Revista de Direito Imobiliário, Agrário e Empresarial**, ano 18, p.108-123, abr.-jun.,1994, p.111.

[154] JESU, Guido. **La prelazione legale agraria**: lineamenti dell'istituto e rassegna giurisprudenziale. Milano: Giuffrè, 2004, p.01-02.

O DIREITO DE PREFERÊNCIA NO ESTATUTO DA TERRA (POSIÇÃO DO ARRENDATÁRIO)

(regula o prazo para pagamento do preço do fundo objeto da preferência). Segundo o autor, a finalidade da norma relativa à preferência agrária é de fazer coincidir a empresa agrária e a propriedade da terra.

Também no Brasil existe a preocupação com a continuidade da empresa agrária, dada a sua relevante função econômica e social.

Guido Jesu[155] esclarece que na Itália, são requisitos para o exercício do direito de preferência, dentre outros, a qualidade de cultivador direto e a cultivo do bem por pelo menos dois anos. Tal requisito não existe na legislação brasileira. Considera-se cultivador direto aquele que são definidos no artigo 31 da Lei Italiana nº 590 de 1965:

> Para os fins desta Lei são considerados cultivadores diretos aqueles que habitualmente exercerem o cultivo dos fundos e da criação e controle de gado, desde que a força de trabalho total do núcleo familiar não seja inferior a um terço do que o necessário para a normal necessidade de cultivo do solo e para a criação e controle de gado.[156]

Além das preferências legais estabelecidas no Código Civil Português, António Menezes de Cordeiro aponta que existem "dezenas de situações fixadas em diplomas extravagantes"[157], dentre elas: "Preferências agrícolas: a favor do arrendatário rural: artigo 28 do Decreto-Lei nº 385/88, de 25 de outubro".[158]

Referido decreto encontra-se revogado, mas o arrendatário ainda goza de direito de preferência, conforme Decreto-Lei nº 294/2009, de 13 de outubro. De acordo com o artigo 31 de referido Decreto-Lei, em caso de venda do prédio objeto do arrendamento agrícola, o arrendatário tem

---

[155] JESU, Guido. **La prelazione legale agraria**: lineamenti dell'istituto e rassegna giurisprudenziale. Milano: Giuffrè, 2004, p.02.

[156] Tradução livre, do original: "Ai fini della presente legge sono considerati coltivatori diretti coloro che direttamente ed abitualmente si dedicano alla coltivazione dei fondi ed all'allevamento ed al governo del bestiame, sempreché la complessiva forza lavorativa del nucleo familiare non sia inferiore ad un terzo di quella occorrente per la normale necessità della coltivazione del fondo e per l'allevamento ed il governo del bestiame."

[157] CORDEIRO, António Menezes. **Tratado de Direito Civil Português**. 2v.: Direito das obrigações t.2.: Contratos. Negócios unilaterais. Coimbra: Almedina, 2010, p. 478.

[158] CORDEIRO, António Menezes. **Tratado de Direito Civil Português**. 2v.: Direito das obrigações t.2.: Contratos. Negócios unilaterais. Coimbra: Almedina, 2010, p. 479.

DIREITO AGRÁRIO

direito de preferência, desde que seu contrato tenha vigorado há mais de 3 anos e não haja o exercício de eventual direito de preferência por coerdeiro ou coproprietário, quando o direito de preferência do arrendatário caduca.

Além disso, o arrendatário deve explorar o imóvel como seu proprietário, por si ou pessoa de seu grupo empresarial, se for pessoa jurídica, sob pena de ter que indenizar o proprietário anterior em valor equivalente a quíntuplo da última renda vencida e a transferir a propriedade ao preterido com o exercício do direito de preferência, se este o desejar, pelo preço de aquisição do imóvel.

Isso mostra a preocupação da lei estrangeira com o efetivo uso do imóvel pelo adquirente para a atividade agrária, ou seja, a vinculação do direito de preferência à atividade pessoalmente exercida no imóvel.

Diante das considerações acima, temos as seguintes conclusões parciais:

(1) O Estatuto da Terra assegura ao arrendatário de forma expressa o direito de preferência.

(2) Diferentemente da legislação estrangeira, nossa lei não teve a preocupação de estabelecer o requisito de prova de cultivador direito ou outros critérios relacionados à atividade explorada no imóvel, para o exercício do direito de preferência.

(3) De todo modo, uma clara preocupação da preferência agrária é a de proteção daquele que cultiva a terra para sua subsistência.

(4) Outra preocupação da preferência agrária é da continuidade da empresa agrária, ou seja, de fazer coincidir o titular da empresa agrária com o proprietário da terra.

3.1. A venda do imóvel durante a vigência do contrato – normas gerais

De acordo com a lei Romana, o novo proprietário podia expulsar o locatário, se o locador vendesse o imóvel locado, durante o prazo da locação[159].

---

[159] Nesse sentido, vide: GRASSI NETO, Roberto. **Evolução e perspectiva dos contratos agrários**. São Paulo: Faculdade de Direito da Universidade de São Paulo, 1998, 287f. Dissertação (Mestrado em Direito), elaborada sob a orientação do Professor Doutor Fábio Maria De-Mattia, no curso de Direito Civil da Faculdade de Direito da Universidade de São Paulo, p. 40.

O DIREITO DE PREFERÊNCIA NO ESTATUTO DA TERRA (POSIÇÃO DO ARRENDATÁRIO)

Roberto Grassi Neto comentava em 1988 que, pela Lei Espanhola vigente à época, se o imóvel objeto de contrato de parceria fosse vendido durante o contrato e o novo proprietário não quisesse manter a parceria, poderia o parceiro outorgado converter a parceria em arrendamento.[160]

Tal solução se mostra bastante interessante, pois, se de um lado não obriga ao novo proprietário a manter um contrato de natureza associativa para a empresa agrária, permite a continuidade da atividade, cuja gestão passa a ser exclusiva do arrendatário, antes parceiro outorgado.

No Direito Italiano, em caso de venda do imóvel, também se subroga o adquirente no contrato de parceria, salvo se o parceiro outorgado optar pela resolução do contrato, conforme artigo 2.160 do Código Civil Italiano.

O Código Civil Brasileiro de 1916 trazia regras diferentes para a parceria e para a locação de prédios rústicos (imóveis rurais), em caso de venda do imóvel. Enquanto que, se o imóvel fosse vendido no curso da locação (mesmo de imóvel rural), o adquirente não ficaria obrigado a respeitar o contrato, se nele não fosse consignada cláusula de vigência no caso de alienação e constasse de registro público[161], a parceria subsistia independentemente de cláusula e de registro.[162]

Contudo, "modificou algo o legislador do Estatuto da Terra. [...] Não há necessidade de cláusula contratual. O nôvo proprietário deverá, sempre, respeitar o contrato."[163]

Ou, como afirma, Pinto Ferreira[164], há "eficácia *ex lege* do contrato de arrendamento contra terceiro adquirente do imóvel ou titular de ônus real sobre o mesmo, com a subrogação de direitos e obrigações (Estatuto da Terra, art. 92, §5º, Decreto nº 59.566/66, art. 15)."

---

[160] GRASSI NETO, Roberto. **Evolução e perspectiva dos contratos agrários**. São Paulo: Faculdade de Direito da Universidade de São Paulo, 1998, 287 f. Dissertação (Mestrado em Direito), elaborada sob a orientação do Professor Doutor Fábio Maria De-Mattia, no curso de Direito Civil da Faculdade de Direito da Universidade de São Paulo, p. 111.

[161] Conforme o art. 1.197 do Código Civil de 1916: Se, durante a locação, for alienada a coisa, não ficará o adquirente obrigado a respeitar o contracto, se nele não for consignado a clausula da sua vigência no caso de alienação, e constar de registro publico.

[162] Conforme o art. 1.415 do Código Civil de 1916: A parceria subsiste, quando o prédio se aliena, ficando o adquirente sub-rogado nos direitos e obrigações do alienante.

[163] SODERO, Fernando Pereira. **Direito agrário e reforma agrária**. São Paulo: Legislação Brasileira, 1968, p. 143.

[164] FERREIRA, Pinto. **A legislação do inquilinato e do arrendamento rural comentada**. Rio de Janeiro: Rio, 1978, p. 239.

DIREITO AGRÁRIO

O parágrafo 5º do artigo 92 do Estatuto da Terra[165] estabelece a continuidade dos contratos de arrendamento e parceria, em caso de imposição de ônus real e/ou alienação do imóvel, "ficando o adquirente sub-rogado nos direito e obrigações do alienante."

Em Portugal, dispositivo semelhante se encontra no artigo 31, item 1, do Decreto-Lei nº 294/2009): "O arrendamento rural não caduca [...] pela transmissão do prédio".

O inciso VII do artigo 26 do Regulamento, por sua vez, prevê que o arrendamento se extingue, pela perda do imóvel rural.

Por esta razão, há quem defenda que nas hipóteses de perda estão incluídas, além da desapropriação[166], a venda judicial do imóvel.[167]

Antonino Moura Borges[168], por exemplo, defende que se deve entender como perda do imóvel rural "também por fatos independentes da vontade do proprietário, tais como perda em ações reais ou reipersecutórias, ou ainda possessórias, como também por ação de desapropriação ou similar (restrições administrativas)."

Com o devido respeito, como já tivemos a oportunidade de discorrer anteriormente, não nos alinhamos a tal posição:

> Com o devido respeito às opiniões em contrário, alinhamo-nos aos que defendem que a regra do artigo 92, §5º do Estatuto da Terra que assegura a vigência do contrato de arrendamento em caso de alienação do imóvel, também se aplica à venda judicial do imóvel. Nesse sentido, por exemplo, a decisão da 10ª Câmara Cível do Tribunal de Justiça do Estado do Rio Grande do Sul, de 14 de agosto de 2008, em agravo de instrumento nº 70023894132, tendo como Relator o Des. Paulo Antônio Kretzmann.[169]

---

[165] Assim como o artigo 15 do Regulamento.

[166] PETTERSEN, Altamir; MARQUES, Nilson. **Uso e posse temporária da terra** (arrendamento e parceria). São Paulo: Pró-livro, 1977, p. 59.

[167] Nesse sentido, por exemplo, a decisão da 14ª Câmara Cível do TJ/MG, de 13 de setembro de 2007, nos autos do Agravo de Instrumento nº 1.0016.99.006846-8/002, tendo como relator o Des. Antônio de Pádua.

[168] BORGES, Antonino Moura. **Estatuto da Terra comentado e legislação adesiva**. Leme, SP: Edijur, 2007, p. 415.

[169] PERES, Tatiana Bonatti. Vigência do contrato de arrendamento em caso de venda judicial do imóvel arrendado. In: **Revista de Direito Privado**, nº 48, p. 281-295, out.-dez. 2011, p. 287.

O DIREITO DE PREFERÊNCIA NO ESTATUTO DA TERRA (POSIÇÃO DO ARRENDATÁRIO)

Paulo Torminn Borges[170], na mesma linha, defende que apesar de alienação ser um modo de perda da propriedade imóvel (art. 589, I, do Código Civil de 1916[171]), "Perda, na hipótese vertente, tem o sentido de perecimento do imóvel (CC, arts. 77, 78 e 589, IV[172])."

Tal assunto será retomado no item 3.5 do presente trabalho.

Silvia C.B. Opitz e Oswaldo Opitz afirmam que "No direito agrário, a proteção alcança tanto o contrato escrito como o verbal, por tempo certo ou não" [173] e, portanto, independe de previsão contratual a continuidade do contrato e também independe de registro.[174]

Helena Maria Bezerra Ramos, no mesmo sentido, indica que "O terceiro que não souber do contrato de arrendamento, não poderá alegar boa-fé caso o contrato não esteja registrado no RGI, pois, não há essa exigência no contrato de aluguel de imóvel urbano (sic)[175], por ser um contrato informal."[176]

A esse respeito, vale citar a decisão dos ministros da 4ª Turma do STJ, de 08 de abril de 2008, nos autos do RESP 721.231 SP, tendo como relator o Ministro João Otávio de Noronha: "A parceria agrícola, passível de ajuste nas formas escrita e verbal, não se inclui entre os documentos e contratos sujeitos a registro para produzir efeitos perante terceiros, diante do disposto nos arts.127, inciso V, e 129 da Lei nº 6.015/73 (Registros Públicos)."

No mesmo sentido a decisão de 07 de abril de 2011 da 13ª Câmara Cível do TJ/MG, nos autos da Apelação Cível nº 1.0528.07.002390-8/001, tendo como relatora a Desa. Cláudia Maia, que acrescenta:

---

[170] BORGES, Paulo Torminn. **Institutos básicos do direito agrário**. 11. ed. rev. São Paulo: Saraiva, 1998, p. 111.

[171] Equivalente ao artigo 1.275, I do Código Civil vigente.

[172] Equivalente ao artigo 1.275, IV do Código Civil vigente.

[173] OPITZ, Silvia C. B.; OPITZ, Oswaldo. **Curso completo de direito agrário**. 8.ed. São Paulo: Saraiva, 2014, p. 331.

[174] Nesse sentido, vide: COELHO, José Fernando Lutz. **Contratos agrários**: uma visão neo--agrarista. Curitiba: Juruá, 2006, p. 172-173.

[175] Aqui, a autora mencionou equivocadamente imóvel urbano, quando comentava as normas atinentes aos contratos agrários, de modo que deve-se ler "rural".

[176] RAMOS, Helena Maria Bezerra. **Contrato de arrendamento rural**: teoria e prática. Curitiba: Juruá, 2012, p. 119.

DIREITO AGRÁRIO

Imperioso salientar que por se tratarem de previsões de Leis específicas, estas prevalecem e se sobrepõem perante a regra geral disposta no art. 221, do Código Civil[177], segundo a qual é exigido o registro público para vigência dos instrumentos particulares perante terceiros.

Não obstante concordarmos com tal decisão, vale mencionar que é possível identificar entendimento em sentido contrário.

Por exemplo, podemos citar a decisão da 16ª Câmara Cível do TJ/MG, de 23 de agosto de 2006, nos autos da Apelação Cível nº 1.0351.01.008163--3/001, tendo como relator o Des. Batista de Abreu, que entendeu ser necessária a existência de cláusula e a averbação do contrato de arrendamento no cartório de imóveis para ser oponível ao credor hipotecário e foi além:

> [...] a qualidade da posse exercida pelo apelante, se justa, de boa fé, mansa e pacífica, como alega em apelação, não importa ao deslinde da controvérsia, na medida em que, não tornada pública através do registro, não gera efeitos contra o apelado, em observância ao princípio da relatividade dos contratos contra terceiros, consagrado pelo já citado artigo 1.197, do CC/1916.
>
> Ademais, o fato de a outorga do financiamento ser precedida de vistoria pelo agente financeiro não cientifica este de eventuais relações obrigacionais do proprietário não regularmente averbadas no cartório imobiliário, mesmo porque quem lá esteja cultivado a terra pode muito bem cuidar-se de subordinado ou empregado de seu dono, não se podendo exigir do banco que presuma tratar-se de um arrendatário.

Também os ministros da 4ª Turma do STJ, conforme decisão havida em 27 de outubro de 1998, nos autos do RESP 32.995-8 MG, tendo como relator o Ministro Barros Monteiro, consideraram necessário o registro do contrato de parceria, porém, no cartório de registro de títulos e documentos: "O contrato de parceria não pode ser anteposto a terceiro, se não transcrito no Registro de Títulos e Documentos."

---

[177] Art. 221. O instrumento particular, feito e assinado, ou somente assinado por quem esteja na livre disposição e administração de seus bens, prova as obrigações convencionais de qualquer valor; mas os seus efeitos, bem como os da cessão, não se operam, a respeito de terceiros, antes de registrado no registro público.
Parágrafo único. A prova do instrumento particular pode suprir-se pelas outras de caráter legal.

O entendimento baseou-se no disposto no artigo 127, V da Lei de Registros Públicos (Lei nº 6.015, de 1973), que estabelece que "No Registro de Títulos e Documentos será feita a transcrição [...] V – do contrato de parceria agrícola ou pecuária [...]". Contudo, a mesma lei menciona, mais adiante, em seu artigo 129 os documentos que "Estão sujeitos a registro, no Registro de Títulos e Documentos, para surtir efeitos em relação a terceiros."

Por esta razão, consideramos que a interpretação que se deve fazer dos dois dispositivos é que o primeiro não se refere a documentos cujo registro é obrigatório, mas facultativo. Além disso, a previsão do registro do contrato de arrendamento ou parceria previsto na Lei de Registro Públicos estava em um contexto de princípios contratuais do Código Civil de 1916, em que imperava a completa relatividade dos contratos. De modo que, salvo a exceção da lei especial, isto é, que o contrato seria oponível ao adquirente do imóvel, deveria obrigatoriamente ser registrado para surtir efeitos perante outros terceiros.

Aliás, como apontam Silvia C.B. Opitz e Oswaldo Opitz:

> A alienação *inter vivos* implica respeito ao contrato agrário, em virtude da norma em exame, queira ou não o adquirente, isto é, mesmo que alienante e adquirente convencionem em contrário, porque a norma é cogente (RT, 56:89 e 281:587). Não vale a renúncia feita em cláusula contratual como vem sendo defendida por certa jurisprudência desinformada. O arrendatário não pode renunciar, em cláusula contratual, a tal direito (Lei nº 4.947/66, art. 13, §4º).[178]

No mesmo sentido, José Fernando Lutz Coelho[179] também defende a irrenunciabilidade desse direito.

Além da alienação do bem, também não interrompe sua vigência a imposição de ônus reais sobre o imóvel. Silvia C.B. Opitz e Oswaldo Opitz[180] consideram que "a lei fala em ônus reais quando parece referir-se a direitos reais." E seguem na explicação, esclarecendo que, segundo seu entendimento:

---

[178] OPITZ, Silvia C. B.; OPITZ, Oswaldo. **Curso completo de direito agrário**. 8. ed. São Paulo: Saraiva, 2014, p. 333.

[179] Nesse sentido, vide: COELHO, José Fernando Lutz. **Contratos agrários**: uma visão neo-agrarista. Curitiba: Juruá, 2006, p. 173.

[180] OPITZ, Silvia C. B.; OPITZ, Oswaldo. **Curso completo de direito agrário**. 8. ed. São Paulo: Saraiva, 2014, p. 334.

A imposição de direito real sobre o imóvel arrendado, ou dado em contrato agrário, nada tem a ver com os mesmos ônus que já existiam sobre ele e passam com ele para o domínio do adquirente, mas se refere àqueles direitos reais conferidos a alguém, tais como a enfiteuse (CC/16, art. 678), as servidões, o usufruto, o uso, a habitação, o penhor, a anticrese, a hipoteca (CC, art. 1.225), bem como o fideicomisso (CC, art. 1.953) e a retrovenda (CC, art. 505).[181]

Helena Maria Bezerra Ramos, por sua vez, considera que estão incluídas na hipótese do §5º do artigo 92 do Estatuto da Terra os direitos reais de garantia "O imóvel arrendado, objeto de compra e venda, de doação, de permuta, ou oferecido em garantia real (hipoteca e outros direitos reais), não interrompe o contrato de arrendamento." [182]

Por outro lado, conforme se extrai da decisão havida em 01 de junho de 2005 pela 11ª Câmara Cível do TJ/MG, nos autos da Apelação Cível nº 2.0000.00.504367-6/000, tendo como relatora a Desa. Albergaria Costa "a lei não garante a manutenção do contrato de parceria agrícola quando sobre o imóvel objeto do contrato já recaíam ônus reais, devidamente inscritos na matrícula, e em face da execução dos credores hipotecários pretende o arrematante tomar posse do bem."

Tal decisão alinha-se ao princípio da prioridade registral, assim explicado por Afrânio de Carvalho:

O princípio da prioridade significa que, num concurso de direitos reais sobre um imóvel, estes não ocupam todos o mesmo posto, mas se graduam ou classificam por uma relação de precedência fundada na ordem cronológica do seu aparecimento: *prior tempore potior jure*. Conforme o tempo em que surgirem, os direitos tomam posição no registro, prevalecendo os anteriormente estabelecidos sobre os que vierem depois.[183]

Acerca da eficácia real dos direitos do arrendatário, independentemente de registro imobiliário (o que o lhe confere uma categoria anômala de direito real), já tivemos a oportunidade de discorrer:

---

[181] OPITZ, Silvia C. B.; OPITZ, Oswaldo. **Curso completo de direito agrário**. 8. ed. São Paulo: Saraiva, 2014, p. 334.

[182] RAMOS, Helena Maria Bezerra. **Contrato de arrendamento rural**: teoria e prática. Curitiba: Juruá, 2012, p. 119.

[183] CARVALHO, Afrânio de. **Registro de imóveis**. Rio de Janeiro: Forense, 1976, p. 191.

[...] vinculado a uma situação de fato – a posse – os direitos do arrendatário oriundos do contrato de arrendamento ganham eficácia real e se tornam oponíveis perante terceiros, quando há a publicidade decorrente do exercício efetivo da posse do imóvel arrendado.[184]

Portanto, é a data da posse no imóvel rural e não da celebração do contrato agrário que deve ser levada em conta para fins de prioridade em relação a outros direitos reais constituídos sobre o imóvel e para a sua oponibilidade ao terceiro adquirente.

Em outras palavras, se a posse for posterior à venda do imóvel, o contrato de arrendamento ou parceria não poderá ser oposto ao adquirente, para que se subrogue na posição contratual do antigo proprietário, ainda que este tenha responsabilidade perante o arrendatário ou parceiro outorgado pela quebra do contrato, caso o adquirente opte por não manter o contrato.

Diante das considerações acima, temos as seguintes conclusões parciais:

(1) A venda do imóvel rural ou a constituição de ônus reais sobre o mesmo não interrompem os contratos agrários, conforme parágrafo 5º do artigo 92 do Estatuto da Terra, subrogando-se o adquirente nos respectivos direitos e obrigações.

(2) A continuidade dos contratos agrários em caso de venda do imóvel atinge também os contratos verbais e, nos contratos escritos, independe de cláusula contratual ou de registro.

(3) A continuidade dos contratos agrários em caso de venda também é assegurada em caso de venda judicial, assim como no caso de venda extrajudicial como forma de execução de garantia, assunto que será retomado no item 3.5 deste trabalho.

(4) É a data da posse no imóvel rural e não da celebração do contrato agrário que deve ser levada em conta para fins de prioridade em relação a outros direitos reais constituídos sobre o imóvel e para a sua oponibilidade ao terceiro adquirente.

---

[184] PERES, Tatiana Bonatti. Vigência do contrato de arrendamento em caso de venda judicial do imóvel arrendado. In: **Revista de Direito Privado**, nº 48, p. 281-295, out.-dez., 2011, p. 290.

DIREITO AGRÁRIO

3.2. Extensão do direito de preferência
3.2.1. Direito de preferência em outras situações além da venda do imóvel

O Estatuto da Terra assegura o direito de preferência ao arrendatário, em caso de **alienação** do bem arrendado (art. 92, §3º). Todavia, o parágrafo quarto, ao tratar do exercício forçado do direito de preferência (direito de resgate), refere-se apenas a situação de venda (e não qualquer alienação), conforme abaixo transcrito:

> "O arrendatário a quem não se notificar a **venda** poderá, depositando o preço, haver para si o imóvel arrendado, se o requerer no prazo de seis meses, a contar da transcrição do ato de alienação no Registro de Imóveis."

Silvia C.B.Opitz e Oswaldo Opitz esclarecem, a esse respeito:

> Fala-se, no início do §3º do art. 92, da alienação do imóvel, mas a verdade é que se trata de venda, pois mais adiante se diz que o proprietário deve dar conhecimento da venda. [...] Assim, entendemos que o arrendatário não pode impedir que o proprietário faça doação do imóvel, que o herdeiro receba em herança, ou mesmo que permute a propriedade com outrem.[185]

Os mesmos autores entendem, por outro lado, que a preferência se aplica à dação em pagamento, pois "equivale a venda".[186]

Carla Wainer Chalréo Lgow considera, com o que nos alinhamos, que estão abrangidos no termo "venda", por exemplo, a dação em pagamento do bem sujeito à preferência e a permuta por crédito pecuniário sobre terceiro, "como também todos aqueles contratos assimiláveis à compra e venda sob o ponto de vista econômico, isto é, operações que traduzem genericamente uma alienação de bem mediante uma contraprestação em dinheiro, direta ou indireta."[187]

---

[185] OPITZ, Silvia C. B.; OPITZ, Oswaldo. **Curso completo de direito agrário.** 8. ed. São Paulo: Saraiva, 2014, p. 313.

[186] OPITZ, Silvia C. B.; OPITZ, Oswaldo. **Curso completo de direito agrário.** 8. ed. São Paulo: Saraiva, 2014, p. 314.

[187] LGOW, Carla Wainer Chalréo. **Direito de preferência.** São Paulo, Atlas, 2013, p. 32.

O DIREITO DE PREFERÊNCIA NO ESTATUTO DA TERRA (POSIÇÃO DO ARRENDATÁRIO)

Helena Maria Bezerra Ramos, por outro lado, defende que não há preferência na dação em pagamento. Porém, acrescenta:

> Logicamente, quando ficar demonstrado que a doação ou a dação em pagamento se caracteriza como meio fraudulento para evitar o direito de preferência, haverá como desfazer essa simulação. Nesse caso, deverá ser proposta ação de anulabilidade, uma vez que a simulação fraudulenta é ato anulável.[188]

Embora seja uma voz minoritária, Wellington Pacheco Barros defende, referindo-se ao direito de preferência do parceiro outorgado, que também há direito de preferência na permuta:

> Alienação também significa permuta, que em verdade constitui uma transferência onerosa da propriedade. Dúvida poderia existir se, neste caso, surgisse para o parceiro-outorgado o direito de preferência. Tenho que sim. O bem permutado na alienação é uma forma de pagamento *in natura*; é o preço a ser pago pela alienação. De outro lado, a interpretação que se deve adotar na discussão sobre o contrato de parceria rural é aquela que beneficie a parte que o legislador entendeu mais frágil na relação, que é o parceiro-outorgado.[189]

O autor Italiano Guido Jesu[190] considera que não obstante a preferência se aplicar a transferência a título oneroso, não se aplica a determinadas espécies de transferência onerosa, como a venda forçada[191], falência, desapropriação para utilidade pública e permuta. Por outro lado, defende a aplicação da preferência na permuta (mesmo contra o entendimento legislativo, doutrinário e jurisprudencial), quando o fundo agrícola é permutado por bem considerado fungível, com o que nos alinhamos.

---

[188] RAMOS, Helena Maria Bezerra. **Contrato de arrendamento rural**: teoria e prática. Curitiba: Juruá, 2012, p. 106.

[189] BARROS, Wellington Pacheco. **Contrato de parceria rural**: doutrina, jurisprudência e prática. Porto Alegre: Livraria do Advogado, 1999, p. 81.

[190] JESU, Guido. **La prelazione legale agraria**: lineamenti dell'istituto e rassegna giurisprudenziale. Milano: Giuffrè, 2004, p. 25-26.

[191] Para o autor, a lei afasta a preferência nesta hipótese, porque a preferência requer, além da onerosidade, a voluntariedade da transferência. Conforme: JESU, Guido. **La prelazione legale agraria**: lineamenti dell'istituto e rassegna giurisprudenziale. Milano: Giuffrè, 2004, p. 30.

DIREITO AGRÁRIO

Assim como José Bezerra Costa, consideramos que existe direito de preferência do arrendatário também na venda judicial (ou extrajudicial para em caso de venda extrajudicial como forma de execução de garantia, por alinhar-se ao princípio da função social da propriedade). Todavia, não terá o proprietário o dever de dar preferência ao preferente, mas apenas o magistrado dar ciência da venda judicial ao preferente, de modo a assegurar-lhe a presença na praça, para exercício de seu direito, assunto que retomaremos mais detalhadamente no item 3.5 deste trabalho:

> Inobstante a opinião analisada em contrário, somos de parecer que, sabedor do arrendamento em curso, no caso de venda judicial, deve o magistrado dar ciência ao arrendatário do dia da praça, afim de que exerça sua preferência em igualdade de condições com outros licitantes.
>
> Mesmo se não for intimado da praça, deve o arrendatário, se quiser, comparecer no dia designado para leilão, fazendo propostas. Se seu lanço for igual ao do estranho deverá o magistrado dar preferência a ele, deferindo-lhe a arrematação da coisa arrendada.[192]

Agostinho Alvim, embora comentando o direito de preferência do condômino, defendia, em 1961, que: "No caso em que o condômino queira entrar com sua parte, como representativa de sua quota, numa sociedade, o outro condômino não tem preferência. Esta alienação não é venda".[193]

Por sua vez, o autor Italiano Guido Jesu[194] menciona que em caso de transferência do bem para integralização de capital social, a jurisprudência diferencia duas situações, havendo preferência na segunda hipótese:

> O Tribunal Superior tem reiterado que a contribuição de uma propriedade rural em uma empresa não gera o direito de preferência por configurar uma transferência sem a contrapartida em dinheiro, com a adesão à qualidade de sócio; sendo sua base negocial *intuitu personae*, não pode ser equiparada aos contratos de troca, suscetíveis de preferência.

---

[192] COSTA, José Bezerra. **Arrendamento rural**: direito de preferência. Goiânia: AB, 1993, p. 91.

[193] ALVIM, Agostinho. **Da compra e venda e da troca**. Rio de Janeiro: Forense, 1961, p. 125.

[194] JESU, Guido. **La prelazione legale agraria**: lineamenti dell'istituto e rassegna giurisprudenziale. Milano: Giuffrè, 2004, p. 28.

O DIREITO DE PREFERÊNCIA NO ESTATUTO DA TERRA (POSIÇÃO DO ARRENDATÁRIO)

Diferente é a hipótese de a contribuição de uma propriedade rural ser feita em uma sociedade que não realizar qualquer atividade comercial em concreto e cujo patrimônio é constituído apenas pelo fundo conferido. Neste caso, a transferência do fundo resulta o nascimento do direito de preferência.[195]

Interessante apontar que existe norma da Junta Comercial do Estado de São Paulo – JUCESP (Portaria 17, de 23 de agosto de 2012) que exige para a integralização de capital social com fração ideal de bem imóvel a "a anuência de todos os condôminos ou prévia notificação quanto ao exercício do direito de preferência."

De modo que, a portaria da JUCESP considera que existe direito de preferência do condômino também nesta hipótese. Interessante, apontar, por outro lado, que para a lavratura de escrituras de compra e venda, a tendência é não se exigir a mesma formalidade, como aponta Carlos Antonio de Araújo:

> [...] entendemos que não cabe ao notário se opor à lavratura de escritura pública de compra e venda, quando se tratar de imóvel indivisível e em condomínio, sem que os demais condôminos tenham sido comunicados, devendo o mesmo se limitar a instruir as partes sobre a natureza e as consequências do ato que pretendem realizar.[196]

A Lei de Arrendamentos Rústicos Espanhola (Lei nº 49/2003, de 26 de novembro, modificada pela Lei nº 26/2005, de 30 de novembro[197]) asse-

---

[195] Tradução livre, do original: "La Cassazione ha ribadito che il conferimento di un fondo rustico in una società di capitali non comporta il diritto alla prelazione in quanto, configurando un trasferimento privo di controprestazione in danaro bensì diretto all'acquisto della qualità di socio sulla base di un negozio intuitu personae, non è assimilabile ai contratti di scambio unici suscettibili di prelazione. Diversa invece è l'ipotesi del conferimento di un fondo rustico in una società che non svolge in concreto alcuna attività imprenditoriale e il cui patrimonio è constituito solo dal fondo conferito. In tal caso il trasferimento ad altri dell'intero pachetto azionario realizza il trasferimento del fondo stesso con conseguente nascita della prelazione a favore degli aventi diritto."

[196] ARAÚJO, Carlos Antônio de. Condomínio indivisível. Direito de preferência. Escritura pública de compra e venda. Condômino preterido. Validade do negócio jurídico. In: **IOB – Repertório de Jurisprudência Civil, Processual, Penal e Comercial**, São Paulo, v.3, n. 21, p. 703-698, nov., 2008, p. 700.

[197] Disponível em: https://www.boe.es. Acesso em: 17 jul., 2014.

DIREITO AGRÁRIO

gura ao arrendatário agricultor, sociedade agrária ou cooperativa, direito de preferência em toda transmissão *inter vivos*, inclusive doação, aporte a sociedade, permuta, dação em pagamento ou qualquer outra distinta da compra e venda, de parte certa ou fração da propriedade (conforme artigo 22 da Lei).

No caso de doação, a notificação para que o preferente possa exercer a preferência deve indicar um preço que o proprietário considere justo, o qual, em caso de discordância pelo preferente, será fixado por um perito indicado pelas partes ou, na falta de acordo, conforme as regras de avaliação aplicáveis à venda judicial.

Interessante apontar que de acordo com a Lei de Arrendamentos Rústicos Espanhola (artigo 11), a escritura pública de alienação do imóvel rural deve mencionar a circunstância de que se encontra arrendada, como condição para seu registro no Registro de Imóveis.

Camino Sanciñena Asurmendi[198] esclarece que, em atenção à possibilidade da transferência do bem preempto poder ocorrer a título gratuito, a lei estabelece que o preço para exercício da preferência seja determinado de acordo com as normas estabelecidas na legislação de venda forçada.

A rigor, o Estatuto da Terra refere-se a "alienação", o que não exclui a transferência de propriedade a título gratuito, mas a melhor interpretação da Lei é que, como se menciona "venda" mais adiante, na alienação a título gratuito inexiste preferência para o arrendatário, até porque "em igualdade de condições" pressuporia a aquisição gratuita, o que não é lógico ou justo, dando margem ao enriquecimento sem causa do arrendatário, bem como inexiste no Direito Brasileiro regra que disponha sobre o valor a ser pago em caso de exercício de direito de preferência, em caso de alienação a título gratuito, como existe na Lei Espanhola.

---

[198] ASURMENDI, Camino Sanciñena. **La opción de compra**. 2. ed. Madrid: Dykinson, 2007, p. 121.

Diante das considerações acima, temos as seguintes conclusões parciais:

(1) O direito de preferência existe na alienação onerosa e não apenas na venda. Não existe em negócios jurídicos gratuitos, nem na permuta por bem infungível ou em operações que não representem contraprestação em dinheiro (tais como operações societárias de integralização de capital social, fusão, cisão, incorporação).

(2) Assim, alcança a dação em pagamento, a permuta por bem fungível e quaisquer negócios jurídicos que representem uma contraprestação em dinheiro, direta ou indiretamente, inclusive conferência do bem para patrimônio social, nas hipóteses em que o patrimônio da sociedade for constituído apenas pelo imóvel, sem atividade correspondente, ou qualquer operação que vise afastar, por simulação ou por outra forma maliciosa, o direito de preferência.

(3) O direito de preferência também existe na venda judicial ou em caso de venda extrajudicial como forma de execução de garantia, mas, nesta hipótese, não haverá obrigação do proprietário noticiar a venda (enviar a *denuntiatio*), bem como o exercício do direito pelo preferente é diferente, assunto que retomaremos no item 3.5 deste trabalho.

3.2.2. Direito de preferência no arrendamento de área parcial do imóvel

Discute-se se o arrendatário pode exercer o direito de preferência em relação à área parcial arrendada de um imóvel.

A esse respeito, assim dispõe o artigo 46 do Regulamento:

> Art. 46. Se o imóvel rural em venda, estiver sendo explorado por mais de um arrendatário, o direito de preempção só poderá ser exercido para aquisição total da área.
>
> §1º O proprietário de imóvel rural arrendado não está obrigado a vender parcela ou parcelas arrendadas, se estas não abrangerem a totalidade da área.
>
> §2º Nos casos dêste artigo, fica assegurado a qualquer dos arrendatários, se os outros não usarem do direito de preempção, adquirir para si o imóvel.

DIREITO AGRÁRIO

Nessa linha, em 1977, Altamir Pettersen e Nilson Marques defendiam, conforme interpretação literal do artigo 46 do Estatuto da Terra, que:

> Estando o imóvel cedido em parceria ou arrendamento a mais de um contratante, não está o proprietário obrigado a vender parcela ou parcelas da área. O direito de preferência alcança a totalidade da área, que não pode dividir-se ou fracionar-se para esse fim. Havendo mais de um arrendatário ou parceiro, fica assegurado a qualquer deles o exercício do direito, se os demais não o pretenderem. Se mais de um contratante pretender usar do direito de preempção, entendemos, na falta de disposição expressa em lei, que cabe o direito por igual, ocorrendo, então, um condomínio obrigatório.[199]

Concordamos que a solução imediata deve ser a criação de condomínio do imóvel, de modo a assegurar o direito de compra da área arrendada a todos os arrendatários, mas, sendo possível o desmembramento das áreas, ou seja, sendo o bem divisível, é preferível a situação de domínio exclusivo à "forma anormal de propriedade".[200]

Vale lembrar que, no condomínio, cada condômino é proprietário de fração do imóvel e não de parte determinada do mesmo, sendo necessário acordo específico entre os condôminos para regrar o uso do bem comum. "Antes da divisão cada comproprietário é dono da totalidade da coisa, tendo uma quota ideal sobre ela; depois da partilha esse seu direito de propriedade fixa-se, no quinhão que se lhe adjudica."[201]

Vale esclarecer que estamos aqui utilizando o termo divisível no sentido jurídico (e não físico). Segundo artigo 87 do Código Civil vigente, "Bens divisíveis são os que se podem fracionar sem alteração na sua substância, diminuição considerável de valor, ou prejuízo do uso a que se destinam."

De qualquer modo, ainda que não diminua o valor da fração do bem imóvel, a sua divisão (desmembramento em duas ou mais matrículas) tem custos "respondendo o quinhão de cada um pela sua parte nas despesas da divisão" (artigo 1.320, CC).

---

[199] PETTERSEN, Altamir; MARQUES, Nilson. **Uso e posse temporária da terra** (arrendamento e parceria). São Paulo: Pró-livro, 1977, p. 57.

[200] BEVILÁQUA, Clóvis. **Código Civil dos Estados Unidos do Brasil**. v.I. 5ª tir. Rio de Janeiro: Rio, [ano], p. 1.093.

[201] DINIZ, Maria Helena. **Curso de direito civil**. v.4. Direito das coisas. 28. ed. São Paulo: Saraiva, 2013, p. 249.

O DIREITO DE PREFERÊNCIA NO ESTATUTO DA TERRA (POSIÇÃO DO ARRENDATÁRIO)

Assim, a solução defendida acima por Altamir Pettersen e Nilson Marques é a primeira possível para evitar a desvalorização com o fracionamento do bem e os custos com seu desmembramento, sendo certo que e a divisão da coisa comum pode ser exigida a qualquer tempo por qualquer condômino, sendo divisível o bem, no sentido físico (conforme artigos 1.320 e 1.321 do Código Civil).

A esse respeito, aponta Maria Helena Diniz: "Como o condomínio é um estado anormal da propriedade, no dizer de Clóvis Bevilácqua, que, com frequência, pode originar conflitos de interesses ou desavenças, a sua temporariedade é um de seus caracteres."[202]

A mesma autora afirma:

A ação divisória é imprescritível, pois, a todo tempo, pode ser promovida a divisão (CC, art. 1.320); entretanto, se cessar o estado de comunhão pela posse de um dos consortes por prazo superior a 15 anos, tem-se a prescrição aquisitiva e o imóvel não mais poderá ser objeto de divisão. O mesmo se dirá se vários comunheiros possuírem, por 15 anos, suas respectivas porções materialmente determinadas no solo, como se tivesse ocorrido uma divisão.[203]

Sendo a coisa indivisível, a extinção do condomínio também pode ser exigida por qualquer condômino. Com a aplicação do artigo 1.322 do Código Civil vigente, levaria à situação de propriedade plena de apenas um dos arrendatários ou, à venda do imóvel a terceiros, com a divisão do valor apurado, preferindo-se o condômino ao estranho e o condômino com benfeitorias mais valiosas ou o de quinhão maior.

Imar Santos Cabeleira, por outro lado, defendia em 1985 que, havendo mais de um interessado "terá direito à preferência aquele que oferecer maior preço ou as melhores condições para a transação".[204]

Mediante interpretação teleológica do instituto do direito de preferência, José Bezerra Costa, defendia (em 1993) posição oposta, segundo a

---

[202] DINIZ, Maria Helena. **Curso de direito civil**. v.4. Direito das coisas. 28. ed. São Paulo: Saraiva, 2013, p. 247.

[203] DINIZ, Maria Helena. **Curso de direito civil**. v.4. Direito das coisas. 28. ed. São Paulo: Saraiva, 2013, p. 247.

[204] CABELEIRA, Imar Santos. **Dos contratos de arrendamento rural e parceria rural**. Rio de Janeiro: Aide, 1985, p. 115.

DIREITO AGRÁRIO

qual o exercício de preferência de área parcial é possível, conforme suas conclusões abaixo transcritas:

> XII – se o arrendamento for de área parcial e o proprietário for vender a totalidade do imóvel, abrangendo a área não arrendada, o arrendatário não está obrigado a adquirir o todo, porque tal hermenêutica frustraria o princípio maior do Estatuto da Terra que é o acesso à propriedade da terra por parte de quem a trabalha.
> XIII – inobstante aresto em sentido contrário do Supremo Tribunal Federal, o conflito de interesse entre o proprietário que busca vantagem de melhor preço pela venda de área maior e o interesse do arrendatário que somente pode adquirir a área arrendada, deve a interpretação teleológica preferir este a sacrificar aquele [...].[205]

Mas lembra que o exercício de preferência não será possível "se a área arrendada for inferior à área da fração mínima de parcelamento".[206]

Isso porque não seria possível o parcelamento/desmembramento da área para a sua aquisição e, então, não se pode obrigar o proprietário (ou o terceiro adquirente) a deter a área maior em condomínio com o arrendatário.

De todo modo, consideramos, que dada a falta de previsão legal expressa, não se pode obrigar o proprietário nem os arrendatários futuros proprietários a parcelar seu imóvel, salvo o direito de qualquer condômino de exigir a divisão da coisa comum, a qualquer tempo.

A jurisprudência do STJ, por outro lado, considera que "o direito de preferência se restringe à área arrendada, não amplia sobre maior extensão de terra, localizada no mesmo imóvel que tenha sido objeto da venda". (Acórdão de 04/03/1999, da 3ª Turma do STL, nos autos do RESP 171.396, tendo como relator o Min. Waldemar Zveiter).

Desse modo, cabe ao proprietário decidir, na hora da venda, se dará preferência ao arrendatário para adquirir a área arrendada ou a totalidade do imóvel onde ela se situa.

---

[205] COSTA, José Bezerra. **Arrendamento rural**: direito de preferência. Goiânia: AB, 1993, p. 148-149.
[206] COSTA, José Bezerra. **Arrendamento rural**: direito de preferência. Goiânia: AB, 1993, p. 149.

O DIREITO DE PREFERÊNCIA NO ESTATUTO DA TERRA (POSIÇÃO DO ARRENDATÁRIO)

Por fim, vale lembrar que, se a coisa arrendada fizer parte de um condomínio, "a preferência do arrendatário cede ante a regra do artigo 1.139 do Código Civil"[207] de 1916, equivalente ao atual artigo 504 do Código Civil vigente, ou seja, o direito de preferência do condômino é superior ao do arrendatário.

Diante das considerações acima, temos as seguintes conclusões parciais:

(1) O proprietário decide, na hora da venda, se oferecerá preferência da área parcial ou total, pois não está obrigado a dividir o bem ou desmembrar a área arrendada, conforme parágrafo primeiro do artigo 46 do Regulamento. Mas, se o proprietário oferecer apenas preferência na área arrendada (parcial), o arrendatário não terá direito de preferência na compra de área maior, ainda que objeto de venda a terceiros.

(2) Se oferecida preferência pela área total e houver mais de um arrendatário interessado, deverão os arrendatários adquirir a área total, na proporção da área arrendada por eles, sendo certo que: (I) se o bem for divisível, o bem poderá ser dividido para que cada arrendatário adquira uma parte específica do bem, por acordo entre os arrendatários, ou por ação de divisão de coisa comum, nos termos da lei, ou (II) se o bem for indivisível (no sentido físico ou econômico), qualquer dos arrendatários poderá exigir a extinção do condomínio, nos termos da lei.

(3) O direito de preferência do condômino é superior ao do arrendatário.

3.2.3. Direito de preferência do subarrendatário

Para alguns autores, o direito de preferência não se aplica aos contratos de subarrendamento.[208]

José Bezerra Costa afirmava, em 1993 que: "A jurisprudência inadmite que se estenda ao subarrendatário direito de preferência, porque se trata de restrição ao direito de propriedade e, portanto, impossível interpreta-

---

[207] COSTA, José Bezerra. **Arrendamento rural**: direito de preferência. Goiânia: AB, 1993, p. 86.

[208] Nesse sentido, por exemplo: ALVARENGA, Octávio Mello. **Curso de direito agrário**. Brasília: Fundação Petrônio Portella, 1982, p. 101.

DIREITO AGRÁRIO

ção ampliativa".[209] Mas o autor era contrário a tal entendimento, porque é o subarrendatário que trabalha a terra:

> O direito de preferência obedece a razões econômico-sociais e o beneficiário da norma legal deve ser aquele que assume os riscos da exploração da terra, nela empenhando capital e trabalho.
>
> Não vemos a concessão do direito de preferência ao subarrendatário como aumento das restrições do direito de propriedade do arrendador, porque a restrição já está prevista em lei. Ocorreria, *in casu*, o deslocamento de titularidade da prelação do arrendatário ao subarrendatário.[210]

No mesmo sentido, defende Helena Maria Bezerra Ramos: "se o objetivo da preempção é proteger a pessoa que está explorando a área e esta é o subarrendatário, também ela deveria ter preferência, até contra o arrendatário, que não está explorando a terra."[211]

Em sentido contrário Nelson Demétrio defende que a omissão da Lei e seu Regulamento devem ser entendidas como "exclusão legal"[212], não se aplicando a preferência aos contratos agrários de subarrendamento.

Nas locações de imóveis urbanos, inexiste tal discussão, vez que o artigo 30 da Lei do Inquilinato (Lei nº 8.245/91)[213] prevê expressamente o direito de preferência do sublocatário (obviamente trata-se de sublocação autorizada pelo locador, pois a não autorizada não pode ser a ele oposta, caracterizando inadimplemento do contrato de locação).

---

[209] COSTA, José Bezerra. **Arrendamento rural**: direito de preferência. Goiânia: AB, 1993, p. 97.

[210] COSTA, José Bezerra. **Arrendamento rural**: direito de preferência. Goiânia: AB, 1993, p. 97-98.

[211] RAMOS, Helena Maria Bezerra. **Contrato de arrendamento rural**: teoria e prática. Curitiba: Juruá, 2012, p. 109.

[212] DEMÉTRIO, Nelson. **Doutrina e prática do direito agrário**. São Paulo: Pró Livro, 1980, p. 171.

[213] Art. 30. Estando o imóvel sublocado em sua totalidade, caberá a preferência ao sublocatário e, em seguida, ao locatário. Se forem vários os sublocatários, a preferência caberá a todos, em comum, ou a qualquer deles, se um só for o interessado. Parágrafo único. Havendo pluralidade de pretendentes, caberá a preferência ao locatário mais antigo, e, se da mesma data, ao mais idoso.

O DIREITO DE PREFERÊNCIA NO ESTATUTO DA TERRA (POSIÇÃO DO ARRENDATÁRIO)

No Direito Italiano, Guido Jesu[214] aponta que a jurisprudência afasta o direito de preferência do arrendatário quando há subarrendamento e, portanto, o arrendatário deixa de ser o cultivador direto da terra:

> Subarrendamento – realizado em violação da lei (artigo 21 da Lei nº 11, de 11 de fevereiro de 1971) – comportando a inserção de uma nova entidade na gestão do cultivo do solo, elimina a condução direta do arrendatário, com a consequência de que a este último não importa, no caso da venda do fundo, o direito de preferência estabelecido pela Lei nº 590 de 1965 (Supremo Tribunal Federal, do Código Civil. Sect. III, 04 de outubro de 1986 nº 5.901).[215]

Na nossa opinião, se o subarrendamento foi autorizado pelo proprietário, cabe ao subarrendatário direito de preferência, mas não ao arrendatário.

Diante das considerações acima, temos as seguintes conclusões parciais:

Existe direito de preferência do subarrendatário (e não do arrendatário), desde que o subarrendamento tenha contado com o consentimento do arrendador.

3.3. Notificação para exercício do direito de preferência (*denuntiatio*)
3.3.1. Condições da oferta

O proprietário, uma vez que tenha intenção de vender o bem preempto, deverá notificar o titular do direito de preferência, para que se manifeste sobre a intenção de compra do bem, nas mesmas condições. Uma vez

---

[214] JESU, Guido. **La prelazione legale agraria**: lineamenti dell'istituto e rassegna giurisprudenziale. Milano: Giuffrè, 2004, p. 13.

[215] Tradução livre, do original: "Il subaffitto – anchorché effetuatto in violazione di legge (art. 21 L.11 febbraio 1971 n.11) – comportantdo l'inserimento di un nuovo soggetto nella gestione della coltivazione del fondo, elimina la conduzione diretta dell'affittuario, con la conseguenza che a quest'ultimo non compete, in caso di vendita del fondo stesso, il diritto di prelazione stabilitto dalla legge n. 590 del 1965 (Cass. civ. sez. III, 4 ottobre 1986 n. 5901)."

DIREITO AGRÁRIO

que tem o preferente direito de compra, nas mesmas condições oferecidas pelo ou ao terceiro, tais condições devem ser indicadas na notificação (*denuntiatio*).

É obrigação e não faculdade do outorgante dar conhecimento ao preferente de sua intenção e das condições da venda.

Carla Wainer Chalréo Lgow lembra que "a simples chamada ao preferente para contratar em certas condições não supre a realização da denuntiatio. É com base na comunicação que o preferente manifestará sua intenção em exercer, ou não, o seu direito potestativo."[216]

Em outras palavras, o proprietário do bem preempto não se libera da obrigação enquanto a *denuntiatio* não for completa e contiver todos os elementos necessários a converter o direito de preferir em direito de prelação ou opção de compra, isto é, a permitir o exercício do direito de compra, caso o preferente tenha interesse.

O autor português António Carvalho Martins esclarece:

> [...] o pacto de preferência, tal como o direito legal de preferência, ao invés do que sucede com o contrato-promessa, não envolve a obrigação de contratar (de vender, de arrendar, etc.), mas apenas a de, querendo a pessoa contratar, escolher certa pessoa para contratar – o preferente –, antes de qualquer outra, em igualdade de circunstâncias (tanto por tanto) como sua contraparte; logo, o direito de preferência só pode ser exercido a partir do momento em que o obrigado à preferência manifesta a vontade de contratar e revela as condições em que pretende fazê-lo.[217]

O artigo 416 do Código Civil Português é mais rigoroso que as normas brasileiras atinentes à *denuntiatio*, ao estabelecer a obrigatoriedade de comunicar ao titular do direito "o projecto de venda e as cláusulas do respectivo contrato."

Todavia, discute-se sobre a necessidade ou não de indicar ao titular do direito de preferência o nome do terceiro interessado na compra do bem preempto.

O autor português António Menezes Cordeiro indica que também deve ser identificada a pessoa do terceiro interessado na aquisição do bem

---

[216] LGOW, Carla Wainer Chalréo. **Direito de preferência**. São Paulo, Atlas, 2013, p. 86.

[217] MARTINS, António Carvalho. **Preferência**. Coimbra: Coimbra, 2001, p. 29.

O DIREITO DE PREFERÊNCIA NO ESTATUTO DA TERRA (POSIÇÃO DO ARRENDATÁRIO)

preempto, "a comunicação será ineficaz se, depois, o negócio definitivo for celebrado com pessoa diferente da indicada na comunicação."[218]

Por sua vez, o autor português Carlos Lacerda Barata, considera que, em regra, não seria necessária a indicação, salvo quando:

a) a realização do perspectivado contrato com o terceiro conduza a que este e o preferente vão subsistir relações jurídicas, v.g. em sede de compropriedade e de arrendamento; e

b) mesmo que a celebração do contrato preferível com o terceiro não origine a constituição de uma relação jurídica entre este e o titular do direito de preferência, quando o nome do terceiro constituir dado essencial para uma correta formação da vontade de preferir.[219]

Também a legislação Italiana obriga indicar o nome do terceiro adquirente (conforme Lei nº 590 de 1965, artigo 8).

No Brasil, inexiste a obrigação legal expressa de indicar a pessoa do terceiro adquirente, até porque tal elemento não é necessário para o eventual exercício da opção de compra que se completa com a notificação, mas, se a pessoa do adquirente for importante para a decisão sobre o exercício ou não do direito, em especial no caso do o imóvel locado, arrendado ou objeto de parceria que venha a ser oferecido à venda ao concorrente do locatário, arrendatário e/ou parceiro outorgado, é de se esperar, pelo dever de boa fé contratual, que tal informação seja incluída na *denuntiatio*, sob pena de a mesma ser tida como ineficaz, em caso de posterior venda ao concorrente.

Luis Díez Picazo e Antonio Gullón[220] apontam que na Lei de Arrendamentos Rústicos de 1980 (revogada pela lei de arrendamentos rústicos nº 49/2003, de 26 de novembro[221]) exigia a indicação do nome e circunstâncias do adquirente. A lei vigente, apenas obriga a indicar os "elementos essenciais" do contrato (conforme artigo 22).

---

[218] CORDEIRO, António Menezes. **Tratado de Direito Civil Português**. 2v.: Direito das obrigações t.2.: Contratos. Negócios unilaterais. Coimbra: Almedina, 2010, p. 497-498.

[219] BARATA, Carlos Lacerda. **Da obrigação de preferência**: contributo para o estudo do artigo 416 do Código Civil. Coimbra: Coimbra, 2002, p. 126.

[220] DÍEZ-PICAZO, Luis; GULLÓN, Antonio. **Sistema de derecho civil**. v.III. Derecho de cosas y derecho inmobiliario registral. Madrid: Tecnos, 2001, p. 517.

[221] Disponível em: Acesso em: 17 jul., 2014.

DIREITO AGRÁRIO

Todavia, como a referida Lei também assegura o direito de preferência do arrendatário em toda transmissão *inter vivos*, ou seja, inclusive em caso de doação, permuta, integralização de capital social, etc, a *denuntiatio* deve conter o preço ou, na falta dele (se a transmissão for gratuita), o outorgante do direito de preferência deve indicar, uma estimativa do que considere justo.

Guido Jesu[222] indica que, no Direito Italiano, é inidônea a notificação da intenção de celebrar contrato com pessoa a declarar, exceto quando se trata de direito de preferência de proprietário de imóvel confrontante[223].

Rogério Lauria Tucci e Álvaro Villaça Azevedo[224] destacam a necessidade de que, "sendo o notificante casado, a notificação deverá ser efetuada por ambos".

Todavia, vale lembrar que, conforme artigo 176 do Código Civil: "Quando a anulabilidade do ato resultar da falta de autorização de terceiro, será validado se este a der posteriormente."

Seguindo este raciocínio, se o arrendatário for herdeiro necessário do arrendante, haveria, em princípio, a necessidade de participação dos outros herdeiros, conforme artigo 496 do Código Civil vigente: "É anulável a venda de ascendente a descendente, salvo se os outros descendentes e o cônjuge do alienante expressamente houverem consentido."

Todavia, não nos alinhamos com tal entendimento, pois a *denuntiatio* é contrato preliminar em formação (meio contrato preliminar de compra e venda), de modo que a vênia conjugal ou anuência dos herdeiros, ou outras pessoas necessárias à transferência de propriedade somente seriam necessárias no contrato definitivo, assunto que retomaremos no item 3.3.1, abaixo.

Quanto ao conteúdo da *denuntiatio*, estranhamente, há quem defenda, a exemplo do seguinte trecho, extraído da obra de Silvia C. B. Opitz e Oswaldo Opitz, que as condições para exercício do direito de prefe-

---

[222] JESU, Guido. **La prelazione legale agraria**: lineamenti dell'istituto e rassegna giurisprudenziale. Milano: Giuffrè, 2004, p. 54-55.

[223] Conforme artigo 7 da Lei nº 817 de 1971, também o cultivador direto do imóvel confrontante tem direito de preferência, na Lei italiana: Disponível em: http://www.normattiva.it. Acesso em: 05 jan., 2015.

[224] TUCCI, Rogério Lauria; AZEVEDO, Álvaro Villaça. Direito de preferência. In: **Revista do Advogado**. Associação dos Advogados de São Paulo, n. 45, p. 41-56, jan., 1995, p. 54.

rência referem-se ao preço e não à forma de pagamento ajustada com o terceiro:

> Quando a lei fala nas mesmas condições, quer se referir ao preço fixado na compra e venda e constante da escritura transcrita, porque o objeto da obrigação é indivisível. Não se deve confundir o preço com a forma de pagamento, que é outra coisa muito diferente. O pagamento do preço pode ser parcelado, mas ele continua uno em seu todo. Por isso, não pode o arrendatário pretender uma vantagem personalíssima conferida ao estranho, em seu favor. Por isso, para ter direito à preempção do art. 92, §4, do ET deve depositar o preço, não as prestações devidas, à medida que se forem vencendo.[225]

Agostinho Alvim, embora referindo-se ao direito de preferência do condômino defendia, em 1961, posição oposta, com a qual nos alinhamos:

> O que principalmente interessa é o preço, não as condições do negócio.
> Se um estranho oferece duzentos, não pode o condômino oferecer menos, sob o fundamento de que seu pagamento é à vista, e do estranho a prazo, ou de que dá melhores garantias, ou outras compensações. [...]
> Nem poderia ser de outro modo. Aliás, o que se oferece como vantagem (por exemplo, pagamento à vista) pode, na hipótese, ser desvantagem, para quem deseja ficar com o dinheiro empregado. E assim por diante.
> Todavia, como o Código às vezes diz: "tanto por tanto" e, outras vezes diz "em condições iguais", pode parecer que o preço interessa *principalmente*, não sendo possível, entretanto, desprezarem-se por completo outras condições do negócio. [...]
> O art. 1.149 do Código Civil repete a expressão "tanto por tanto", e o art. 1.155, reitera a locução "em condições iguais".
> Mas já o art. 1.156 fala em preço e *vantagens*.
> De tudo se conclui que o preferente deve igualar o preço e cada uma das vantagens: garantias, taxas de juros, etc. Daí a expressão, "em condições iguais". [...]
> Cabe indagar: é sempre direito do preferente obter a preferência, por estar em condições iguais?

---

[225] OPITZ, Silvia C. B; OPITZ, Oswaldo. **Curso completo de direito agrário.** 8. ed. São Paulo: Saraiva, 2014, p. 325.

DIREITO AGRÁRIO

Nem sempre.

Se, por exemplo, a venda vai ser feita a prazo e sem fiador, não póde o preferente pleitear para si essas condições, pois o outro pretendente pode merecer mais confiança, e isso dispensará garantias. Confiança não se impõe.

Mas, se o preferente oferecer fiador idôneo ou garantia real, já não se poderá objetar contra êle.

A preferência é um direito; e o seu titular não pode ser afastado do negócio, uma vez que a soma a pagar seja a mesma, o prazo, se houver, seja o mesmo, e a garantia seja perfeitamente satisfatória.[226]

Vale lembrar que o Estatuto da Terra também utiliza, no dispositivo que trata do direito de preferência do arrendatário[227], a expressão "em igualdade de condições", por isso se justifica que a forma de pagamento, mas não apenas o preço, sejam iguais.

José Osório de Azevedo Júnior na mesma linha, acrescenta, ao comentar a preferência como pacto adjeto da compra e venda:

A forma de pagamento também precisa ser a mesma, ou muito semelhante, isto é, precisa ficar claro que o ora vendedor não vai sofrer qualquer desvantagem com a venda para o preferente. Tudo deve ser examinado com sensatez e em conformidade com o princípio da boa fé e da probidade.[228]

José Bezerra Costa, também entende que "o termo "igualdade de condições" não está na acepção restrita, ou seja, igualdade de preço, mas abarca todas as cláusulas da alienação, inclusive a forma de pagamento."[229] E explica o seu entendimento:

A prevalecer convicção contrária, estar-se-á dificultando o exercício da preferência, porque nas vendas a prazo, obrigatoriamente embute-se a desvalorização da moeda no preço, constando, da escritura, importância nominal-

---

[226] ALVIM, Agostinho. **Da compra e venda e da troca**. Rio de Janeiro: Forense, 1961, p. 122-123.

[227] Artigo 92, §3º.

[228] AZEVEDO JÚNIOR, José Osório de. **Compra e venda, troca ou permuta**. 3.ed. São Paulo: RT, 2005, p. 100.

[229] COSTA, José Bezerra. **Arrendamento rural**: direito de preferência. Goiânia: AB, 1993, p. 135.

mente maior, a título de juros e correção monetária. Obrigando o preemptor a antecipar todo o preço, força-o ao pagamento de quantia realmente maior, eis que a correção monetária apenas recompõe o valor da compra do dinheiro.[230]

Conforme decisão da 3ª Turma do STJ, de 20 de março de 2012, nos autos do RESP 1.148.153 MT, tendo como relator o Min. Paulo de Tarso Sanseverino, acaso se entenda que o direito de preferência também pode ser exercido em venda judicial do imóvel arrendado, neste caso, na notificação sobre a venda não poderá constar desde logo o preço, mas deve ser dada oportunidade ao preferente de saber a data, hora e local da venda para exercer, caso queira, a preferência:

> Naturalmente, não é possível dar ao arrendatário ciência prévia quanto ao *preço* do negócio. Mas é imprescindível sua ciência inequívoca da praça, com antecedência de trinta dias, mediante notificação pessoal, como diz a Lei, para que ele possa comparecer e formular uma proposta, no mínimo, equivalente ao maior lanço. Se essa notificação não é feita, considera-se frustrada a oportunidade de participação na praça e nasce, para o arrendatário, a pretensão ao ajuizamento da ação de preferência descrita no §4º do referido art. 92.

Como apontado neste item, as condições da oferta da *denuntiatio* incluem além do preço, a forma de pagamento e, se a boa fé o exigir, o nome do terceiro adquirente, sob pena de ineficácia da *denuntiatio* e, portanto, o seu recebimento não dará início à contagem do prazo para exercício do direito de prelação.

Diante das considerações acima, temos as seguintes conclusões parciais:

(1) A *denuntiatio* deve conter todas as condições da oferta, não apenas preço, mas também condições de pagamento.

(2) A *denuntiatio* tem efeito de proposta irrevogável de contrato ou contrato (preliminar) de compra e venda em formação, pois, uma vez exercida a

---

[230] COSTA, José Bezerra. **Arrendamento rural**: direito de preferência. Goiânia: AB, 1993, p. 136.

DIREITO AGRÁRIO

> preferência, torna-se perfeito o contrato preliminar de compra e venda. Ainda que falte a manifestação de vontade ou anuência de terceiros, a *denuntiatio* é considerada válida e quem a envia dessa forma promete fato de terceiro, nos termos do artigo 439 do Código Civil.
>
> (3) No Brasil, inexiste a obrigação legal expressa de indicar a pessoa do terceiro adquirente na *denuntiatio*, até porque tal elemento não é necessário para o eventual exercício da opção de compra que se completa com a notificação, mas, se a pessoa do adquirente for importante para a decisão sobre o exercício ou não do direito, em especial no caso do imóvel locado, arrendado ou objeto de parceria que venha a ser oferecido à venda ao concorrente do locatário, arrendatário e/ou parceiro outorgado, é de se esperar, pelo dever de boa fé contratual, que tal informação seja incluída na *denuntiatio*, sob pena de a mesma ser tida como ineficaz, em caso de posterior venda ao concorrente.

3.3.2. Natureza jurídica da notificação (denuntiatio)

Rogério Lauria Tucci e Álvaro Villaça Azevedo[231], embora tratando do direito de preferência do locatário, defendiam, em 1995, ter a notificação a natureza de proposta de contrato.

José Bezerra Costa, na mesma linha, entende que:

> Fazendo a notificação com o esclarecimento do preço pelo qual a coisa vá ser vendida, há proposta de contrato de compra e venda. A proposta do contrato obriga o proponente, se o contrário não resultar os termos dela, da natureza do negócio ou das circunstâncias do caso.[232]

Nós entendemos, por outro lado, que embora tenha os mesmos efeitos que uma proposta irrevogável de contrato de venda do bem prempto, a notificação, contém os elementos faltantes para que seja completado, e então possa ser exercida, a faculdade de compra do titular do direito

---

[231] TUCCI, Rogério Lauria; AZEVEDO, Álvaro Villaça. Direito de preferência. In: **Revista do Advogado**. Associação dos Advogados de São Paulo, n. 45, p. 41-56, jan., 1995, p. 47.

[232] COSTA, José Bezerra. **Arrendamento rural**: direito de preferência. Goiânia: AB, 1993, p. 100.

O DIREITO DE PREFERÊNCIA NO ESTATUTO DA TERRA (POSIÇÃO DO ARRENDATÁRIO)

de preferência, ou seja, a notificação preenche os elementos faltantes da opção de compra em formação, completando-a, e transforma o direito de ser preferido em direito de prelação.

O direito de preferência, conforme já mencionamos antes, em sua fase inicial, é uma opção de compra em formação, isto é, cujos elementos da venda (que pode nunca vir a existir) ainda não foram definidos.

Assim, o autor italiano Rocco Favale menciona a teoria que considera que a *denuntiatio* transforma a preferência em opção, mas explica que não se alinha a ela, conforme trecho abaixo:

> de certa forma, o acordo pelo qual uma pessoa se obriga, em igualdade de condições, a preferir a contraparte na hipótese de decidir celebrar um acordo determinado é qualificado como uma *species* de opção.
>
> Outra corrente defende o argumento de que a *denuntiatio* seria susceptível de transformar a preferência do seu titular em direito de opção.
>
> A doutrina mais atenta aponta que como no acordo de preferência o outorgante não tem o poder de constituir unilateralmente o contrato final com a sua exclusiva manifestação de vontade. A obrigação de preferência só surge quando o outorgante tenha decidido concluir o contrato, mediante a emissão da *denuntiatio*.[233] (tradução nossa[234]).

Com o devido respeito à opinião, a obrigação de preferir existe desde a celebração do acordo de preferência ou desde a celebração de contrato que assegure o direito legal de preferência. O que surge com a intenção de venda, mediante a emissão da *denuntiatio* é a opção de compra do bem preempto (o direito de prelação).

---

[233] FAVALE, Rocco. **Il Codice Civile commentario**. Opzione. Art. 1.331. Milano: Giuffrè, 2009, p. 48-49.

[234] Texto original: "in un certo modo l'accordo alla luce del quale un soggetto si obbliga, a parità di condizioni a preferire la contraparte nell'ipotesi che decida di stipulare un determinato contratto è qualificato come una species di opzione. Su diverso versante si è posta la tesi secondo la quale la denuntiatio del soggetto obbligato sarebbe idonea a trasformare la preferenza del soggetto favorito in diritto d'opzione.

La dottrina più attenta rileva come nel patto di prelazione il promissario non ha il potere di costituire in solitudine il contratto definitivo con la sua sola manifestazione do volontà. L'obligo di preferenza sorge solamente allorquando il promitente ha deciso di concludere il contratto mediante l'emissione della denuntiatio."

DIREITO AGRÁRIO

Ora, o proprietário de bem preempto pode abster-se de vender o bem preempto a terceiro, durante a vigência do direito de preferência, ou optar por vender o bem a terceiro. Se optar por não vender o bem, isso não significa que o direito de preferência não existiu, apenas que nunca se transformou o direito de preferir em direito de compra, porque, de fato, não tem o proprietário do bem preempto obrigação de vender o bem, apenas obrigação de dar preferência, se optar por vendê-lo. Passa, sim, o proprietário a ter obrigação de vendê-lo, se enviar a *denuntiatio* ao preferente e esse manifestar interesse na compra.

Camino Sanciñena Asurmendi[235], ao diferenciar as preferências legais dos direitos de opção previstos em lei, deixa bem claro que são institutos bastante semelhantes, esclarecendo que "Nos direitos de preferência de aquisição, a lei não fixa o preço para a aquisição do bem. O preço e as condições da aquisição vem determinadas pela decisão do transmitente de vender ao terceiro (tradução nossa[236])."

O proprietário do bem depende de proposta ou aceitação de proposta de venda por terceiro. Caso contrário, qualquer notificação da intenção direta ao titular do direito de preferência não seria *denuntiatio* (notificação que converte a preferência em opção de compra), mas apenas proposta de contrato ou convite a contratar (conforme contenham ou não todos os elementos necessários à formação do contrato, com a aceitação).

É o contrato de preferência um contrato de formação progressiva, como classificação da doutrina italiana, trazida por Javier Talma Charles:

> Na prática jurídica moderna descobriu-se a utilidade proporcionada pelo aperfeiçoamento em etapas de um contrato; de modo que, com relação aos pontos sobre os quais já existe acordo, é fechado o negócio para evitar ter que voltar a discuti-las; prosseguimento nas negociações apenas com relação ao conteúdo remanescente do contrato, que parece necessitar de mais maturação antes de chegar ao compromisso final. Nesta linha, a doutrina italiana tem estudado a questão da formação progressiva do contrato e no aprofundamento

---

[235] ASURMENDI, Camino Sanciñena. **La opción de compra**. 2. ed. Madrid: Dykinson, 2007, p. 122.

[236] Texto original: "En los derechos de adquisición preferente, la ley no fija el precio para la adquisición de la cosa. El precio y las condiciones de la adquisición vienen determinadas por la decisión del transmitente de vender al tercero."

dessas ideias, chegou a definir a categoria de contratos de formação progressiva, que compreende em si os seguintes: a proposta irrevogável, o contrato preliminar, a opção, e a preferência.[237] (tradução nossa[238]).

Equivalendo a notificação a proposta irrevogável de contrato ou, no nosso entendimento, a elemento que completa a formação da opção de compra, uma vez feita a notificação, o proprietário não poderá desistir da venda, salvo se o notificante-proprietário fizer chegar ao conhecimento do arrendatário a retratação, antes ou junto com a notificação (conforme artigo 428, IV do Código Civil vigente[239]).

E como acrescenta o autor português, António Carvalho Martins:

> Se o titular da preferência declarar, dentro do prazo, que quer preferir, essa declaração torna perfeito o contrato de compra e venda, se revestida da forma exigida para este e se a declaração da outra parte também satisfizer a essa forma, desde que a comunicação do obrigado à preferência signifique uma proposta ou oferta do contrato, e a declaração do titular uma aceitação dela. [...] Declarada a preferência e caso ela não baste para que se tenha o contrato por celebrado e perfeito, caberá ao promitente e ao preferente efectivá-lo, no prazo estabelecido no artigo 1458.º, nº 2, do Código de Processo Civil[240], se

---

[237] CHARLES, Javier Talma. **El contrato de opción**. Barcelona: Bosch, 1996, p. 66-67.

[238] Texto original: "En la práctica jurídica moderna se ha descubierto la utilidad que reporta el perfeccionamiento de un contrato por etapas; de modo que con relación a aquellos puntos sobre que ya exista acuerdo, el trato se cierra para no tener que volver a discutir sobre los mismos; continuando la negociación tan solo con relación al restante contenido del contrato, que parece requerir una ulterior maduración antes de alcanzar el compromiso definitivo. En esta línea, la doctrina italiana ha estudiado el tema de la formación progresiva del contrato y, en la profundización de estas ideas, se ha llegado a elaborar la categoría de los contratos de formación progresiva, que comprendería dentro de sí los siguientes: la oferta irrevocable, el contrato preliminar, la opción, y el tanteo."

[239] Art. 428. Deixa de ser obrigatória a proposta: I – se, feita sem prazo a pessoa presente, não foi imediatamente aceita. Considera-se também presente a pessoa que contrata por telefone ou por meio de comunicação semelhante; II – se, feita sem prazo a pessoa ausente, tiver decorrido tempo suficiente para chegar a resposta ao conhecimento do proponente; III – se, feita a pessoa ausente, não tiver sido expedida a resposta dentro do prazo dado; IV – se, antes dela, ou simultaneamente, chegar ao conhecimento da outra parte a retratação do proponente.

[240] Artigo 1.458.º (Termos a seguir) 1. Quando se pretenda que alguém seja notificado para exercer o direito de preferência, especificar-se-ão no requerimento o preço e as restantes cláusulas do contrato projectado, indicar-se-á o prazo dentro do qual, segundo a lei civil, o

DIREITO AGRÁRIO

houver notificação judicial; de contrário, serão aplicáveis as normas que regulam o cumprimento das obrigações sem prazo certo.[241]

Ou seja, forma-se o contrato de compra e venda com o exercício da opção de compra ou direito de prelação.

José Bezerra Costa defende opinião, com a qual não nos alinhamos, que:

> No caso da prelação agrária, chegando a retratação depois que o arrendatário recebeu a oferta, mas antes de expedir a resposta, entendemos que não terá validade e sujeitará o proprietário ao pagamento de perdas e danos, caso o arrendatário comprove ter sofrido prejuízos.[242]

No mesmo sentido, Wellington Pacheco Barros afirma que:

> O arrependimento ou a desistência com relação à venda pelo parceiro-outorgante no interregno do trintídio de resposta do parceiro-outorgado, em princípio, não gera a este qualquer direito de aquisição do imóvel cedido. Todavia, se por algum motivo o parceiro-outorgado fez despesas para tentar adquirir o imóvel, desde que demonstradas, o parceiro-outorgante deve por elas responder.[243]

direito pode ser exercido e pedir-se-á que a pessoa seja pessoalmente notificada para declarar, dentro desse prazo, se quer preferir. 2. Querendo o notificado preferir, deve declará-lo dentro do prazo indicado nos termos do número anterior, mediante requerimento ou por termo no processo; feita a declaração, se nos 20 dias seguintes não for celebrado o contrato, deve o preferente requerer, nos 10 dias subsequentes, que se designe dia e hora para a parte contrária receber o preço por termo no processo, sob pena de ser depositado, podendo o requerente depositá-lo no dia seguinte, se a parte contrária, devidamente notificada, não comparecer ou se recusar a receber o preço. 3. O preferente que não observe o disposto no número anterior perde o seu direito. 4. Pago ou depositado o preço, os bens são adjudicados ao preferente, retrotraindo-se os efeitos da adjudicação à data do pagamento ou depósito. 5. Não é admitida oposição à notificação com fundamento na existência de vícios do contrato em relação ao qual se vai efectivar o direito, susceptíveis de inviabilizar o exercício da preferência, os quais apenas pelos meios comuns podem ser apreciados. 6. O disposto nos números anteriores é aplicável, com as necessárias adaptações, à obrigação de preferência que tiver por objecto outros contratos, além da compra e venda.

[241] MARTINS, António Carvalho. **Preferência**. Coimbra: Coimbra, 2001, p. 23-24.

[242] COSTA, José Bezerra. **Arrendamento rural**: direito de preferência. Goiânia: AB, 1993, p. 101.

[243] BARROS, Wellington Pacheco. **Contrato de parceria rural**: doutrina, jurisprudência e prática. Porto Alegre: Livraria do Advogado, 1999, p. 82.

O DIREITO DE PREFERÊNCIA NO ESTATUTO DA TERRA (POSIÇÃO DO ARRENDATÁRIO)

Todavia, como antecipamos, não nos alinhamos a tais entendimentos pois, uma vez transformada a preferência em opção de compra, o distrato da opção de compra depende de manifestação do preferente, sendo-lhe facultada, inclusive, a execução específica, em caso de recusa do outorgante em adimplir a obrigação de venda do bem. Ademais, a indenização por perdas e danos também seria uma alternativa, a critério do preferente.

A falta da *denuntiatio* completa, isto é, com todos os elementos para que seja possível o exercício da opção de compra pelo titular do direito de preferência equivale à falta de *denuntiatio*, não liberando o proprietário do dever de vender o bem preempto ao titular do direito de preferência, se este tiver intenção na compra, de modo que, não passa a correr o prazo para exercício da opção de compra do bem preempto, eis que os elementos da opção de compra não são do conhecimento do titular do direito de preferência.

Vale frisar ainda, que, nesta hipótese (de *denuntiatio* incompleta), o preferente não tem a obrigação, mas a faculdade de solicitar os dados faltantes, sem que isso signifique renúncia a seu direito ou contraproposta de compra.

Vendido o bem preempto a qualquer terceiro, ainda que tenha havido uma *denuntiatio* incompleta, poderá o titular da preferência exercer seu direito de compra contra tal terceiro adquirente (direito potestativo modificativo), se o seu direito de preferência tiver eficácia real (substituindo o adquirente no contrato de compra e venda), ou poderá opor seu direito ao adquirente de má-fé, se o seu direito de preferência tiver natureza pessoal, anulando a venda feita com violação ao seu direito. No caso da preferência do arrendatário, vale lembrar que tem eficácia real.

Em qualquer caso, o titular do direito de preferência pode, ainda, optar pela indenização por perdas e danos, em razão da violação do seu direito de preferência, pelo proprietário, sendo certo que o adquirente de má fé ou que tenha conhecimento do direito de preferência (presumindo-se o conhecimento do direito de natureza real) também responderá por perdas e danos.

Retomaremos mais adiante a questão da possibilidade de execução específica do direito de preferência violado (no item 11 deste trabalho) e a responsabilidade do terceiro adquirente pela violação do direito de preferência (no item 9.3 deste trabalho).

DIREITO AGRÁRIO

Diante das considerações acima, temos as seguintes conclusões parciais:

(1) O contrato de preferência é um contrato de formação progressiva. A notificação preenche os elementos faltantes da opção de compra em formação, completando-a, e transforma o direito de ser preferido em direito de prelação (opção de compra).

(2) A notificação incompleta equivale à falta de notificação.

(3) Uma vez feita a notificação, o proprietário não poderá desistir da venda, salvo se o notificante-proprietário fizer chegar ao conhecimento do arrendatário a retratação, antes ou junto com a notificação.

(4) Uma vez feita a notificação, ainda que o proprietário venha a desistir da venda, estará formada a opção de compra, podendo, então, o preferente exercê-la e formar o contrato (preliminar) de compra e venda do bem.

(5) O distrato da opção de compra depende de manifestação de ambas as partes.

3.4. Exercício do direito de preferência (a opção de compra)

O Estatuto da Terra estabelece o prazo de 30 dias para que o arrendatário se manifeste quanto à intenção de comprar o bem preempto. Este é o prazo para exercício do direito potestativo constitutivo, isto é, da opção de compra em que houve a regular e completa *denuntiatio*.

A lei não traz nenhuma formalidade para tal exercício, mas a declaração deve ser uma adesão completa aos termos da *denuntiatio*, para ser entendida como exercício da opção de compra. Caso contrário, será entendida como nova proposta de contrato.

Para o exercício do direito potestativo modificativo, ou seja, da opção de compra exercida contra o terceiro adquirente (direito de resgate do bem), o prazo será de 6 meses, "a contar da transcrição do ato de alienação no Registro de Imóveis." (conforme artigo 47 do Regulamento), assunto que sera retomado no item 11.2.2 deste trabalho.

Se o arrendatário não se manifestar em 30 dias da *denuntiatio*, extingue-se o direito de compra do bem preempto (trata-se de prazo decadencial), desde que ele seja vendido ao terceiro, nas condições indicadas na *denuntiatio* (ou seja, desde que a *denuntiatio* tenha sido regular, completa e eficaz).

O DIREITO DE PREFERÊNCIA NO ESTATUTO DA TERRA (POSIÇÃO DO ARRENDATÁRIO)

Também a legislação Italiana estabelece o prazo de 30 dias para exercício da preferência agrária (Lei nº 590 de 1965, artigo 8).

Já a Lei de Arrendamentos Rústicos Espanhola (Lei nº49/2003, de 26 de novembro, modificada pela Lei nº 26/2005, de 30 de novembro), estabelece um prazo de 60 dias para exercício do direito de preferência do arrendatário (artigo 22).

Silvia C. B. Opitz e Oswaldo Opitz apontam que "o silêncio por parte do arrendatário é manifestação de vontade negativa e não renúncia tácita à preempção; daí porque, decorrido o prazo legal, extingue-se o direito."[244]

Trata-se, na realidade, de decadência, isto é, "perecimento de direito por decurso do prazo fixado para seu exercício, sem que o titular o tivesse exercido".[245]

Silvio de Salvo Venosa lembra-nos que "O objeto da decadência, portanto, é o direito que nasce, por vontade da lei ou do homem, subordinado à condição de seu exercício em limitado lapso de tempo."[246]

Na falta de ajustes em contrário, o Código Civil Português[247] estabelece um prazo de apenas 8 (oito) dias para o exercício do direito de preferência.

António Menezes Cordeiro lembra que o prazo "começa a correr perante uma comunicação completa e legitimamente feita e endereçada."[248]

Carla Wainer Chalréo Lgow lembra-nos que "a declaração para preferir poderá ser realizada validamente mesmo diante da ausência da *denuntiatio*, se o preferente vier a tomar conhecimento da constituição de seu direito por outros meios."[249]

Em outras palavras, é evidente que não precisa aguardar a venda efetiva para exercer o resgate do bem, podendo o preferente, desde logo, exercer o direito de compra, uma vez constituído seu direito, isto é, convertido o direito de preferir em prelação.

---

[244] OPITZ, Silvia C. B.; OPITZ, Oswaldo. **Curso completo de direito agrário**. 8.ed. São Paulo: Saraiva, 2014, p.312.

[245] VENOSA, Sílvio de Salvo. **Direito civil**: parte geral. v.1.13. ed. São Paulo: Atlas, 2013, p. 580.

[246] VENOSA, Sílvio de Salvo. **Direito civil**: parte geral. v.1.13. ed. São Paulo: Atlas, 2013, p. 578.

[247] Conforme artigo 416, 2: Recebida a comunicação, deve o titular exercer o seu direito dentro do prazo de oito dias, sob pena de caducidade, salvo se estiver vinculado a prazo mais curto ou o obrigado lhe assinar prazo mais longo.

[248] CORDEIRO, António Menezes. **Tratado de Direito Civil Português**. 2v.: Direito das obrigações t.2.: Contratos. Negócios unilaterais. Coimbra: Almedina, 2010, p. 501.

[249] LGOW, Carla Wainer Chalréo. **Direito de preferência**. São Paulo, Atlas, 2013, p. 100.

DIREITO AGRÁRIO

Uma vez que existam (e deles tome conhecimento o preferente) os elementos que completem a opção de compra, ela pode ser exercida.

Diante das considerações acima, temos as seguintes conclusões parciais:

(1) O arrendatário tem 30 dias do recebimento da *denuntiatio*, para manifestar sua vontade e exercer sua opção de compra (aderindo aos exatos termos da notificação).

(2) Caso não o faça, extingue-se o direito de compra do bem preempto (trata-se de prazo decadencial), desde que ele seja vendido ao terceiro, nas condições indicadas na *denuntiatio* (ou seja, desde que a *denuntiatio* tenha sido regular, completa e eficaz).

(3) Também pode o preferente antecipar-se e exercer sua opção de compra desde logo, se tomar conhecimento dos elementos faltantes da opção de compra por outros meios que não através da notificação.

3.5. Venda judicial do imóvel – continuidade do contrato e exercício do direito de preferência

Ao tratar do direito de preferência como pacto adjeto da compra e venda, Agostinho Alvim defendia, em 1961, que:

> Se, executado o comprador, a coisa fôr vendida em praça, o vendedor não poderá invocar preferência, disputando, para si, a coisa mediante reembolso ao arrematante, solução esta que é mero corolário de não ter êle, vendedor, direito de seqüela.
>
> Nem mesmo poderia, comparecendo à praça, e oferecendo lance igual ou maior, disputar a preferência nessa ocasião.[250]

Agostinho Alvim completava, dizendo que o direito de preferência não se vincula à coisa e, portanto, não teria o preferente direito à indenização, em razão da venda judicial do bem, salvo se houver malícia do proprietário:

---

[250] ALVIM, Agostinho. **Da compra e venda e da troca.** Rio de Janeiro: Forense, 1961, p. 207.

O DIREITO DE PREFERÊNCIA NO ESTATUTO DA TERRA (POSIÇÃO DO ARRENDATÁRIO)

Embora a execução filie-se, muitas vezes, a desperdícios ou imprudências do executado, o certo é que êle não assumiu nenhuma obrigação de não gastar e de ser comedido, de modo a evitar que a coisa, um dia, fosse excutida pelos seus credores.

Êle só responderá por perdas e danos se houver malícia, como na hipótese em que, podendo nomear outro bem à penhora, nomeou justamente êsse (argumento do art. 120 do Código Civil[251]).[252]

Contudo, importante lembrar que tal posição considerava um direito de preferência desprovido de sequela, o que não acontece no direito de preferência previsto na Lei do Inquilinato (desde que registrado o contrato) ou o direito de preferência do arrendatário, previsto no Estatuto da Terra, ou no caso do direito de preferência assegurado ao condômino, conforme voltaremos a discorrer nos itens 3, 4 e 5 no presente trabalho.

Sobre a preferência concedida ao condômino, o mesmo autor defende que alcança as execuções forçadas pelas razões abaixo expostas:

Parece-me que a preferência do condômino deve ser mantida, porque a lei sempre se mostra interessada em reduzir ou extinguir o estado de comunhão (Código Civil, art. 629); *"nemo invitus compellitu ad communionem"* (Ulpiano); há para isso razões de ordem social, econômica e jurídica (Sá Pereira, *Manual do Código Civil*, VIII, pág. 423).

E sobretudo porque a venda em praça, nem por ser compulsória, perde o caráter de venda.[253]

É seguindo esse raciocínio, da eficácia real do direito de preferência do arrendatário que José Bezerra Costa defende existir direito de preferência na venda judicial, por alinhar-se ao princípio da função social da propriedade:

Inobstante a opinião analisada em contrário, somos de parecer que, sabedor do arrendamento em curso, no caso de venda judicial, deve o magistrado

---

[251] Art. 120 do Código Civil de 1916: Reputa-se verificada, quanto aos efeitos jurídicos, a condição, cujo implemento for maliciosamente obstado pela parte, a quem desfavorecer. Concedera-se, ao contrário, não verificada a condição maliciosamente levada a efeito por aquele, a quem aproveita o seu implemento.

[252] ALVIM, Agostinho. **Da compra e venda e da troca**. Rio de Janeiro: Forense, 1961, p. 207.

[253] ALVIM, Agostinho. **Da compra e venda e da troca**. Rio de Janeiro: Forense, 1961, p. 125.

DIREITO AGRÁRIO

dar ciência ao arrendatário do dia da praça, afim de que exerça sua preferência em igualdade de condições com outros licitantes.

Mesmo se não for intimado da praça, deve o arrendatário, se quiser, comparecer no dia designado para leilão, fazendo propostas. Se seu lanço for igual ao do estranho deverá o magistrado dar preferência a ele, deferindo-lhe a arrematação da coisa arrendada.

Tal ilação é extraída da natureza jurídica do direito de preempção, tido como real.

Mesmo se o credor preferir adjudicar a coisa pelo preço de avaliação, caso o arrendatário se ofereça para ofertar igual soma, preservada estará a sua preferência. A vontade do credor é receber e pagamento obterá com a oferta do arrendatário, ao passo que este busca acesso à propriedade, princípio maior a ser obedecido na articulação dos fatos com a função social da propriedade.[254]

Wellington Pacheco Barros também defende, referindo-se ao direito de preferência do parceiro outorgado, que também há direito de preferência na venda judicial: "Existindo o processo judicial, deve o parceiro outorgado ser intimado para que, em igualdade de condições com terceiros, possa adquirir o imóvel rural."[255]

A 24ª Câmara de Direito Privado do TJ-SP, em acórdão de 09 de outubro de 2014, nos autos do Agravo de Instrumento nº 2069234-50.2014.8. 26.0000, tendo como relator o Des. Salles Vieira, embora considerando que a venda em hasta pública sem notificação do arrendatário, titular do direito de preferência, é válida, o direito de resgate do arrendatário permanece, podendo ser exercido no prazo legal (6 meses do registro da compra no cartório de registro de imóveis).

Nós também já tivemos a oportunidade de manifestar nosso entendimento de que o direito de preferência que assiste ao arrendatário também lhe cabe em caso de venda judicial do imóvel arrendado.[256] Assim, vale apenas esclarecer que consideramos que não apenas em caso de venda

---

[254] COSTA, José Bezerra. **Arrendamento rural**: direito de preferência. Goiânia: AB, 1993, p. 91.

[255] BARROS, Wellington Pacheco. **Contrato de parceria rural**: doutrina, jurisprudência e prática. Porto Alegre: Livraria do Advogado, 1999, p. 81.

[256] PERES, Tatiana Bonatti. Vigência do contrato de arrendamento em caso de venda judicial do imóvel arrendado. In: **Revista de Direito Privado**, nº 48, p. 281-295, out.-dez., 2011, p. 287-188.

judicial, mas em caso de venda extrajudicial como forma de execução de garantia, tal direito deve ser respeitado e, em caso de violação, poderá ser exercido, no prazo legal.

Por outro lado, a Lei do Inquilinato[257] afasta, de forma expressa, em seu artigo 32 e parágrafo único[258], o direito de preferência dos casos de perda da propriedade ou da venda por decisão judicial, da perda da propriedade ou da venda por quaisquer formas de realização de garantia, inclusive mediante leilão extrajudicial, além das hipóteses de doação, integralização de capital, cisão, fusão e incorporação.

Silvia C.B. Opitz e Oswaldo Opitz consideram que o direito de preferência legal estabelecido pelo Estatuto da Terra não alcança a venda judicial ou compulsória, por considerarem que a norma acima aplica-se aos casos de arrendamentos rurais, por força do artigo 92, §9º do estatuto da Terra:

> [...] não pode o arrendatário concorrer com o credor adjudicante, em caso de execução. Não cabe também a preferência, se o imóvel arrendado foi arrecadado na falência e for vendido para pagamento dos credores. Em nenhuma dessas hipóteses está impedido o arrendatário de fazer seus lances para evitar que o prédio vá parar em outras mãos. Em igualdade de condições com um arrematante, prevalece a regra legal em seu favor.[259]

Ainda nesta hipótese, vale trazer o que lucidamente esclarece Sérgio Campinho:

> A orientação legal no caso de alienação por decisão judicial vem justificada pela ausência de voluntariedade [...] Mas, diferentemente dos outros casos citados, não há, tecnicamente, uma interdição ao direito de preferência, mas sim uma modificação na condição de seu exercício. Não se tem, nesses termos, a necessidade de o imóvel ser previamente oferecido ao locatário, conforme preceitua o artigo 27 da mesma Lei nº 8.245/91. Mas isso não quer dizer que, concorrendo em igualdade com terceiros no leilão, não lhe deva ser assegurada essa preferência.
>
> A função social da propriedade, aliada ao direito social da moradia (estribados no princípio constitucional da Dignidade da Pessoa Humana, artigo 1º,

---

[257] Lei nº 8.245, de 18 de outubro de 1991.

[258] Incluído pela Lei nº 10.931/2004.

[259] OPITZ, Silvia C. B.; OPITZ, Oswaldo. **Curso completo de direito agrário.** 8. ed. São Paulo: Saraiva, 2014, p. 313.

DIREITO AGRÁRIO

inciso III, da Constituição) justificaria a conclusão para as locações residenciais. Já a função social da empresa, com sua moldura inscrita no artigo 170 e seus incisos da Constituição Federal, que recomenda a salutar providência de preservação da atividade econômica, legitimaria essa mesma conclusão para as locações não-residenciais, amparadas pela renovação compulsória, em proteção ao ponto empresarial (antigo ponto comercial), elemento incorpóreo do estabelecimento.[260]

Helena Maria Bezerra Ramos, por outo lado, defende que o direito de preferência só alcança "a venda comum extrajudicial."[261]

Todavia, a mesma autora defende que o contrato agrário não se interrompe "qualquer que seja a forma de alienação, uma compra e venda comum extrajudicial a terceiro ou judicial, como no caso de arrecadação em falências, venda em hasta pública em execuções, como também no caso de doação, ou mesmo no caso de morte do arrendador que transfere o bem em herança ou legado a outrem [...]"[262], entendimento com o qual nos alinhamos.

Todavia, vale apontar que existe entendimento doutrinário e jurisprudencial em contrário. Por exemplo, em 26 de novembro de 2009, a 36ª Câmara de Direito Privado do TJ/SP, nos autos do Agravo de Instrumento nº 990.09.286023-2, tendo como relator o Des. Arantes Theodoro, decidiu que em caso de arrematação do imóvel rural objeto de parceria, a continuidade do contrato sujeita-se à vontade do arrematante. A mesma decisão entende que o Estatuto da Terra "apenas concede direito de preferência no caso de contrato de arrendamento e, mesmo assim, somente diante da alienação extrajudicial e voluntária do imóvel."[263]

---

[260] CAMPINHO, Sérgio. Regime jurídico do contrato. O contrato de locação na falência. Direito de preferência do locatário do falido. A falência e o princípio da "venda (não) rompe a locação". In: **Revista Semestral de Direito Empresarial**. Rio de Janeiro, n. 2, p. 241-267, jan-jun., 2008, p. 250.

[261] RAMOS, Helena Maria Bezerra. **Contrato de arrendamento rural**: teoria e prática. Curitiba: Juruá, 2012, p. 113.

[262] RAMOS, Helena Maria Bezerra. **Contrato de arrendamento rural**: teoria e prática. Curitiba: Juruá, 2012, p. 119.

[263] No mesmo sentido, a decisão da 7ª Câmara Cível do TJ/MG, em 19 de dezembro de 2005, nos autos da Apelação Cível nº 1.0694.01.003236-5/001, tendo como relator o Des. Edivaldo dos Santos: "A arrematação judicial, por ser de natureza pública, não propicia o direito de preferência."

Contudo, localizamos decisão na mesma linha do entendimento que defendemos, da 3ª Turma do STJ, de 20 de março de 2012, nos autos do RESP 1.148.153 MT, tendo como relator o Min. Paulo de Tarso Sanseverino, em que se reconheceu o direito de preferência do arrendatário "inclusive quando a alienação é judicial", sendo desnecessário o registro do contrato:

1. Consoante o pacificado entendimento desta Corte, não se faz necessário o registro do contrato de arrendamento na matrícula do imóvel arrendado para o exercício do direito de preferência. Precedentes.

2. As normas trazidas à interpretação, buscando a preservação da situação do trabalhador do campo por intermédio do direito de preferência, estão insertas em estatuto de remarcada densidade social, superior, inclusive, àquele próprio da lei de locações de imóveis urbanos (Lei nº 8245/91).

3. Interpretação de seus enunciados normativos, seja gramatical, seja sistemático-teleológica, direcionada à máxima proteção e preservação do trabalhador do campo,

não se podendo, por uma interpretação extensiva, restringir a eficácia do direito de preferência do arrendatário rural.

4. Sem ter o legislador restringido as formas de alienação das quais exsurgiria o direito de preferência, inviável excluir do seu alcance a alienação coativa ou judicial.

5. Reconhecimento da incidência da regra do art. 92 da Lei nº 4.505/64 a qualquer das espécies de alienação, desde que onerosa, tendo em vista inserir-se, dentre os seus requisitos, o adimplemento do preço pago pelos terceiros.

Por outro lado, localizamos uma decisão da 6ª Câmara Cível do TJ/MG, de 03 de junho de 2003, nos autos do Agravo nº 1.0000.00.0325741-7/00, tendo como relator o Des. Célio César Paduani, em que se negou ao parceiro outorgado a pretensão de inserção em eventuais editais de praça da existência de contrato de parceria agrícola, por inexistir previsão legal a amparar a sua pretensão, entendendo-se que este não é o meio hábil para se dar publicidade ao documento. O meio hábil, conforme tal decisão, seria o registro do contrato.

A 14ª Câmara Cível do TJ/MG, por sua vez, em decisão de 13 de setembro de 2007, nos autos do Agravo de Instrumento nº 1.0016.99.006846-8/002, tendo como relator o Des. Antônio de Pádua, considerou desnecessário

DIREITO AGRÁRIO

fazer constar a existência do contrato de arrendamento no edital da praça do imóvel arrendado, pois:

> Opera-se a extinção do contrato de arrendamento rural com a perda do imóvel, considerando-se como "perda" a alienação do bem. Diante da venda do imóvel em hasta pública, não há como assegurar a vigência do arrendamento do bem após a sua alienação judicial, se do contrato não constar cláusula de vigência após a sua alienação e estiver inscrito no Registro de Imóveis da circunscrição respectiva (CC – art. 576), sendo desnecessário, portanto, constar do edital que designa a hasta pública a existência do contrato de Arrendamento Rural que tenha como objeto o imóvel penhorado.

Vilson Ferreto recomenda, "apesar da clara disposição da Lei e do Regulamento"[264], tendo em vista as divergências de entendimento jurisprudencial sobre o tema, que "é bom que seja consignada no contrato esta cláusula e que o mesmo seja averbado no Ofício de Registro de Imóveis."[265]

Em 1995, Pinto Ferreira[266] indicava que as decisões majoritárias pretendiam que o adquirente estava desobrigado a respeitar o contrato, caso não tivesse ocorrido a consignação de cláusula de vigência em caso de alienação.

Contudo, como já tivemos a oportunidade de discorrer sobre o assunto, desnecessária a cláusula de vigência ou tratando do direito de preferência e desnecessário o seu registro para sua oponibilidade perante terceiros, pois são direitos assegurados por lei ao arrendatário[267] e, ainda e "é possível que, na prática, se enfrente uma dificuldade para o registro do contrato de arrendamento: tal contrato não se encontra elencado no artigo 167, I da lei de Registros Públicos (Lei nº 6.015/73)."[268]

Aliás, podem ser citados precedentes, negando a possibilidade de registro do contrato de arrendamento no registro imobiliário, a exemplo do seguinte.

---

[264] FERRETO, Vilson. **Contratos agrários**: aspectos polêmicos. São Paulo: Saraiva, 2009, p. 56.

[265] FERRETO, Vilson. **Contratos agrários**: aspectos polêmicos. São Paulo: Saraiva, 2009, p. 56.

[266] FERREIRA, Pinto. **Curso de direito agrário**. 2.ed. São Paulo: Saraiva, 1995, p.257.

[267] PERES, Tatiana Bonatti. Vigência do contrato de arrendamento em caso de venda judicial do imóvel arrendado. In: **Revista de Direito Privado**, nº 48, p. 281-295, out.-dez., 2011, p. 289.

[268] PERES, Tatiana Bonatti. Vigência do contrato de arrendamento em caso de venda judicial do imóvel arrendado. In: **Revista de Direito Privado**, nº 48, p. 281-295, out.-dez., 2011, p. 289.

O DIREITO DE PREFERÊNCIA NO ESTATUTO DA TERRA (POSIÇÃO DO ARRENDATÁRIO)

Em decisão de 17 de maio de 2010 da Corregedoria Geral da Justiça do Estado de São Paulo, em apelação cível 1.263-6/9, que negou provimento ao recurso contra a sentença que julgou procedente dúvida suscitada pelo Oficial de Registro de Imóveis da Comarca de Santa Adélia/SP: "REGISTRO DE IMÓVEIS – Arrendamento Rural – Registro inadmissível – Ausência de previsão no art.167, I, da Lei nº 6.015/73 – Impossibilidade de registro por equiparação ao contrato de locação – Recurso improvido."

Ainda que existam posições doutrinárias e jurisprudenciais em sentido contrário, inegável que o Estatuto da Terra assegura a continuidade do contrato em caso de venda do imóvel arrendado e isso inclui a venda judicial. A única ressalva que deve ser feita é se a causa da venda for anterior ao contrato de arrendamento, ou seja, se decorrer de hipoteca ou penhora anterior à posse do arrendatário, no contrato de arrendamento.

Nesse caso, o direito real constituído antes da posse do arrendatário no imóvel do respectivo contrato de arrendamento não poderá ser por ele afetado, em razão da prioridade registral. Ademais, conforme já apontamos, o direito com eficácia real do arrendatário será considerado constituído com a posse e não apenas com a celebração do contrato.

Catalina Soifer Capelletti e Natália Previero Menha defendem uma posição ainda mais favorável ao arrendatário, isto é, que o contrato de arrendamento, ainda que firmado após a incontestável determinação de penhora, o registro da mesma venha a ocorrer somente após a celebração do contrato agrícola. Eis o que afirmam:

> Para essas hipóteses, parece ser igualmente aplicável a proteção conferida pelo Estatuto da Terra à figura do arrendatário, notadamente porque, desprovido de conhecimento acerca da penhora dada à falta de registro público, presumível a sua boa fé ao contratar o arrendamento, não sendo razoável exigir maiores diligências a esse respeito (busca por ações judiciais distribuídas contra o proprietário, etc), até mesmo porque sua intenção não foi adquirir a propriedade do bem. [269]

---

[269] CAPELLETTI, Catalina Soifer; MENHA, Natália Previero. Da alienação judicial de imóvel arrendado: a manutenção do contrato de arrendamento e o direito de preferência do arrendatário. In: MEDEIROS NETO, Elias Marques de. **Aspectos polêmicos do agronegócio**: uma visão através do contencioso. São Paulo: Castro Lopes, p. 849-863, 2013, p. 854-855.

DIREITO AGRÁRIO

Contudo, com o devido respeito à opinião, parece-nos que a diligência na celebração de contrato agrário também é medida que se faz necessária para afastar a má fé do contratante, se a existência de ordem de penhora do bem era informação pública e de fácil acesso. Deve-se considerar que existe um dever mínimo de diligência do arrendatário, sob pena de prestigiar-se a possibilidade de fraudes para evitar a venda judicial do imóvel.

De fato, já se considerou como fraude à execução a celebração de contrato de arrendamento de longo prazo, registrado em cartório de registro de imóveis, pois tem o efeito de onerar o bem arrendado:

> A fraude à execução, outrossim, atinge não apenas os atos de transferência do domínio, mas também aqueles que oneram o patrimônio que deve garantir créditos líquidos, certos e exigíveis. Nesses precisos termos, o art. 592, inciso V, combinado com o art. 593, ambos do CPC. E, nesse sentido, inarredável que o contrato de arrendamento em discussão, firmado pelo prazo de 20 (vinte) anos, com registro imobiliário, enquadra-se na categoria de oneração do bem. E severa oneração, alienando o credor ou eventual terceiro arrematante da fruição e gozo do bem. (Apelação Cível nº 70020310181 da 7ª Câmara Cível do Tribunal de Justiça do Estado do Rio Grande do Sul, j. 12 de junho de 2008, Relatora Des. Elaine Harzheim Macedo).

Neste aspecto, vale apontar que, há de se considerar a celebração de contrato de arrendamento independentemente do prazo ou do registro, um ato de oneração do bem, pois já esclarecemos que dele se originam direitos com eficácia real para o arrendatário.

Caracteriza fraude a credor e, portanto, é passível de anulação, o contrato de arrendamento firmado por arrendador insolvente, quando sua insolvência for notória, ou houver motivo para ser conhecida pelo arrendatário.

"São anuláveis os contratos celebrados por contratante de notória insolvência, à luz do artigo 159 do CCB." (decisão tomada pela 10ª Câmara Cível do Tribunal de Justiça do Estado de Minas Gerais no processo nº 1.0470.05.022503-1/001, em 03 de julho de 2007, tendo como relator o Des. Alberto Aluízio Pacheco de Andrade).

Ademais, conforme artigo 792 do Código de Processo Civil de 2015, considera-se em fraude à execução, e portanto nulo o negócio jurídico de oneração ou alienação de bens, nas seguintes hipóteses, além de outras previstas em leis especiais: I – quando sobre o bem pender ação fundada em direito real ou com pretensão reipersecutória, desde que a pendência do processo tenha sido averbada no respectivo registro público, se houver; II – quando tiver sido averbada, no registro do bem, a pendência do processo de execução, na forma do artigo. 828; III – quando tiver sido averbado, no registro do bem, hipoteca judiciária ou outro ato de constrição judicial originário do processo onde foi arguida a fraude; IV – quando, ao tempo da alienação ou da oneração, tramitava contra o devedor ação capaz de reduzi-lo à insolvência.

Ora, assim como o adquirente do bem imóvel, a parte que contratará o uso da terra por contrato de arrendamento ou parceria, precisa se certificar que a celebração do contrato não viola direitos de terceiros pois, se assim não o fizer, não poderá alegar boa fé ao violar direitos de terceiros.

Catalina Soifer Capelletti e Natália Previero Menha defendem, sobre a garantia de manutenção dos contratos, inclusive na venda judicial do bem:

> A limitação dessas garantias em dadas situações, como a de sobreposição da incidência da penhora por ser anterior ao contrato de arrendamento, em total desconsideração à lavoura pendente de colheita, aos investimentos feitos pelo arrendatário, e às pessoas que trabalham na terra, traduz-se em entendimento que foge à função social da propriedade e viola o contrato. Por conseguinte, não confere a melhor aplicação ao direito material e não alcança a almejada efetividade processual.[270]

Todavia, consideramos que se o contra o devedor/proprietário do imóvel rural não estava pendendo ação capaz de reduzi-lo à insolvência, e não havia nenhuma anotação na matrícula, o contrato de arrendamento pode ser considerado válido, se: (I) o devedor indicar à penhora outro bem no processo, de valor suficiente para garantir o débito, desde que não represente prejuízo ao credor (fora o inevitável atraso no andamento do processo), ou (II) desde que tal medida se justifique para resguardar os direitos do arrendatário ou parceiro vulnerável e desavisado dos riscos da contra-

---

[270] CAPELLETTI, Catalina Soifer; MENHA, Natália Previero. Da alienação judicial de imóvel arrendado: a manutenção do contrato de arrendamento e o direito de preferência do arrendatário. In: MEDEIROS NETO, Elias Marques de. **Aspectos polêmicos do agronegócio**: uma visão através do contencioso. São Paulo: Castro Lopes, p. 849-863, 2013, p. 862.

DIREITO AGRÁRIO

tação sem a necessária auditoria jurídica, mormente quando tenha feito investimentos para manter a terra produtiva, sendo que nesta hipótese, o valor do arrendamento deve estar ou ser adequado ao valor de mercado, pelo juiz, para não prejudicar os direitos dos credores/adquirentes do bem.

Diante das considerações acima, temos as seguintes conclusões parciais:

(1) O contrato de arrendamento ou parceria sobrevive, em caso de venda judicial, independentemente de cláusula e de registro.

(2) A data da posse e não do contrato agrário é que deve ser levada em conta para fins de prioridade em relação a outros direitos reais ou com eficácia real constituídos sobre o imóvel.

(3) O direito de preferência com eficácia real também pode ser exercido na venda judicial (ou venda extrajudicial como forma de execução de garantia), mas não haverá obrigação do proprietário enviar a *denuntiatio*, nem a obrigação de indenizar em caso de não envio.

(4) A inserção em eventuais editais de praça do imóvel da existência de contrato agrário é medida necessária para que o adquirente tenha ciência do contrato que não será interrompido com a venda.

(5) Existindo o processo judicial (ou processo de venda extrajudicial como forma de execução de garantia), deve o parceiro outorgado ou arrendatário ser intimado para que, em igualdade de condições com terceiros, possa adquirir o imóvel rural.

(6) A venda em hasta pública (ou processo de venda extrajudicial como forma de execução de garantia) sem notificação do titular do direito de preferência com eficácia real, é válida, mas o direito de resgate do preferente subsiste, podendo ser exercido no prazo legal (6 meses do registro da compra no cartório de registro de imóveis).

(7) A existência de penhora anterior ao contrato de arrendamento pode ser oposta ao arrendatário de má fé, ou seja, aquele que tinha conhecimento, ou deveria ter, do ônus sobre o imóvel, ainda que não tenha havido registro na matrícula.

(8) A prova da boa fé do possuidor (arrendatário e parceiro outorgado) depende da realização de auditoria para a celebração do contrato agrário, similar à auditoria de aquisição ou outras formas de oneração do bem.

O DIREITO DE PREFERÊNCIA NO ESTATUTO DA TERRA (POSIÇÃO DO ARRENDATÁRIO)

(9) Caracteriza fraude a credor e, portanto, é passível de anulação, o contrato de arrendamento firmado por arrendador insolvente, quando sua insolvência for notória, ou houver motivo para ser conhecida pelo arrendatário.

(10) Conforme artigo 792 do Código de Processo Civil de 2015, considera-se em fraude à execução, e portanto ineficaz perante o respectivo processo de execução, o contrato agrário celebrado, nas seguintes hipóteses, além de outras previstas em leis especiais: I – quando sobre o bem pender ação fundada em direito real ou com pretensão reipersecutória, desde que a pendência do processo tenha sido averbada no respectivo registro público, se houver; II – quando tiver sido averbada, no registro do bem, a pendência do processo de execução, na forma do artigo 828; III – quando tiver sido averbado, no registro do bem, hipoteca judiciária ou outro ato de constrição judicial originário do processo onde foi arguida a fraude; IV – quando, ao tempo da alienação ou da oneração, tramitava contra o devedor ação capaz de reduzi-lo à insolvência.

3.6. Eficácia real do direito de preferência do arrendatário

O direito de preferência do arrendatário é direito com eficácia real, isto é, possui o direito de resgate, ou seja, seu exercício é permitido frente a qualquer terceiro adquirente do imóvel arrendado.

Conforme apontam Silvia C. B. Opitz e Oswaldo Opitz:

> A preferência outorgada ao arrendatário pela lei ao arrendatário é uma garantia do uso econômico da terra explorada por ele, que a lei não quer que vá cair em mãos de terceiros estranhos à relação contratual (ET, art. 92). Da maneira como está concebido esse direito ao arrendatário, não há dúvida que é direito real, pois lhe cabe haver a coisa vendida (imóvel) se a devida notificação não foi feita, do poder de quem a detenha ou adquiriu (ET, art. 92, §4º).[271]

Em sentido contrário, Belizário Antônio de Lacerda defendia, em 1981, a natureza de direito pessoal do direito de preferência, sem distinção entre as modalidades existentes:

---

[271] OPITZ, Silvia C. B.; OPITZ, Oswaldo. **Curso completo de direito agrário.** 8. ed. São Paulo: Saraiva, 2014, p. 311.

DIREITO AGRÁRIO

Não há dúvida de que lavra controvérsia a respeito da natureza jurídica do direito de preferência. No direito nacional, alinham-se três correntes a respeito[272]. Como já demonstramos *ab initio*, o direito de preferência se prende a uma obrigação de fazer, qual seja, a de afrontar o vendedor o credor da obrigação com a coisa, antes de vendê-la a estranho. Logo, o direito é obrigacional e, *ipso facto*, pessoal. A confusão que fazem os afoitos, os quais dizem ser real o direito é porque a preferência tem sempre como objeto um direito real, qual seja, o de aquisição de propriedade imobiliária.[273]

Com o devido respeito, não concordamos com a opinião. Apesar de não se tratar de direito real de imediato, pode originar o direito real de compra, em caso de violação, de modo que o direito de propriedade transferido em violação a direito de preferência é resolúvel, isto é, sujeito ao exercício do direito de resgate, pelo preferente, caso exercido no prazo legal.

Se fosse um direito com efeito meramente pessoal, ou sem direito de resgate, não seria possível a ação de preferência, ou a substituição do preferente no contrato de compra do bem preempto, mas apenas se resolveria em perdas e danos o direito do preferente, em caso de venda do bem preempto com violação do seu direito de compra.

GERMANÓ (La prelazione agrária, problemi sostanziali e processual, in Giur. Agra. It., 1973, p. 395) considera a prelação como direito potestativo, ou seja o poder de influir sobre a relação jurídica preexistente – tratativa entre o proprietário e o terceiro – modificando-a, com a inserção de si no negócio entre o proprietário e o terceiro, em substituição a esse terceiro, mediante uma atividade própria e unilateral – declaração de exercer a prelação – à qual o proprietário e o terceiro estão obrigados.[274]

---

[272] "No nosso direito, há a respeito do direito de preferência três correntes: a) afirma tratar-se de um direito real; b) uma segunda corrente diz tratar-se apenas de um direito meramente pessoal, resolúvel por perdas e danos e, finalmente, c) a que entende tratar-se de um direito *sui generis*". (Antônio Ferreira Inocêncio. **A nova Lei do Inquilinato**, cit. p. 316).

[273] LACERDA, Belizário Antônio de. **Do direito e da ação de preferência**. São Paulo: Saraiva, 1981, p. 25.

[274] COSTA, José Bezerra. **Arrendamento rural**: direito de preferência. Goiânia: AB, 1993, p. 71.

Todavia, como já explicamos, consideramos apenas o direito de resgate real e um direito potestativo modificativo, enquanto o direito de prelação é direito obrigacional e potestativo constitutivo, pois ainda inexiste contrato de compra e venda entre o proprietário e o terceiro, para o preferente influir na relação jurídica, como defende o autor.

José Bezerra Costa[275] também defende a natureza de direito real do direito de preferência legal previsto no Estatuto da Terra.

Na mesma linha, Silvia C. B. Opitz e Oswaldo Opitz manifestam a seguinte opinião, tratando, porém, da conclusão do contrato preliminar de compra e venda, pelo exercício do direito de prelação:

> Cria-se em favor do locatário um direito real, desde o momento em que aceita a proposta, do proprietário, exercitável a qualquer momento, porque se estabelece entre ambos um compromisso de compra e venda do imóvel rural, objeto da notificação, irretratável, análogo ao previsto na Lei nº 649/49. Se o proprietário alienar o bem rural oferecido depois disso, a outro, então cabe ao arrendatário promitente-comprador o direito de exigir que faça a escritura dele, na forma de proposta aceita, usando para isso o procedimento previsto no art. 640 do CPC.[276-277]

O STJ, em 21 de agosto de 2008, através da 4ª Turma, nos autos do RESP 164.442 MG, tendo como relator o Min. Luis Felipe Salomão, também já teve a oportunidade de se manifestar sobre a natureza de direito real do direito de preferência instituído pelo Estatuto da Terra em prol do arrendatário. Mais especificamente, deveria-se dizer, a natureza do direito real do direito de compra (ou direito de resgate) originado com a violação do direito de preferência.

Como aponta José Bezerra Costa, "não perde a natureza real o direito de preempção agrária, ainda que o contrato tenha sido celebrado verbalmente".[278]

---

[275] COSTA, José Bezerra. **Arrendamento rural**: direito de preferência. Goiânia: AB, 1993, p. 71; 91.

[276] OPITZ, Silvia C. B.; OPITZ, Oswaldo. **Curso completo de direito agrário**. 8. ed. São Paulo: Saraiva, 2014, p. 313.

[277] Referência feita ao CPC de 1973, atualmente o artigo 501 do CPC de 2015.

[278] COSTA, José Bezerra. **Arrendamento rural**: direito de preferência. Goiânia: AB, 1993, p. 148.

DIREITO AGRÁRIO

Como já tivemos oportunidade de mencionar, o direito (com eficácia) real de preferência é uma anomalia jurídica, por ser direito obrigacional com eficácia erga omnes (direito com eficácia real) e podendo originar direito real de resgate sobre imóvel, sem a necessidade de registro para sua constituição. Consideramos que "Os direitos do arrendatário ganham eficácia real e se tornam oponíveis perante terceiros, quando há a publicidade decorrente do exercício efetivo da posse do imóvel arrendado."[279]

Diante das considerações acima, temos as seguintes conclusões parciais:

O direito de preferência do arrendatário pode originar direito de resgate, em caso de violação, ou seja, tem eficácia real.

3.7. Desnecessidade de registro

O STJ[280] já se manifestou expressamente sobre questão da irrelevância do registro do contrato de arrendamento, para que o arrendatário exerça seu direito de resgate:

[...]
3. O ART. 92, CAPUT, DA LEI Nº 4.505/64 É CLARO EM PREVER A POSSIBILIDADE DE CONTRATO TÁCITO, ALÉM DA FORMA ESCRITA, E O PARÁGRAFO 3º, AO FIXAR SE DEVA DAR PREFERÊNCIA AO ARRENDATÁRIO, MEDIANTE NOTIFICAÇÃO, ABSOLUTAMENTE NÃO DISTINGUE ENTRE A FORMA ESCRITA E VERBAL, NEM TRAZ QUALQUER EXIGÊNCIA QUANTO À NECESSIDADE DE REGISTRO DO CONTRATO NO CARTÓRIO IMOBILIÁRIO.

---

[279] PERES, Tatiana Bonatti. Vigência do contrato de arrendamento em caso de venda judicial do imóvel arrendado. In: **Revista de Direito Privado**, nº 48, p. 281-295, out.-dez. 2011, p. 290.

[280] Em 21 de agosto de 2008, através da decisão da 4ª Turma, nos autos do RESP 164.442 MG, tendo como relator o Min. Luis Felipe Salomão. No mesmo sentido, (I) a decisão de 15 de agosto de 2006 da 4ª Turma do STJ, nos autos do RESP 263.774 MG, tendo como relator o Min. Aldir Passarinho Junior; (II) a decisão de 15 de fevereiro de 2007 da 3ª Turma do STJ, nos autos do RESP 904.810 PR, tendo como relator o Min. Humberto Gomes de Barros; e (III) a decisão de 14 de julho de 2001 do 7º Grupo de Câmaras Cíveis do TJ/MG, nos autos da Ação rescisória nº 1.0000.09.489508-3/000, tendo como relator o Des. Nicolau Masseli.

4. DIANTE DA ESPECIALIDADE DAS NORMAS EM COMENTO NÃO HÁ COMO SE CONSTITUIR EXEGESE SOBRE O DIREITO DE PREFERÊNCIA A PARTIR DO CÓDIGO CIVIL – DE CARÁTER GERAL, POIS A REGÊNCIA, NO CASO, SE DÁ PELO ESTATUTO DA TERRA, QUE INSTITUIU EM PROL DO ARRENDATÁRIO DIREITO REAL ADERENTE AO IMÓVEL.

Conforme decisão da 3ª Turma do STJ, de 20 de março de 2012, nos autos do RESP 1.148.153 MT, tendo como relator o Min. Paulo de Tarso Sanseverino, "Dizer que o exercício de preferência disciplinado nos §3º e 4º dessa mesma norma geral [o artigo 92 do Estatuto da Terra] dependeria de registro, portanto, seria contrário não apenas ao escopo, mas à própria literalidade da norma."

E, mais recentemente, em acórdão da 3ª Turma do STJ, em 18/12/2014, nos autos do AgRg no RESP 717860, tendo como relator o Min. Ricardo Villas Bôas Cueva: "A jurisprudência do Superior Tribunal de Justiça e firme no sentido de que o registro do contrato de arrendamento na matrícula do imóvel arrendado para o exercício do direito de preferência é dispensável."

No Direito Português, também encontramos entendimento similar:

> Os direitos legais, ao contrário das preferências convencionais, não precisam ser registrados para produzirem efeitos em relação a terceiros. Nos CONVENCIONAIS só registrado poderá proporcionar a terceiros o conhecimento... Nas preferências LEGAIS é a própria lei que cria a preferência e, por isso, a publicidade está em larga medida preenchida por essa circunstância... Para saber se certa coisa está onerada com algum direito de preferência bastará a consulta dos textos legais, uma vez conhecida a situação de facto... E as situações de facto tornam-se em regra, pela sua OBJECIVIDADE, OSTENSIVIDADE OU VISIBILIDADE facilmente reconhecíveis por terceiros. [...] (A. Varela, RLJ 103-477).[281]

Vale dizer que, no caso brasileiro, há direitos legais de preferência cujo exercício do resgate do bem depende do registro do contrato, a exemplo da preferência do locatário, assunto que retomaremos no item 4 do presente trabalho.

---

[281] MARCELINO, Américo Joaquim. **Da preferência**. Coimbra: Coimbra, 2007, p. 184.

DIREITO AGRÁRIO

De todo modo, há autores que, como José Fernando Lutz Coelho, defendem a necessidade de registro do contrato de arrendamento no cartório de registro de imóveis:

> Independentemente da legislação agrária, proporcionar aos contratos ajustados de forma verbal, o direito de preempção, a jurisprudência pátria vem exigindo em alguns arestos, a averbação do contrato escrito no Cartório de Registro de Imóveis, para que tenha validade *erga omnes*, razão pela qual, não se pode opor contra terceiros, em ação de preferência, o contrato verbal de arrendamento, aliás, o art. 172 da Lci de Registros Públicos (6.017/73 "sic")[282], prevê a necessidade de registro no Cartório Imobiliário para que tenha validade contra terceiros.[283]

No mesmo sentido, a decisão da 10ª Câmara Cível do TJ/MG, de 03 de julho de 2007, nos autos da Apelação Cível nº 1.0470.05.022503-1/001, tendo como relator o Des. Alberto Aluízio Pacheco de Andrade: "O contrato de arrendamento rural para produzir efeitos *erga omnes* prescinde de averbação junto ao registro de imóveis correspondente."[284]

A 3ª Câmara Cível do TJ/MG, em decisão de 08 de novembro de 2000, também considerou que o registro do contrato no registro de imóveis antes da efetivação da venda é condição de sua oponibilidade *"erga omnes"* e foi além:

> Tal exigência impõe-se como garantia dos direitos do adquirente, terceiro estranho à relação entre arrendante e arrendatário, e da própria função jurisdi-

---

[282] Art. 172 – No Registro de Imóveis serão feitos, nos termos desta Lei, o registro e a averbação dos títulos ou atos constitutivos, declaratórios, translativos e extintos de direitos reais sobre imóveis reconhecidos em lei, "*inter* vivos" ou "*mortis* causa" quer para sua constituição, transferência e extinção, quer para sua validade em relação a terceiros, quer para a sua disponibilidade.

[283] Nesse sentido, vide: COELHO, José Fernando Lutz. **Contratos agrários**: uma visão neo--agrarista. Curitiba: Juruá, 2006, p. 183.

[284] No mesmo sentido, (I) a decisão da 13ª Câmara Cível do TJ/MG, de 17 de maio de 2007, nos autos da Apelação Cível nº 1.0559.06.001119-9/001, tendo como relatora a Desa. Eulina do Carmo Almeida; e (II) No mesmo sentido, a decisão da 7ª Câmara Cível do TJ/MG, em 19 de dezembro de 2005, nos autos da Apelação Cível nº 1.0694.01.003236-5/001, tendo como relator o Des. Edivaldo dos Santos.

O DIREITO DE PREFERÊNCIA NO ESTATUTO DA TERRA (POSIÇÃO DO ARRENDATÁRIO)

cional, à medida que concretiza a presunção legal de boa-fé dos contratantes, cabendo ao arrendatário-autor a prova inequívoca de terem os adquirentes agido de má fé.

Contudo, parece-nos que a decisão misturou alguns conceitos como a oponibilidade *erga omnes* e a oponibilidade perante o adquirente, o que será melhor abordado no item 3.8 do presente trabalho.

Helena Maria Bezerra Ramos, por outro lado, defende que:

> Para exercer o direito de preferência não é necessário que o contrato de arrendamento esteja registrado no cartório imobiliário, pois essa medida não está prevista no Estatuto da terra e em nenhuma outra lei especial posterior. Até porque, para registrar, exige-se o instrumento público, e o arrendamento rural pode ser efetuado até sob a forma tácita.[285]

Vale esclarecer, com o devido respeito, que não concordamos que para o registro seja necessário instrumento público, a exemplo do que ocorre com os contratos de locação de imóveis urbanos.

Todavia, merece ser trazido à baila os comentários de Narciso Orlandi Neto, ainda que discorrendo acerca da desnecessidade de registro do contrato de arrendamento para a sua vigência, em caso de alienação do imóvel arrendado:

> O registro do contrato de locação não confere direito real. Tem por objetivo apenas dar publicidade à cláusula de vigência em caso de alienação [...].
>
> Como se observa, o ingresso do contrato de locação no Registro de Imóveis é excepcional. Tem um objetivo que justifica e explica a medida, isto é, tornar certa e conhecida a obrigação do adquirente respeitar o contrato de locação com a cláusula referida.
>
> Essa idéia leva à conclusão de que, se a obrigação independer do registro, desaparecerá a necessidade deste. O registro de Imóveis só recebe atos cuja validade ou eficácia dependam do registro, e não é por outro motivo que a enumeração do art. 167, I, é taxativa. Ausente a necessidade, desaparece a utilidade e, com esta, a possibilidade. [...]

---

[285] RAMOS, Helena Maria Bezerra. **Contrato de arrendamento rural**: teoria e prática. Curitiba: Juruá, 2012, p. 174.

DIREITO AGRÁRIO

A vigência do contrato de arrendamento rural em caso de alienação do imóvel independe de cláusula expressa ou de registro do contrato. Decorre de lei. Se assim é, inútil e desnecessário será o registro.

Não se alegue que o registro servirá para a garantia de adquirentes desavisados. A ignorância da lei por parte de alguns não pode estabelecer uma formalidade perfeitamente dispensável. Deixe-se o Registro de Imóveis para os atos necessários, para os atos aos quais ele empreste eficácia. Elimine-se o supérfluo, como o registro do contrato de arrendamento rural.[286]

Conforme mencionamos acima, já tivemos a oportunidade de discorrer sobre a desnecessidade do registro ou de cláusula específica acerca do direito de preferência para a sua oponibilidade perante terceiros ou para a vigência do arrendamento em caso de venda do imóvel arrendado, pois são direitos assegurados por lei[287], com eficácia real e sem necessidade de registro, por estarem relacionados à situação de fato: posse.

Assim, como bem aponta Luciano de Souza Godoy:

A possibilidade de haver a celebração verbal do contrato de arrendamento rural ou parceria agrícola/pecuária constitui ponto de atenção aos adquirentes de imóveis rurais. Qualquer negociação, quer seja de aquisição ou oneração, depende de prévia diligência documental e presencial. Evitam-se surpresas no futuro, particularmente em relação à renovação automática ou direito de preferência de um contrato de arrendamento rural que se desconhece, [...] Se o contrato foi estabelecido verbalmente, somente pode ser conhecido com uma visita in loco ao imóvel e inquirição das pessoas envolvidas.[288]

[...]

Aqui há necessidade de uma reforma legislativa para se obter segurança jurídica na aquisição dos imóveis rurais, por algum meio escrito, a preferência

---

[286] ORLANDI NETO, Narciso. Registro do contrato de arrendamento. In: **Revista de direito imobiliário**, v.10, p. 143, jul., 1982.

[287] PERES, Tatiana Bonatti. Vigência do contrato de arrendamento em caso de venda judicial do imóvel arrendado. In: **Revista de Direito Privado**, nº 48, p. 281-295, out.-dez., 2011, p. 289.

[288] GODOY, Luciano de Souza. Uma visão dos contratos agrários à luz dos precedentes do Superior Tribunal de Justiça. In: MEDEIROS NETO, Elias Marques de. **Aspectos polêmicos do agronegócio**: uma visão através do contencioso. São Paulo: Castro Lopes, p. 377-395, 2013, p. 383.

deveria ser averbada ou na matrícula do imóvel, ou no seu cadastro no INCRA ou no cadastro perante a Receita Federal para fins de recolhimento do ITR[289]

> **Diante das considerações acima, temos as seguintes conclusões parciais:**
>
> Desnecessário o registro ou cláusula específica acerca do direito de preferência para a oponibilidade de tal direito perante terceiros ou para a vigência do contrato agrário em caso de venda do imóvel arrendado, pois são direitos assegurados por lei, com eficácia real e sem necessidade de registro, por estarem relacionados à situação de fato: posse.

3.8. Visão moderna do princípio da relatividade dos contratos

O Código Civil de 1916 tinha a pretensão de ser um Código fechado, isto é de prever todas as situações da vida do cidadão e apresentar todas as soluções aplicáveis ao caso concreto, isto é, uma técnica legislativa casuística.

Sob essa ótica, da denominada cultura do Código, o Direito tinha de ser aplicado pelo juiz, num processo lógico-racional, quase matemático, de subsunção entre a norma e o caso concreto. Ao juiz cabia apenas dizer a norma aplicável ao caso concreto, sem nenhum juízo de valor.

Sendo assim, no direito privado valia o princípio da estrita legalidade, ou seja, "ninguém é obrigado a fazer ou deixar de fazer, nada, senão em virtude da lei." Ou seja, os direitos eram absolutos, não sofriam limitações ao seu exercício e os comportamentos antissociais, como os atos emulativos, ou seja, com a exclusiva intenção de prejudicar terceiros, não eram reprimidas pelo Direito, se representassem exercício de direitos.

Inexistia, até a evolução jurisprudencial nesse sentido, a limitação ao exercício de direitos, nem a figura do abuso do direito, hoje positivada no Código de 2002, em seu artigo 187, a seguir transcrito: "Art. 187. Também comete ato ilícito o titular de um direito que, ao exercê-lo, excede manifes-

---

[289] GODOY, Luciano de Souza. Uma visão dos contratos agrários à luz dos precedentes do Superior Tribunal de Justiça. In: MEDEIROS NETO, Elias Marques de. **Aspectos polêmicos do agronegócio**: uma visão através do contencioso. São Paulo: Castro Lopes, p. 377-395, 2013, p. 390.

DIREITO AGRÁRIO

tamente os limites impostos pelo seu fim econômico ou social, pela boa-fé ou pelos bons costumes."

O atual Código Civil vigente, já possui, como se vê, conceitos indeterminados que devem ser valorados e preenchidos pelo juiz, no caso concreto. Ou seja, diante de a prática de um ato, deverá verificar a sua licitude ou ilicitude, com base em conceitos que dependem de valoração para ganharem significado, a exemplo dos seguintes extraídos do artigo 187 retro mencionado: "manifestamente" "fim econômico ou social", "boa-fé", "bons costumes."

O Código é permeado das chamadas cláusula gerais, assim definidas:

> As cláusulas gerais [...] representam técnica legislativa em oposição à casuística, aditando conceitos abertos (isto é, com conteúdo flexível), propositadamente, para dar maior liberdade ao juiz em suas decisões e possibilitar a atualização constante do sistema jurídico e a entrada no sistema dos valores extrajurídicos.[290]

Ou, como explica Judith Martins-Costa:

> Diferentemente de outras normas, formuladas através da técnica da casuística, cujo critério de valoração já vem indicado com relativa nitidez – sendo desenvolvido por via dos vários métodos de interpretação –, a cláusula geral introduz no âmbito normativo no qual se insere um critério ulterior de relevância jurídica, à vista do qual o juiz seleciona certos fatos ou comportamentos para confrontá-los com um determinado parâmetro e buscar, nesse confronto, certas consequências que não estão pré-determinadas. Daí uma distinção fundamental: as normas cujo grau de vagueza é mínimo implicam que ao juiz seja dado tão-somente o poder de estabelecer o significado do enunciado normativo; já no que respeita às normas formuladas através da cláusula geral, compete ao juiz um poder extraordinariamente mais amplo, pois não estará tão-somente estabelecendo o significado normativo, mas, por igual, criando direito, ao completar a *fattispecie* e ao determinar ou graduar as consequências.[291]

---

[290] PERES, Tatiana Bonatti. Abuso do direito. In: **Revista de Direito Privado**, nº 43, p. 09-71, jul.-set., 2010, p. 23.

[291] MARTINS-COSTA, Judith. **A boa-fé no direito privado**. 2ª tir. São Paulo: RT, 2000, p. 330.

As cláusulas gerais (normas que descrevem uma conduta sem lhe dar uma única solução), os princípios (valores juridicamente aceitos) e conceitos indeterminados (que admitem mais de uma definição) devem ser utilizados e preenchidos pelo juiz no caso concreto.

Karl Engisch já apontava, sobre as cláusulas gerais:

> Se o conceito multissignificativo de "cláusula geral" [...] há de ter uma significação própria, então faremos bem em olhá-lo como conceito que se contrapõe a uma elaboração "causuística" das hipótese legais. "Causuística" é aquela configuração da hipótese legal (enquanto somatório dos pressupostos que condicionam a estatuição) que circunscreve particulares grupos de casos na sua especificidade própria. [...] havemos de entender por cláusula geral uma formulação da hipótese legal que, em termos de grande generalidade, abrange e submete a tratamento jurídico todo um domínio de casos.[292]

José de Oliveira Ascensão, com propriedade, faz uma crítica ao manuseio das cláusulas gerias, pois, é evidente que não devem ser preenchidas por valores decorrentes de convicções pessoais do operador do Direito:

> A aplicação de cláusulas gerais supõe juristas competentes, que não a aproveitem como porta aberta à arbitrariedade. Cada cláusula tem o seu sentido próprio: o aplicador deve conhecê-lo para decidir com precisão.
>
> [...]
>
> O manuseio das cláusulas gerais é difícil. Exige cultura jurídica, experiência, bom-senso e conhecimento específico da cláusula geral a aplicar. Quer dizer, exige juristas de nível, capazes de preencher os critérios legais para fazer a ponte entre a lei e o caso concreto.
>
> Estes juristas não abundam. É uma realidade, que há também que ter em conta, mesmo em países mais maduros da Europa. O que significa que o progresso do Direito legislado tem de andar a passo com o progresso na formação jurídica. Não se atribuem diplomas para engrossar as estatísticas.[293]

---

[292] ENGISCH, Karl. **Introdução ao pensamento jurídico**. 9. ed. Lisboa: Fundação Calouste Gulbenkian, 2004, p. 228-229.

[293] ASCENSÃO, José de Oliveira. Panorama e perspectivos do direito civil na União Europeia. In: LOTUFO, Renan; NANNI, Giovanni Ettore; MARTINS, Fernando Rodrigues (Coords.). **Temas relevantes do Direito Civil contemporâneo**. São Paulo: Atlas, p. 11-17, 2012, p. 11;17.

DIREITO AGRÁRIO

Cabe ao operador do Direito não apenas preencher as cláusulas gerais, mas verificar, no caso concreto, se houve violação de valores ou direitos fundamentais passíveis de proteção.

Na esfera contratual, também passou a existir no Código Civil de 2002, de forma expressa, a limitação ao exercício do direito de contratar, isto é, a liberdade de contratar, passou a ser limitada tanto pela boa fé, quanto pela função social dos contratos (conforme artigos 421 e 422 do Código Civil), para evitar os abusos.

Antes do Código Civil de 2002, vigorava como princípio contratual a relatividade dos contratos, isto é, "o contrato não aproveita nem prejudica terceiros, vinculando exclusivamente as partes que nele intervieram."[294]

Todavia, é evidente que tal princípio resultava em diversas situações de injustiça, deixando espaço livre para o abuso do direito de contratar, sem que coubesse ao titular do direito contratual anterior violado a possibilidade de se voltar contra aquele que cometia o abuso, salvo previsão legal expressa, seja para a reparação do dano causado pela violação, ou, melhor ainda, para fazer valer seu direito contratual violado intencionalmente, ou seja, o sistema anterior deixava ileso aquele que agia deliberadamente de má fé.

Atualmente, a situação é diferente. Não pode mais o terceiro que tenha conhecimento de direito contratual anterior violá-lo impunemente, pois comete ato ilícito, viola a boa fé.

Não se admite, dados os princípios contratuais atuais, a celebração de contrato incompatível com direito contratual anterior de terceiro, caracterizando tal prática abuso do direito de contratar e também violação da função social do contrato, gerando a obrigação de indenizar o dano causado pela conduta, independentemente da intenção de prejudicar[295].

Aliás, conforme já tivemos a oportunidade de apontar[296], uma das facetas da função social do contrato prevista no artigo 422 do Código Civil é seu contraponto ao princípio da relatividade dos contratos ou seja, nas pala-

---

[294] COSTA, José Bezerra. **Arrendamento rural**: direito de preferência. Goiânia: AB, 1993, p.24.

[295] PERES, Tatiana Bonatti. Abuso do direito. In: **Revista de Direito Privado**, nº 43, p. 09-71, jul.-set., 2010, p. 45.

[296] PERES, Tatiana Bonatti. Função social do contrato. In: **Revista de Direito Privado**, nº 40, p. 288-307, out.-dez., 2009, p. 301.

vras de Rodrigo Garcia da Fonseca, "a consagração da mais ampla oponibilidade do contrato a terceiros".[297]

"A oponibilidade, significa que determinado direitos decorrentes do vínculo contratual podem ser opostos a outros direitos de sujeitos que não são parte da relação primitiva, preferindo em relação àqueles"[298], explica Luciano de Camargo Penteado.

De modo que o terceiro tem responsabilidade pela violação voluntária de direitos contratuais e até mesmo podem ser a ele opostos os direitos violados, para que a contratação feita de má fé seja considerada nula, ou para que sejam desfeitos os atos que impeçam o exercício do direito contratual violado.

A possibilidade do contrato celebrado com violação a direito contratual anterior do qual as partes tenham conhecimento seja considerado nulo ou ineficaz, está expressa no parágrafo único do artigo 2.035 do Código Civil, segundo o qual "Nenhuma convenção prevalecerá se contrariar preceitos de ordem pública, tais como os estabelecidos por este Código para assegurar a função social da propriedade e dos contratos.", ou ainda, com base nos artigo 166, incisos II e III, do Código Civil, segundo os quais, "É nulo o negócio jurídico quando: (...) II – for ilícito, impossível ou indeterminável o seu objeto; ou III – o motivo determinante, comum a ambas as partes, for ilícito".

É ilícito o objeto de contrato que viola outro contrato e é ilícito o motivo de violar direito de outrem.

Diante das considerações acima, temos as seguintes conclusões parciais:

(1) Tendo em vista os princípios contratuais modernos, não pode o terceiro que tenha conhecimento de direito contratual anterior violá-lo impunemente, pois comete ato ilícito, viola a boa fé.

(2) O terceiro tem responsabilidade pela violação voluntária de direitos contratuais e até mesmo podem ser a ele opostos os direitos violados, para

---

[297] FONSECA, Rodrigo Garcia da. **A função social do contrato e o alcance do artigo 421 do Código Civil**. Rio de Janeiro: Renovar, 2007, p. 222.

[298] PENTEADO, Luciano de Camargo. **Efeitos contratuais perante terceiros**. São Paulo: Quartier Latin, 2007, p. 50.

DIREITO AGRÁRIO

> que a contratação feita de má fé seja considerada nula ou ineficaz, ou para que cumpra a obrigação inadimplida voluntariamente ou pratique ou desfaça os atos necessários à assegurar o exercício do direito por ele violado. Voltaremos a tratar deste assunto, nos itens 3.9 e 9.3 deste trabalho.

3.9. Responsabilidade do adquirente que viole o contrato agrário

Voltando à questão do direito de preferência, aplicando-se os princípios contratuais atuais à sua violação, tem-se, em resumo, que o terceiro adquirente que venha a adquirir imóvel arrendado, também responde perante o preferente, em caso de inobservância de seu direito de preferência legal, pois ninguém pode se escusar ao cumprimento da lei, ou do direito de preferência convencional de que tenha conhecimento, independentemente da existência de registro do contrato.

Esse, aliás, é o teor do artigo 518 do Código Civil, que trata da preferência como pacto adjeto da compra e venda: "Art. 518. Responderá por perdas e danos o comprador, se alienar a coisa sem ter dado ao vendedor ciência do preço e das vantagens que por ela lhe oferecem. Responderá solidariamente o adquirente, se tiver procedido de má-fé."

Mesmo que não haja previsão legal expressa, deve-se entender que o adquirente também responderá perante o preferente por outros direitos de preferência sob o contrato do qual tinha conhecimento.

"O comportamento de terceiro não pode manifestamente interferir, perturbando o normal desempenho da prestação pelas partes. [...] o terceiro não pode se associar a uma das partes para descumprir com a obrigação"[299], explica Luciano de Camargo Penteado.

Conforme decisão da 8ª Câmara Cível do Tribunal de Alçada de MG, de 04 de fevereiro de 2005, nos autos da Apelação Cível nº 467.745-8, tendo como relator o Juiz Otávio de Abreu Portes, o adquirente do imóvel responde pela quebra do contrato de parceria, pois é obrigado a observar o contrato firmado com o proprietário anterior:

---

[299] PENTEADO, Luciano de Camargo. **Efeitos contratuais perante terceiros.** São Paulo: Quartier Latin, 2007, p. 51.

O DIREITO DE PREFERÊNCIA NO ESTATUTO DA TERRA (POSIÇÃO DO ARRENDATÁRIO)

> [...] em que pese a alegação do apelante, adquirente do imóvel, de que nada contratou com os apelados, não estando, portanto obrigado a manter as condições do contrato, razão não lhe assiste.
>
> [...] os apelantes tinham conhecimento do contrato de parceria ao qual o imóvel adquirido estava vinculado [...] não sendo admissível a alegação de que não podem ser responsabilizados pelo cumprimento do que já estava contratado antes da aquisição.
>
> Assim, evidente o dever de indenizar, uma vez que rescindido o contrato de forma unilateral, sem fundamento justificado.
>
> Ressalte-se, ainda, terem os apelados saído da área, por estarem sendo pressionados pelos requerentes, não havendo falar em abandono do terreno.

Como se vê da decisão acima, não prospera "a alegação de que nada contratou" para se esquivar da obrigação de respeitar o contrato de parceria. Isso, todavia, não se deve aos novos princípios contratuais, pois mesmo durante a fase em que o princípio da relatividade dos contratos era a regra, já existia a previsão expressa no Estatuto da Terra que a excetuava, prevendo que se subroga o adquirente no contrato relativo ao imóvel adquirido, seja ele arrendamento ou parceria.

Na mesma linha, decidiu a da 18ª Câmara Cível do TJ/MG, de 12 de julho de 2011, nos autos da Apelação Cível nº 1.0002.07.014289-4/002, tendo como relator o Des. Guilherme Luciano Baeta Nunes:

> 2. A circunstância de não estar o contrato de arrendamento rural averbado no Registro de Imóveis não lhe retira a validade e eficácia. 3. Expirado o prazo do contrato de arrendamento rural, o arrendatário não mais dispõe de título capaz de legitimar a sua posse. 4. Age contra a boa-fé, cometendo ato ilícito, aquele que, ciente dos termos do contrato de arrendamento incidente sobre a área rural que veio a adquirir, impede o arrendatário de dar prosseguimento à exploração da área, causando danos materiais passíveis de indenização. 5. O descumprimento de um contrato não é causa por si só suficiente para gerar danos morais, cuja configuração pressupõe abalo à esfera psíquica da vítima.

Mesmo assim, é certo que muitas vezes, a jurisprudência continua decidindo da mesma forma que decidia quando os princípios contratuais vigentes eram outros, como tivemos a oportunidade de discorrer sobre

DIREITO AGRÁRIO

o tema[300], exigindo o registro para a oponibilidade do contrato a terceiros, nas hipóteses em que as leis excetuavam o princípio da relatividade, mediante o registro. Dizemos isso, pois, dados os princípios contratuais atuais, o registro é apenas condição de oponibilidade do contrato a qualquer pessoa, mas independentemente de registro, será oponível o contrato a quem dele tenha inequívoco conhecimento.

Assim, já existem vozes jurisprudenciais se manifestando no caminho da evolução que apontamos, acerca da responsabilidade por violação de direitos contratuais anteriores por quem deles tenha conhecimento, independentemente de registro, a exemplo da decisão abaixo sobre a prevalência da cláusula de vigência em contrato de locação, ainda que não registrado.

A 35ª Câmara de Direito Privado do TJ-SP já decidiu, em 18/04/2005, nos autos da Apelação sem Revisão nº 737376-0/4, tendo como relator o Des. Artur Marques, que:

> A cláusula de vigência de locação comercial, sem devida averbação no Registro de Imóveis, não é formalidade absoluta, a obstar que, no caso concreto, pela prova documental apresentada, se convença o julgador de que, por todas as circunstâncias, os locatários tiveram a boa fé ilaqueada. Ao contrário, se da prova resultar, efetivamente, contornos formalísticos a impedir o legítimo exercício do direto, o Juiz deve prestigiar a boa-fé, dando por prevalente a cláusula de vigência [...].

Todavia, vale lembrar que a má fé do adquirente do imóvel não se presume, ou seja, o conhecimento do direito violado que não resultar da lei deve restar comprovado, para que reste caracterizado o ato ilícito e haja direito à indenização.

No Estatuto da Terra, como falamos, a situação é diferente, pois tanto o direito de preferência quanto a vigência dos contratos, em caso de venda do imóvel são assegurados por lei, independentemente de registro, ou seja, são oponíveis a qualquer pessoa, independentemente de prova do conhecimento do contrato ou do direito por quem venha a violá-lo.

---

[300] PERES, Tatiana Bonatti. Locação empresarial: a cláusula de vigência e os princípios atuais do direito contratual. In: PERES, Tatiana Bonatti (Coord.). **Temas relevantes de direito empresarial**. Rio de Janeiro: Lumen Juris, p. 27-39, 2014, p. 37.

Assim, o adquirente de imóvel rural, deverá respeitar o contrato agrário, mesmo que dele não tenha conhecimento.

Ora, assim como o adquirente do bem imóvel, a parte que contratará o uso da terra por contrato de arrendamento ou parceira, precisa se certificar que a celebração do contrato não viola direitos de terceiros pois, se assim não o fizer, não poderá alegar boa fé ao violar direitos de terceiros.

Por outro lado, pode e deve exigir do vendedor do imóvel, declaração sobre a inexistência de terceiros que estejam legitimamente na posse do imóvel.

Em acórdão de 24 de novembro de 2011, a 4ª Câmara de Direito Privado do TJ/SP, nos autos da Apelação nº 0057735-87.2007.8.26.0602, tendo como relator o Des. Carlos Henrique Miguel Trevisan, considerou resolvido o compromisso de compra e venda por culpa da compromitente vendedora pela impossibilidade de consumar a operação de venda e compra, quando, a compromitente vendedora declarou que o imóvel encontrava-se "livre e desembaraçado de dívidas, ônus (real ou pessoal, fiscal ou extrajudicial), restrições ou gravames", quando, na verdade, a constatação que se fez apontou realidade diversa e se assim declarou, obrigou-se a proceder à baixa do gravame existente sobre o imóvel (alienação fiduciária). E concluiu, ainda, que "a situação de fato em que se viu a compradora assemelha-se à hipótese de vício redibitório (artigo 441 e seguintes do Código Civil de 2002)", considerando que a declaração falsa da vendedora afronta ao princípio da boa fé objetiva.

De igual modo, consideramos que eventual declaração falsa sobre a inexistência de contrato agrário na aquisição de imóvel rural também deve ser assemelhada à hipótese de vício redibitório.

Por outro lado, em acórdão de 20 de outubro de 2009, a 13ª Câmara de Direito Privado do TJ-SP, nos autos da Apelação Cível com Revisão nº 606.356-4/7-00, entendeu que o comprador de imóvel não tem direito a indenização por existir terceiro na posse do mesmo, ainda que tal circunstância não tenha sido informada pelo vendedor. Segundo a decisão, faltou a diligência mínima do comprador, que deixou de verificar, como era de rigor, as condições do imóvel que pretendia adquirir, levantando a presença de terceiros no local. Por esta razão, considerou não ser devida nenhuma indenização ao comprador, pois ainda que houvesse culpa do devedor (não havendo nada que indicasse que tinha conhecimento de tal circunstância), também haveria, em igual proporção, culpa do comprador,

DIREITO AGRÁRIO

aplicando-se o disposto no artigo 945 do Código Civil, que assim dispõe: "Se a vítima tiver concorrido culposamente para o evento danoso, a sua indenização será fixada tendo-se em conta a gravidade de sua culpa em confronto com a do autor do dano."

Apesar de não nos alinharmos ao ponto de vista defendido em tal decisão, vale mencionar que se trata de situação diferente, ou seja, em que o proprietário não sabia de terceiros na posse. De todo modo, consideramos que ainda que não soubesse, não poderia se isentar da responsabilidade pela declaração falsa prestada.

Diante das considerações acima, temos as seguintes conclusões parciais:

(1) Dados os princípios contratuais atuais, o registro é apenas condição de oponibilidade do contrato a qualquer pessoa, mas, independentemente de registro, será oponível o contrato a quem dele tenha inequívoco conhecimento.

(2) No Estatuto da Terra, como falamos, a situação é diferente, pois tanto o direito de preferência quanto a vigência dos contratos, em caso de venda do imóvel são assegurados por lei, independentemente de registro, ou seja, são oponíveis a qualquer pessoa, independentemente de prova do conhecimento do contrato ou do direito por quem venha a violá-lo, desde que o parceiro outorgado ou arrendatário já estivesse na posse do imóvel.

(3) O adquirente deverá respeitar o contrato agrário, ainda que dele não tenha conhecimento, sob pena de responder por inadimplemento contratual.

(4) Assim, cabe ao adquirente do imóvel diligenciar pessoalmente no imóvel para se certificar que a posse é exercida pelo proprietário ou por terceiros e a que título, sem prejuízo de poder enjeitar o bem, caso o proprietário tenha lhe vendido com a declaração (falsa) de que não havia ninguém na posse, hipótese que a declaração falsa deve ser tratada como vício redibitório.

4.
O Direito de Preferência do Locatário

O Código Civil de 1916 regulava os contratos de locação de imóveis rurais e urbanos, até o advento das leis especiais.

"Pela primeira vez, na legislação do inquilinato, em nosso País, concedeu a Lei nº 3.912, de 03 de julho de 1961, no artigo 9º e seu único parágrafo, ao locatário, o direito de preferência referente à aquisição do imóvel a ele locado."[301]

Na época, apesar de haver entendimento doutrinário em contrário, prevalecia o entendimento de que "A preferência a que se refere o artigo 9º da Lei nº 3.912, de 03 de julho de 1961, constitui direito pessoal. Sua violação resolve-se em perdas e danos.", conforme súmula 488 do Supremo Tribunal Federal, de 03 de dezembro de 1969.

A Lei editada em seguida, nº 4.494, de 25 de novembro de 1964, já fazia referencia à solução de perdas e danos, em caso de inobservância do direito de preferência, conforme caput do artigo 16[302].

---

[301] TUCCI, Rogério Lauria; AZEVEDO, Álvaro Villaça. Direito de preferência. In: **Revista do Advogado**. Associação dos Advogados de São Paulo, n. 45, p. 41-56, jan., 1995, p. 41.

[302] Art.16. No caso de venda, de promessa de venda e de promessa de cessão, tendo por objeto prédio residencial, o locatário terá preferência para a sua aquisição, procedendo-se segundo os têrmos e condições previstos nos arts. 1.149, 1.151, 1.153, 1.154 a 1.157 do Código Civil, ressalvada prioritàriamente a faculdade reconhecida ao condômino para a aquisição e resolvendo-se em perdas e danos o descumprimento da obrigação.

DIREITO AGRÁRIO

Isso significa que havia direito de prelação (*prelazione*), mas não o direito de resgate do bem (*riscatto*), em caso de sua violação.

O Código de Processo Civil de 1939 assegurava em seu artigo 313 a ação de preferência ao preferente preterido em seu direito legal de preferência. Tal dispositivo foi interpretado, por Orosimbo Nonato[303], em setembro de 1965 como aplicável, também ao direito de preferência convencional do inquilino, isto é, de natureza pessoal, quando averbado na matrícula do imóvel.

Então, passou-se a uma situação em que a existência e o exercício do direito de resgate dependia de registro.

A Lei do Inquilinato vigente (Lei nº 8.245/91) assegura ao locatário, em seu artigo 27 e seguintes, preferência para adquirir o imóvel locado, em igualdade de condições com terceiros, no caso de venda, promessa de venda, cessão ou promessa de cessão de direitos ou dação em pagamento. Tal direito caducará se não exercido em 30 dias do recebimento da *denuntiatio* (artigo 28 da Lei do Inquilinato).

O artigo 32 já exclui tal direito em caso de perda da propriedade ou venda por quaisquer formas de realização de garantia, inclusive por venda judicial ou leilão extrajudicial, permuta, doação, integralização de capital, cisão, fusão e incorporação.

Isso apenas significa que o locador não terá obrigação de oferecer preferência, em caso de perda da propriedade ou venda por quaisquer formas de realização de garantia, até porque não é o locador quem faz a venda. Por outro lado, isso não significa que, oferecendo valor igual ao de outro potencial adquirente em leilão judicial ou extrajudicial, ou por meio meio, não se deva dar prioridade ao locatário.

Na Lei de Locações Urbanas Italiana (Lei nº 392, de 27 de julho de 1978, artigo 38[304]), é assegurado o direito do locatário apenas em transferência onerosas. O autor italiano Roberto Triola[305] considera que a extensão da preferência à permuta poderia derivar de uma aplicação analógica que é vedada a uma norma excepcional.

---

[303] NONATO, Orosimbo. **Direito de preferência**. (Originalmente publicada em: **Revista dos Tribunais,** n. 382, p. 51-61, ago. 1967).

[304] Disponível em: http://www.normattiva.it. Acesso em: 2 ago., 2014.

[305] TRIOLA, Roberto. **La prelazione urbana**. Milano: Giuffrè, 1990, p. 58-59.

O DIREITO DE PREFERÊNCIA DO LOCATÁRIO

Como já discorremos anteriormente, em caso de permuta por bens fungíveis, é de ser admitida a preferência. Todavia, nossa Lei do Inquilinato a afasta de forma expressa, de modo que, apenas se demostrada que a permuta foi feita de modo a esquivar-se do dever de dar preferência, é que tal direito deve prevalecer, de modo a não se prestigiar a má fé do vendedor do bem preempto.

A Lei do Inquilinato prevê a possibilidade de o locatário haver para si o imóvel locado, no prazo de seis meses a contar do registro da venda ao terceiro, caso seja preterido em seu direito de preferência, conforme se extrai da redação do artigo 33:

> Art. 33. O locatário preterido no seu direito de preferência poderá reclamar do alienante as perdas e danos ou, depositando o preço e demais despesas do ato de transferência, haver para si o imóvel locado, se o requerer no prazo de seis meses, a contar do registro do ato no cartório de imóveis, desde que o contrato de locação esteja averbado pelo menos trinta dias antes da alienação junto à matrícula do imóvel.
>
> Parágrafo único. A averbação far-se-á à vista de qualquer das vias do contrato de locação desde que subscrito também por duas testemunhas.

No Direito Italiano, também se conta o prazo de seis meses do registro da venda ao terceiro para exercício do direito de resgate na preferência urbana, conforme artigo 39 da Lei de Locações Urbanas Italiana (Lei nº 392, de 27 de julho de 1978[306]), apesar de ter o locatário 60 dias e não 30 dias para exercer regularmente a preferência (*prelazione*), a contar do recebimento da *denuntiatio*, conforme art.38 da mesma lei.

Diante da possibilidade de resgate do bem preempto prevista na Lei do Inquilinato, atualmente o direito de preferência do locatário é reconhecido como direito com eficácia real (que pode gerar o direito real de resgate), desde que, evidentemente, conste do registro imobiliário. Nesse sentido, por exemplo, acórdão do STJ, de 14 de junho de 2011, nos autos do REsp 1216009/RS, tendo como relatora a Ministra Nancy Andrighi:

CIVIL. LOCAÇÃO. [...] INOBSERVÂNCIA DO DIREITO DE PREFERÊNCIA DO LOCATÁRIO. ART. 33 DA LEI Nº 8.245/91. DESNECESSI-

---

[306] Disponível em: http://www.normattiva.it. Acesso em: 2 ago., 2014.

DADE DA PRÉVIA AVERBAÇÃO DO CONTRATO PARA REQUERER-SE PERDAS E DANOS.

[...]

2. A averbação do contrato de locação é indispensável para que o direito de preferência revista-se de eficácia real e permita ao inquilino haver para si o imóvel locado e vendido.

3. A inobservância do direito de preferência permite ao locatário pleitear perdas e danos pelos prejuízos econômicos sofridos, ainda que o contrato locatício não tenha sido averbado junto à matrícula do imóvel locado.

"Como o direito real se apresenta com características que dão ao seu titular a possibilidade de exercê-lo contra todos (erga omnes), seguindo o objeto e retirando-o de quem, injustamente o possua, valendo-se para tanto de ação real reipersecutória; essa posição potestativa não pode existir, senão quando a lei, expressamente autorizar."[307]

Pode gerar o direito real o direito de resgate (e, portanto, tem eficácia real o direito de preferência do locatário), uma vez registrado o contrato na matrícula do imóvel. Todavia, diferentemente das decisões mais antigas sobre o tema, existe direito de prelação do locatário, independentemente do registro, ainda que, nessa hipótese, seja apenas direito pessoal (inexiste, nessa hipótese, o direito real de resgate, em caso de violação do direito de preferência).

Assim, antes da vigência da atual Lei do Inquilinato, em 15 de março de 1988, a 8ª Câmara do 2º Tribunal de Alçada Civil de São Paulo, sendo relator o Juiz Cunha Cintra, decidiu:

Se o contrato de locação não está registrado no Registro de Imóveis não tem o locatário direito de preferência na aquisição do imóvel na hipótese de alienação. Não tendo esse direito, não há que se falar em indenização por perdas e danos por falta de oferecimento [...].[308]

Todavia, tal entendimento esvaziava totalmente o instituto do direito de preferência. O direito de preferência é assegurado por lei e independe

---

[307] Tucci, Rogério Lauria; Azevedo, Álvaro Villaça. Direito de preferência. In: **Revista do Advogado**. Associação dos Advogados de São Paulo, n. 45, p. 41-56, jan., 1995, p. 53.

[308] **Revista dos Tribunais**, n. 630, v. 77, p. 158, 1988.

de previsão contratual ou de registro. O que depende de registro é sua eficácia real, isto é, o direito real de resgate.

Atualmente a jurisprudência já é pacífica[309] quanto à existência do direito de preferência assegurado por lei, independentemente de registro, apesar de perder, pela falta do registro, a natureza de direito com eficácia real (ou seja, tem sempre o locatário direito de prelação, mas o direito de resgate depende de registro). Exemplo disso, é a decisão de 06 de setembro de 2012 havida pela Quarta Turma do STJ nos autos do REsp 912.223/RS, tendo como relator o Ministro Marco Buzzi:

> 2. A averbação do contrato de locação no registro imobiliário é medida necessária apenas para assegurar ao locatário o direito real de perseguir e haver o imóvel alienado a terceiro, dentro dos prazos e observados os pressupostos fixados na Lei nº 8.425/1991. A falta dessa providência não inibe, contudo, o locatário de demandar o locador alienante por violação a direito pessoal, reclamando deste as perdas e danos que porventura vier a sofrer pela respectiva preterição.

Aqui vale uma reflexão. Se o direito de preferência é assegurado por lei e a locação é evidente, por exemplo, por haver instalada uma loja com logotipo na entrada, se o concorrente adquire a referida loja do proprietário, poderá alegar desconhecimento do direito de preferência e sua posição de terceiro de boa fé? Poderia a preferência ser exercida contra ele apesar da falta de registro do contrato?

Apesar da falta de norma expressa a esse respeito, entendemos que não poderia prosperar a impossibilidade de execução específica da ação de preferência contra quem age, deliberadamente de má fé – a eficácia não é real, mas há oponibilidade dos contratos ao terceiro de má fé, isto é, que viola conscientemente direito contratual anterior.

O registro é elemento para a oponibilidade *erga omnes*, mas o conhecimento do contrato (desde que provado ou notório) deve ser elemento

---

[309] Nesse sentido, a decisão de 12 de setembro de 2006 havida pela Quinta Turma do STJ nos autos do REsp 578174/RS, tendo como relator o Ministro Arnaldo Esteves Lima: "1. É firme a jurisprudência do Superior Tribunal de Justiça no sentido de que a não-averbação do contrato de locação no competente cartório de registro de imóveis, previsto no art. 33 da Lei nº 8.245/91, impede tão-somente o exercício do direito de preferência do locatário preterido, sendo desnecessária a averbação quando se tratar de pedido de indenização de perdas e danos."

DIREITO AGRÁRIO

suficiente para a oponibilidade do contrato ao terceiro de má fé, é o que se alinha aos princípios contratuais do Código Civil vigente, que prestigia a função social do contrato e a suavização do princípio da relatividade dos contratos, bem como a repulsa ao abuso do direito.

Vale lembrar que ainda que não seja requisito legal expresso da *denuntiatio*, no Direito Brasileiro, a indicação do nome do terceiro adquirente, se o vendedor do bem preempto devia imaginar que a informação era relevante para a decisão do locatário, como, por exemplo, se o potencial adquirente do imóvel locado for seu concorrente, existe a obrigação de constar tal informação na *denuntiatio*, conforme já apontamos no item 3.3.1 deste trabalho, por se tratar de dever de informar, consistente com o dever de boa fé contratual, sob pena de tornar a *denuntiatio* ineficaz.

O autor italiano Roberto Triola[310] considera que a obrigação de informar o nome do potencial adquirente aplica-se, também, à preferência urbana, apesar de se poder defender o contrário, pois, diferentemente da preferência agrária (artigo 8 da Lei nº 817, de 14 de agosto de 1971[311]), inexiste previsão expressa no artigo 38, que trata da preferência urbana italiana.

Vale notar que, diferentemente da lei agrária, o parágrafo único do artigo 27 da Lei do inquilinato exige que a notificação contenha "todas as condições do negócio". Assim, deve ser interpretado tal dispositivo como estabelecendo como necessária a indicação do terceiro adquirente, quando tal informação possa influenciar a decisão sobre o exercício da preferência pelo locatário.

O autor italiano Roberto Triola[312] relembra que não é válida a renúncia antecipada do direito de preferência, conforme artigo 79 de Locações Urbanas Italiana (Lei nº 392, de 27 de julho de 1978[313]), a qual, assim como o artigo 45 da Lei do Inquilinato[314], veda o ajuste que tenha por objeto atribuir ao locador vantagens em contraste com as disposições legais.

Quanto ao disposto no artigo 29 da Lei do Inquilinato - "Ocorrendo aceitação da proposta, pelo locatário, a posterior desistência do negócio pelo locador acarreta, a este, responsabilidade pelos prejuízos ocasionados,

---

[310] TRIOLA, Roberto. **La prelazione urbana**. Milano: Giuffrè, 1990, p. 109.

[311] Disponível em: http://www.normattiva.it. Acesso em: 01 ago. 2014.

[312] TRIOLA, Roberto. **La prelazione urbana**. Milano: Giuffrè, 1990, p. 118.

[313] Disponível em: http://www.normattiva.it. Acesso em: 2 ago., 2014.

[314] Art. 45. São nulas de pleno direito as cláusulas do contrato de locação que visem a elidir os objetivos da presente lei.

inclusive lucros cessantes" -, tal dispositivo encontra-se ultrapassado e em desacordo com o instituto da preferência e da atual proteção aos contratos preliminares e a possibilidade de sua execução específica.

A *denunciatio* não é proposta de contrato, mas notificação que completa a opção de compra e o seu exercício faz nascer o contrato preliminar de venda do imóvel locado, de modo que deve sempre caber ao locatário a escolha entre a execução específica ou a indenização por perdas e danos. Ainda que fosse proposta de contrato, uma vez aceita, fica o proponente obrigado, nos exatos termos da proposta.

Silvio de Salvo Venosa[315], ao comentar referido artigo entende que, feita a proposta pelo locador, ele não está obrigado a alienar. Com o devido respeito, é o que diz o artigo da Lei, todavia, após a aceitação do locatário, está sim, obrigado a alienar e não apenas a indenizar por desistência do negócio.

Não é permitida a desistência de contrato já celebrado, e a aceitação da proposta forma o contrato, assim como o exercício da preferência (direito ou opção de compra) forma o contrato – ainda que preliminar – de compra e venda do bem preempto. O que a Lei equivocadamente chama de desistência equivale a inadimplemento contratual (aquele que se obrigou a celebrar o contrato definitivo de venda e não cumpre) e deve ser tratada como tal.

Se não se pode extinguir unilateralmente opção de compra criada por contrato, menos ainda as que são criadas por lei, ainda que a preferência seja uma opção de compra em formação.

Francisco Carlos Rocha de Barros[316], por sua vez, ao comentar o mesmo artigo, entende que "o que vale para o locador também vale para o locatário. Se este, após ter aceito, manifestar arrependimento e não comprar, deverá ressarcir o locador."

Pelas mesmas razões já aduzidas anteriormente, também discordamos, com o devido respeito. Não pode arrepender-se de contrato celebrado. Tal atitude caracteriza inadimplemento contratual e deve ser tratado como tal, ou seja, o locador pode exigir o cumprimento do contrato preliminar

---

[315] VENOSA, Sílvio de Salvo. **Lei do Inquilinato comentada**. 13.ed. São Paulo: Atlas, 2014, p. 159.

[316] BARROS, Francisco Carlos Rocha de. **Comentários à lei do inquilinato**. 2. ed. rev. e atual. São Paulo: Saraiva, 1997, p. 149.

DIREITO AGRÁRIO

de compra, após o exercício do direito de preferência, pelo locatário, pois estará formado o contrato de compra e venda, ainda que preliminar, do imóvel locado; ou, a critério do locador, poderá ele exigir a resolução de tal contrato, por inadimplemento do locatário, hipótese em que a indenização será devida.

Diante das considerações acima, temos as seguintes conclusões parciais:

(1) O locatário tem direito de prelação, por força da Lei do Inquilinato (art. 27, Lei nº 8.245/91), independente de previsão contratual ou de registro ou averbação na matrícula do imóvel, que deve ser exercido em 30 dias do recebimento da notificação.

(2) A Lei do Inquilinato assegura ao locatário, em seu artigo 27 e seguintes, preferência para adquirir o imóvel locado, em igualdade de condições com terceiros, no caso de venda, promessa de venda, cessão ou promessa de cessão de direitos ou dação em pagamento.

(3) O artigo 32 já exclui tal direito em caso de perda da propriedade ou venda por quaisquer formas de realização de garantia, inclusive por venda judicial ou leilão extrajudicial, permuta, doação, integralização de capital, cisão, fusão e incorporação.

(4) Isso apenas significa que o locador não terá obrigação de oferecer preferência, em caso de perda da propriedade ou venda por quaisquer formas de realização de garantia, até porque não é o locador quem faz a venda. Por outro lado, isso não significa que, oferecendo valor igual ao de outro potencial adquirente em leilão judicial ou extrajudicial, ou por meio meio, não se deva dar prioridade ao locatário.

(5) Em caso de permuta por bens fungíveis ou qualquer forma de negócio jurídico que vise afastar maliciosamente o direito de preferência, é de ser assegurada a preferência, de modo a não se prestigiar a má fé do vendedor do bem preempto.

(6) A Lei exige que, para ter o locatário direito de resgate, em caso de violação de seu direito de preferência, o contrato de locação deve ser averbado na matrícula do imóvel (art. 33, Lei nº 8.245/91), pelo menos 30 dias antes da alienação. O prazo para resgate é de 6 meses a contar do registro da venda ao terceiro.

O DIREITO DE PREFERÊNCIA DO LOCATÁRIO

(7) Vale lembrar que o registro é elemento para a oponibilidade *erga omnes*, mas o conhecimento do contrato (desde que provado ou notório) deve ser elemento suficiente para a oponibilidade do contrato ao terceiro adquirente de má fé, é o que se alinha aos princípios contratuais do Código Civil vigente, que prestigia a função social do contrato e a suavização do princípio da relatividade dos contratos, bem como a repulsa ao abuso do direito.

(8) A renúncia antecipada do direito de prelação não é válida.

(9) Diferentemente da lei agrária, o parágrafo único do artigo 27 da Lei do inquilinato exige que a notificação contenha "todas as condições do negócio". A indicação do nome do adquirente, embora não expressamente obrigatória, é elemento exigido pela boa fé, se for elemento que possa interferir na decisão do locatário sobre o exercício da preferência.

(10) Uma vez recebida a *denuntiatio* pelo locatário, passa a existir opção de compra, podendo ser exercida, no prazo legal, mesmo em caso de desistência do locador.

5.
O Direito de Preferência nas Relações Civis

5.1. Direito de preferência como pacto adjeto da compra e venda
O Código Civil trata, em seus artigos 513 a 520, do pacto de preferência como cláusula especial do contrato de compra e venda. Conforme artigo 513 do Código Civil vigente: "A preempção, ou preferência, impõe ao comprador a obrigação de oferecer ao vendedor a coisa que aquele vai vender, ou dar em pagamento, para que este use de seu direito de prelação na compra, tanto por tanto."

Como se vê, o artigo 513 do Código Civil estabelece que referido direito de preferência também se aplica à dação em pagamento. Não se aplica à doação[317] ou à troca de coisa infungível.

Agostinho Alvim explica: "Se a coisa é, pois, fungível, a hipótese assemelha-se à da venda, que é sempre feita contra dinheiro, coisa fungível, por excelência."[318]

Nada impede que a doação seja feita sob a condição de respeitar o direito de preferência do preferente, mas, isso será apenas uma doação com encargo.[319]

---

[317] Nesse sentido: AZEVEDO JÚNIOR, José Osório de. **Compra e venda, troca ou permuta**. 3. ed. São Paulo: RT, 2005, p. 97-98.

[318] ALVIM, Agostinho. **Da compra e venda e da troca**. Rio de Janeiro: Forense, 1961, p. 184.

[319] ALVIM, Agostinho. **Da compra e venda e da troca**. Rio de Janeiro: Forense, 1961, p. 185.

DIREITO AGRÁRIO

José Osório de Azevedo Júnior explica que também se aplica o referido dispositivo legal aos compromissos ou promessas irretratáveis, pois:

> Não faria sentido impedir o vendedor de exercer seu direito de preferência por ocasião do compromisso e postergar esse exercício para tempo futuro, em que novas situações jurídicas e econômicas poderão estar consolidadas.[320]

Maria Helena Diniz[321] considera o pacto de preempção como promessa condicional de vender o bem comprado, entendimento com o qual não nos alinhamos, conforme tivemos a oportunidade de discorrer antes quanto à natureza jurídica do direito de preferência, ou seja, não pode ser contrato preliminar de venda, mesmo condicional, se lhe falta elemento essencial da venda.

O artigo 516 do Código Civil estabelece que, na falta de ajuste entre as partes, o prazo de exercício do direito de preferência será de 3 e 60 dias, a contar da *denuntiatio*, respectivamente, se o bem preempto for móvel ou imóvel. Não exercendo o direito nesse prazo, perderá o direito de compra do bem.

José Osório de Azevedo Júnior explica que "as partes podem estabelecer livremente prazo para o exercício do direito de preempção. Na omissão, valerão os prazos fixados pela lei"[322]

Vale mencionar, ainda, que não poderá vigorar o direito de preferência, por mais de 180 dias da celebração do pacto, se a coisa for móvel, ou 2 anos, se a coisa for imóvel, nos termos do parágrafo único do artigo 513 do Código Civil.

Flávio Tartuce entende que tais prazos podem ser reduzidos. "De qualquer forma, a questão é controversa, pois há quem entenda pela impossibilidade de sua alteração."[323]

---

[320] AZEVEDO JÚNIOR, José Osório de. **Compra e venda, troca ou permuta**. 3. ed. São Paulo: RT, 2005, p. 97.

[321] DINIZ, Maria Helena. **Curso de direito civil**. v.3. Teoria das obrigações contratuais e extracontratuais. 29. ed. São Paulo: Saraiva, 2013, p. 232.

[322] AZEVEDO JÚNIOR, José Osório de. **Compra e venda, troca ou permuta**. 3. ed. São Paulo: RT, 2005, p. 101.

[323] TARTUCE, Flávio. **Manual de direito civil**. São Paulo: Método, 2011, p. 595.

Isso porque, diferentemente da prescrição, para o qual existe norma expressa, vedando a sua modificação pelas partes, inexiste dispositivo semelhante para a decadência. Assim dispõe o artigo 192 do Código Civil: "Os prazos de prescrição não podem ser alterados por acordo das partes."

Paulo Lôbo, por exemplo, entende que quando os prazos são de decadência, não podem ser "alterados para mais ou para menos pelas partes", nem será válida a renúncia a decadência, "permitindo que o exercício possa fazer-se a qualquer tempo."[324]

Humberto Theodoro Junior, por sua vez, considera, quanto ao prazo decadencial, que podem ser reduzidos, mas não aumentados, por ajuste entre as partes, conforme se verifica do trecho a seguir transcrito:

> [...] a decadência é legal no seu todo, e apenas convencional na sua redução negocial. Isto quer dizer que as partes, depois de transcorrido o termo convencional, podem renunciar a seus efeitos, podem alterá-lo, expressa ou tacitamente. Não podem, entretanto, ultrapassar, em sua liberalidade, o prazo máximo querido e imposto pela lei (art. 505). De tal modo que se este já se acha ultimado, caberá ao juiz levá-lo em conta, para ter como operada a decadência (e extinto o direito de retrato), ainda que o demandado deixe de alegar tal exceção. Incidirá a regra cogente do art. 210, e não a regra dispositiva do art. 211.[325]

Fábio Henrique Peres, em sentido contrário, defende que os prazos também não podem ser reduzidos, quando fixados em lei:

> reconhecendo-se que os prazos decadenciais, quando fixados por lei, cogitam de interesses de ordem pública, torna-se necessária a conclusão de que são inadmissíveis essas reduções convencionais, uma vez que a autonomia da vontade esbarra sempre em preceitos de ordem pública.[326]

---

[324] AZEVEDO, Antônio Junqueira de (Coord.). **Comentários ao Código Civil.** v.6. São Paulo: Saraiva, 2003, p. 173.

[325] Theodoro Junior, Humberto. In: Teixeira, Sálvio de Figueiredo (Coord.). **Comentários ao Código Civil brasileiro.** v.III. t.II. Dos defeitos do negócio jurídico ao final do livro III. Arts. 185 a 232. Rio de Janeiro: Forense, 2003, p. 373-374.

[326] Peres, Fábio Henrique. **Cláusulas contratuais excludentes e limitativas do dever de indenizar.** São Paulo: Quartier Latin, 2009, p. 102.

DIREITO AGRÁRIO

Gustavo Tepedino[327], no mesmo sentido, defende que os prazos decadenciais não podem ser aumentados nem reduzidos quando fixados em lei, citando, decisão fundamentando tal ponto de vista (RTJ 85/1019).

José de Aguiar Dias defendia, na vigência do Código Civil de 1916, a possibilidade de redução dos prazos prescricionais por acordo entre as partes:

> São pacificamente validadas na jurisprudência francesa as cláusulas limitativas aplicadas à prescrição ou decadência do direito de propor a ação de reparação, podendo, pois, ser diminuído o prazo em que deve ser proposta. Essa orientação tem entre nós plena aceitação, pois é a própria lei que reduz sensivelmente o prazo para o exercício da ação, como se vê no Decreto legislativo 2.681 e no Código do Ar.[328]

Segundo Humberto Theodoro Junior, "na Espanha, onde o Código não admitia o ajuste pelas partes que ampliasse o prazo, passou-se mais modernamente a tolerar tanto a majoração como a redução, em nome da autonomia da vontade."[329]

Os artigos 2.936[330] e 2.968[331] do Código Italiano estabelecem, de forma expressa, a nulidade de pactos que tenham por objeto alterar os prazos prescricionais previstos em lei, bem como a impossibilidade de as partes modificarem a disciplina legal da decadência, se relativa a matéria indisponível por vontade das partes.

Nós também não consideramos que as partes possam alterar prazos de decadência de direitos legais, porque aumentar seria contra o propósito

---

[327] Tepedino, Gustavo; Barboza, Heloisa Helena; Moraes, Maria Celina. **Código Civil interpretado conforme a Constituição da República**. v.I. Parte geral e obrigações (arts. 1º a 420). 2. ed. Rio de Janeiro: Renovar, 2007, p. 424.

[328] Dias, José de Aguiar. **Cláusula de não-indenizar**. Rio de Janeiro: Forense, 1980, p. 133.

[329] THEODORO JUNIOR, Humberto. In: TEIXEIRA, Sálvio de Figueiredo (Coord.). **Comentários ao Código Civil brasileiro**. v.III. t.II. Dos defeitos do negócio jurídico ao final do livro III. Arts. 185 a 232. Rio de Janeiro: Forense, 2003, p. 200.

[330] Art. 2.936. Inderogabilità delle norme sulla prescrizione.È nullo ogni patto diretto a modificare la disciplina legale della prescrizione.

[331] Art. 2.968. Diritti indisponibili. Le parti non possono modificare la disciplina legale della decadenza né possono rinunziare alla decadenza medesima, se questa è stabilita dalla legge in materia sottratta alla disponibilità delle parti.

da lei e reduzir seria uma forma de renúncia prévia do direito amparado por lei, que não seria válida.

Todavia, especificamente com relação ao direito de preferência como pacto adjeto da compra e venda, como ele tem eficácia apenas pessoal e sua existência depende de convenção (não existe independentemente de contrato), consideramos que os prazos para seu exercício e existência podem ser reduzidos pelas partes, mas não aumentados.

Conforme artigo 515 do Código Civil, também perderá o direito de compra se, exercendo seu direito de preferência, o preferente deixar de pagar o preço. Vale lembrar, todavia, que a redação de tal artigo é tecnicamente incorreta, uma vez exercido o direito potestativo, forma-se o contrato, ainda que preliminar, de compra do bem. De modo que, o vendedor do bem preempto pode optar pela execução do contrato, em caso de não pagamento de preço, pelo preferente, ou pela resolução do contrato, por inadimplemento.

O preferente não precisa esperar a *denuntiatio* para exercer seu direito de compra, quando vier ao seu conhecimento que venderá o bem preempto, conforme expressamente prevê o artigo 514 do Código Civil. Isso se justifica, pois, a partir de então, já estará formada a opção de compra, com os elementos que faltavam existir.

Diante das considerações acima, temos as seguintes conclusões parciais:

(1) O direito de preferência previsto no artigo 513 do Código Civil estabelece que referido direito de preferência também se aplica à dação em pagamento. Não se aplica à doação ou à troca de coisa infungível.

(2) Trata-se de opção de compra em formação, com eficácia pessoal (sem direito de resgate), assunto que será retomado no próximo item.

(3) O artigo 516 do Código Civil estabelece que, na falta de ajuste entre as partes, o prazo de exercício do direito de preferência será de 3 e 60 dias, a contar da *denuntiatio*, respectivamente, se o bem preempto for móvel ou imóvel. Não exercendo o direito nesse prazo, perderá o direito de compra do bem. Tais prazos podem ser reduzidos, mas não aumentados por contrato.

(4) Além disso, não poderá vigorar o direito de preferência, por mais de 180 dias da celebração do pacto, se a coisa for móvel, ou 2 anos, se a coisa for

> imóvel, nos termos do parágrafo único do artigo 513 do Código Civil. Tais prazos podem ser reduzidos, mas não aumentados por contrato. Nada impede a renovação, mediante celebração de novo contrato, após o final do primeiro prazo, mas será tido como contrato de preferência autônomo e não como pacto acessório à compra e venda.

5.2. Eficácia pessoal do direito de preferência como pacto adjeto da compra e venda

Diferentemente do direito de preferência do condômino, que tem eficácia real, a lei atribui ao direito de preferência como pacto adjeto da compra e venda apenas eficácia pessoal (existe para o seu titular o direito de prelação, mas não o direito de resgate do bem preempto).

Belizário Antônio de Lacerda defende ter natureza obrigacional o direito de preferência como pacto adjeto da compra e venda:

> A preempção ou preferência se exerce *in favorem* das pessoas e não em função da coisa que eventualmente visa resguardar, razão por que está inserta na categoria dos direitos pessoais, os quais consistem em criar um liame jurídico entre o sujeito ativo e o sujeito passivo da obrigação de dar, fazer ou não fazer alguma coisa. Diferentemente do direito real ou *ius in re*, o qual consiste no poder jurídico oponível *erga omnes*, que sujeita a coisa certa à pessoa a quem se acha vinculada.
>
> Logo, a natureza jurídica da preempção ou preferência é a de um direito pessoal, embora possa ter como acessório um direito real. Mais especificamente, é uma obrigação do vendedor de afrontar ou ofertar a *res vendita* ao titular do direito de preferência.[332]

José Osório de Azevedo Júnior, no mesmo sentido, explica que o direito de preferência como pacto adjeto da compra e venda é pessoal:

> O direito de preferência é pessoal: não está relacionado entre os direitos reais e não está ligado diretamente à coisa [...]

---

[332] LACERDA, Belizário Antônio de. **Do direito e da ação de preferência**. São Paulo: Saraiva, 1981, p. 01-02.

Não apresenta, assim, poder de seqüela nem outro sinal de alguma eficácia real.

A conseqüência da violação do direito do preferente, portanto, circunscreve-se à esfera das perdas e danos. A venda feita pelo primitivo comprador a terceira pessoa sem dar ciência e oportunidade para a exercício da preferência é válida. O infrator responde por perdas e danos.

Também responde, solidariamente, pelo prejuízo o terceiro adquirente, se tiver agido de má fé.[333]

Mas o mesmo autor chama atenção para a dificuldade que terá o preferente em comprovar a existência de "prejuízo concreto, efetivo".

Vale lembrar que, como já foi tratado nos itens 3.8 e 3.9 do presente trabalho, ainda que o direito não tenha natureza real, não pode o terceiro que dele tenha conhecimento violá-lo.

José Osório de Azevedo Júnior[334] aponta que "em legislações mais recentes parecem surgir tentativas de dar maior eficácia ao instituto."

Um direito que, em caso de violação apenas se resolva em perdas e danos acaba tendo pouca eficácia, pois não assegura o principal efeito desejado pelo preferente, ou seja, não lhe é assegurado o direito de compra, em igualdade de condições ofertadas, que pode vir a ser violado, sem que haja a possibilidade de execução específica do direito violado.

De fato, o artigo 421 do Código Civil Português[335] permite que as partes convencionem a eficácia real do direito de preferência.

Agostinho Alvim, já em 1961, defendia a natureza de direito pessoal da preferência como pacto adjeto da compra e venda, mas lembra que "o Código Civil, ao falar em preferência, não distingue entre os direitos providos ou não de sequela. O termo é o mesmo nas duas hipóteses."[336]

Ou seja, reconhece o referido autor que o direito de preferência do condômino confere direito de sequela. De fato, o artigo 504 do CC não

---

[333] AZEVEDO JÚNIOR, José Osório de. **Compra e venda, troca ou permuta.** 3. ed. São Paulo: RT, 2005, p. 103.

[334] AZEVEDO JÚNIOR, José Osório de. **Compra e venda, troca ou permuta.** 3. ed. São Paulo: RT, 2005, p. 103.

[335] O direito de preferência pode, por convenção das partes, gozar de eficácia real se, respeitando a bens imóveis, ou a móveis sujeitos a registo, forem observados os requisitos de forma e de publicidade exigidos no artigo 413º.

[336] ALVIM, Agostinho. **Da compra e venda e da troca.** Rio de Janeiro: Forense, 1961, p. 197.

DIREITO AGRÁRIO

resta dúvidas que o condômino preterido em seu direito de preferência tem direito de resgate.

Para o mesmo autor, "a obrigação de dar preferência não é obrigação de contratar, mas dela se aproxima."[337]

Conforme assunto que será retomado no item 9.2 deste trabalho, não existe obrigação de contratar, mas apenas de não contratar com terceiro, sem dar prioridade ao preferente.

Conforme artigo 518 do Código Civil, em caso de violação do direito de preferência, o proprietário do bem responderá por perdas e danos, solidariamente com o adquirente se tiver procedido de má fé.

Como se vê, inexiste a previsão no Código Civil, para esta modalidade de direito de preferência, da ação de preferência ou direito de resgate.

Isso porque, desde a origem, trata-se de direito de preferência com eficácia meramente pessoal. Nesse sentido, o comentário de Clóvis Beviláqua ao artigo 1.149 do Código Civil de 1916[338] (equivalente ao atual artigo 513 do Código Civil de 2002):

> Sendo o direito de preferência meramente pessoal, não acompanha a coisa alienada. Se o comprador, ao aliená-la, deixa de oferecer àquele que lhe vendeu, nem por isso a venda é nula. Apenas o primeiro vendedor tem ação para exigir, do primeiro comprador, perdas e danos pelo não cumprimento da obrigação de oferecer-lha.[339]

Não obstante, o Código de Processo Civil de 1939 (Decreto-Lei nº1.608, de 18 de setembro de 1939) veio a conferir a assegurar a ação de preferência ao preferente que for preterido em seu direito, conforme artigo 313: "Art. 313. Alienada a coisa, terá o preferente ação para exigi-la do terceiro que a houver adquirido, ou para reclamar a indenização correspondente."

Atualmente inexiste dispositivo semelhante no Código de Processo Civil vigente (assim como inexistia no de 1973), mas, existe a possibilidade de o preferente optar pelas perdas e danos ou pela nulidade da venda (se o

---

[337] ALVIM, Agostinho. **Da compra e venda e da troca**. Rio de Janeiro: Forense, 1961, p. 123.

[338] Art. 1.149. A preempção, ou preferência, impõe ao comprador a obrigação de oferecer ao vendedor a coisa que aquêle vai vender, ou dar em pagamento, para que êste use de seu direito de prelação na compra, tanto por tanto.

[339] BEVILÁQUA, Clóvis. **Código Civil dos Estados Unidos do Brasil**. v.II. 5ª tir. Rio de Janeiro: Rio, [ano], p. 258.

terceiro tinha conhecimento do direito do preferente) e exercício do seu direito de compra, conforme já tivemos a oportunidade de nos manifestar, quando tratamos da execução específica da opção de compra[340].

Isso porque, como já detalhado nos itens 3.8 e 3.9 deste trabalho, os princípios contratuais atuais não mais amparam o abuso do direito de contratar ou a violação de direitos contratuais, mediante a celebração de contrato incompatível com direitos contratuais anteriores, de modo que tais contratos podem ser anulados, por violarem a função social do contrato e a boa fé.

Caio Mário da Silva Pereira , ao comentar o artigo 518 do Código Civil, entende que a solução dada pelo Código Civil em caso de inadimplemento e alienação do bem a terceiro de má-fé é apenas as perdas e danos, apontando, contudo, que a solução é um verdadeiro absurdo:

> O Código Civil de 2002 infelizmente manteve a mesma linha do Código anterior, na contramão da evolução do direito moderno, que tem se encaminhado no sentido de sempre possibilitar a execução específica da obrigação, desde que não seja causado prejuízo ao terceiro de boa fé. O Código reconhece ao vendedor preferência configurada, de natureza meramente obrigatória, ou um direito de crédito (obrigação de fazer *o parte emptoris*), cujo descumprimento origina responsabilidade por perdas e danos (Código Civil, art. 518). Na hipótese de comprovação de má fé do adquirente no negócio jurídico celebrado em violação do direito de preferência, o Código é expresso ao admitir apenas as perdas e danos, em regime de solidariedade entre as partes desse negócio jurídico, o que se caracteriza como verdadeiro absurdo.[341]

Todavia, nosso entendimento segue reproduzido abaixo:

> De fato, entender que tal solução é a única possível seria um absurdo, mas é necessário fazer uma interpretação sistemática do Código Civil e do ordenamento jurídico brasileiro, para encontrar a solução adequada no caso concreto.
>
> Com o devido respeito às opiniões contrárias, especialmente no direito contratual moderno, em que se prestigia a justiça dos pactos e sua finalidade

---

[340] PERES, Tatiana Bonatti. **Opção de compra**. Curitiba: Juruá, 2011, p. 162-171.

[341] PEREIRA, Caio Mário da Silva. **Instituições de direito civil**. v.III. Contratos, declaração unilateral de vontade, responsabilidade civil. 15. ed. Rio de Janeiro: Forense, 2011, p. 184-185.

DIREITO AGRÁRIO

social, suavizando o princípio da relatividade, não se deve admitir a validade de um contrato em que falte a boa-fé, mesmo antes da positivação de tal princípio (art. 422, CC).

Isso porque, dentre os princípios valorizados pelo constituinte de 1988, devem ser lembrados: o objetivo de construir uma sociedade livre, justa e solidária[342].

Não há dúvidas de que a justiça não seria feita e não haveria nenhuma solidariedade se a má-fé fosse prestigiada e protegida pelo nosso sistema jurídico.

Além disso, também não há dúvida que infringir conscientemente o direito de terceiro é uma causa ilícita do contrato, que não se coaduna com seu fim social (art. 421, CC).[343]

Como já tivemos a oportunidade de analisar em outra ocasião[344], atualmente, dada a suavização do princípio da relatividade dos contratos e da introdução do princípio da função social dos contratos e também a vedação expressa ao abuso do direito, assim como da imposição de limites à liberdade de contratar, não se pode admitir a violação proposital (ou de má fé) de direito contratual anterior, pelo terceiro adquirente.

Por esta razão, o preferente que tenha seu direito violado, não apenas pode valer-se da norma expressa do Código Civil de 2002, artigo 518[345], pleiteando indenização do terceiro adquirente de má fé, como também, em último caso, poderá pleitear a nulidade da venda, exercendo regularmente seu direito de compra, no prazo legal, ou seja, deverá ajuizar a ação competente, no prazo que teria para exercer seu direito de compra, conforme ajustado em contrato, contado do conhecimento da violação de seu direito.

Em Portugal, como retro mencionado, o artigo 421 do Código Civil permite às partes contratantes definir se o pacto de preferência terá eficácia real ou apenas pessoal, dependendo a eficácia real de registro imobiliário para os bens imóveis.

---

[342] BRASIL. Constituição Federal de 1988. Art. 3º, I.

[343] PERES, Tatiana Bonatti. **Opção de compra.** Curitiba: Juruá, 2011, p. 166.

[344] PERES, Tatiana Bonatti. Locação empresarial: a cláusula de vigência e os princípios atuais do direito contratual. In: PERES, Tatiana Bonatti (Coord.). **Temas relevantes de direito empresarial.** Rio de Janeiro: Lumen Juris, p. 27-39, 2014, p. 35-36.

[345] Art. 518. Responderá por perdas e danos o comprador, se alienar a coisa sem ter dado ao vendedor ciência do preço e das vantagens que por ela lhe oferecem. Responderá solidariamente o adquirente, se tiver procedido de má-fé.

Tal solução é bastante interessante mas não possível nos contratos brasileiros, pois, a criação de direito real ou com eficácia real depende de previsão legal (em razão da taxatividade dos direitos reais).

Pontes de Miranda, esse respeito, indicava, em 1962:

> O direito brasileiro não tem o direito de preempção (nem qualquer direito de opção), de origem negocial, com eficácia real, posto que possa ser atribuída ao direito de preempção (ou a qualquer direito de opção, se registrável) a eficácia erga omnes (Tomo V, §569, 2). No direito alemão, há o direito real de preempção, mediante simples averbação feita no registro de imóveis).[346]

Diante das considerações acima, temos as seguintes conclusões parciais:

(1) A lei atribui ao direito de preferência como pacto adjeto da compra e venda apenas eficácia pessoal (direito de prelação).

(2) Inexiste a previsão no Código Civil, para esta modalidade de direito de preferência, da ação de preferência ou direito de resgate.

(3) Dada a suavização do princípio da relatividade dos contratos e da introdução do princípio da função social dos contratos e também a vedação expressa ao abuso do direito, assim como da imposição de limites à liberdade de contratar, não se pode admitir a violação com conhecimento (ou de má fé) de direito contratual anterior, pelo terceiro adquirente.

(4) Assim, o preferente que tenha seu direito violado, não apenas pode valer-se da norma expressa do Código Civil de 2002, artigo 518, pleiteando indenização do terceiro adquirente de má fé, como também, em último caso, poderá pleitear a nulidade da venda, exercendo regularmente seu direito de compra, no prazo legal, ou seja, deverá ajuizar a ação competente, no prazo que teria para exercer seu direito de compra, conforme ajustado em contrato, contado do conhecimento da violação de seu direito.

5.3. Direito de preferência do condômino

O direito de preferência do condômino é superior ao do arrendatário ou do locatário.

---

[346] MIRANDA, Pontes de. **Tratado de direito privado**. v.39. 2. ed. Rio de Janeiro: Borsoi, p. 203-225, 1962, p. 210.

DIREITO AGRÁRIO

Conforme artigo 504 do Código Civil[347], equivalente ao artigo 1.139 do Código Civil de 1916, o condômino tem direito de preferência na aquisição de bem comum indivisível, sendo o prazo decadencial para exercício de 180 contados do conhecimento da venda. Não tem o condômino direito de preferência em caso de permuta[348] por bem infungível ou em operações que não representem contraprestação em dinheiro (tais como operações societárias de integralização de capital social, fusão, cisão, incorporação), mas o artigo 504 aplica-se também aos pré-contratos[349].

Interessante apontar que existe norma da Junta Comercial do Estado de São Paulo – JUCESP (Portaria 17, de 23 de agosto de 2012) que exige para a integralização de capital social com fração ideal de bem imóvel a "a anuência de todos os condôminos ou prévia notificação quanto ao exercício do direito de preferência." De modo que, entende a JUCESP que existe direito de preferência também nesta hipótese.

O prazo decadencial para exercício do direito era de 6 meses no Código Civil anterior e não de 180 dias. "Não é demais lembrar que não se trata de sinônimos."[350]

Vale apontar, todavia, que apesar de haver correntes interpretativas no sentido literal[351], o STJ privilegia o entendimento que "Na hipótese de o

---

[347] Art. 504. Não pode um condômino em coisa indivisível vender a sua parte a estranhos, se outro consorte a quiser, tanto por tanto. O condômino, a quem não se der conhecimento da venda, poderá, depositando o preço, haver para si a parte vendida a estranhos, se o requerer no prazo de cento e oitenta dias, sob pena de decadência.

Parágrafo único. Sendo muitos os condôminos, preferirá o que tiver benfeitorias de maior valor e, na falta de benfeitorias, o de quinhão maior. Se as partes forem iguais, haverão a parte vendida os comproprietários, que a quiserem, depositando previamente o preço.

[348] LACERDA, Belizário Antônio de. **Do direito e da ação de preferência**. São Paulo: Saraiva, 1981, p. 11.

[349] Nesse sentido, vide: LACERDA, Belizário Antônio de. **Do direito e da ação de preferência**. São Paulo: Saraiva, 1981, p. 17.

[350] TEPEDINO, Gustavo; BARBOZA, Heloisa Helena; MORAES, Maria Celina. **Código Civil interpretado conforme a Constituição da República**. v. II. Teoria geral dos contratos. Contratos em espécie. Títulos de crédito. Responsabilidade civil. Preferências e privilégios creditórios (arts. 421 a 965). Rio de Janeiro: Renovar, 2006, p. 169.

[351] Para referências de decisões favoráveis ou contrárias a tal entendimento, vide: NEGRÃO, Theotonio; GOUVÊA, José Roberto F.; BONDIOLI, Luis Guilherme A; FONSECA, João Francisco N. da. **Código Civil e legislação civil em vigor**. 31. ed. São Paulo: Saraiva, 2012, p. 220.

bem se encontrar em estado de indivisão, seja ele divisível ou indivisível, o condômino que desejar alienar sua fração ideal do condomínio deve obrigatoriamente notificar os demais condôminos para que possam exercer o direito de preferência na aquisição, nos termos do art. 1.139 do CC16", (conforme acórdão da 2ª Seção do STJ, de 27/10/2004, RESP 489.860 – SP, tendo como relatora a Ministra Nancy Andrighi).

No mesmo sentido, já defendia Clóvis Beviláqua, em comentários ao artigo 1.139 do Código Civil de 1916:

> Realmente, se o condômino não pode, sem prévio assentimento dos outros, dar posse da propriedade a estranhos, é claro que não pode, sem essa condição, alienar a sua parte ideal.[352]

Belizário Antônio de Lacerda acrescentava:

> Uma coisa é entrar um estranho na comunhão de coisa indivisível e outra é entrar na comunhão de coisa divisível. Os inconvenientes da segunda hipótese são bem menos desastrosos do que os da primeira. Daí a aplicação do art. 1.139 também a imóvel indiviso. Aliás, o art. 1.566 do Código civil português, fonte de inspiração do nosso art. 1.139, foi modificado em sua redação pelo Decreto nº 19.126, de tal maneira que o texto atual diz "coisa indivisível ou indivisa" [...][353]

Pontes de Miranda[354], em 1953, explicava que tal artigo (1.139 do CC/1916) se referia à indivisibilidade física (natural) e à jurídica, seja legal ou negocial, conforme, aliás, definia o artigo 53 do CC/1916[355]: "Art.53. São indivisíveis: I. Os bens que se não podem partir sem alteração na sua subs-

---

[352] BEVILÁQUA, Clóvis. **Código Civil dos Estados Unidos do Brasil**. v.II. 5ª tir. Rio de Janeiro: Rio, [ano], p. 250.

[353] LACERDA, Belizário Antônio de. **Do direito e da ação de preferência**. São Paulo: Saraiva, 1981, p. 3.

[354] MIRANDA, Pontes de. **Tratado de direito privado**. v.39. 2. ed. Rio de Janeiro: Borsoi, p. 203-225, 1962, p. 266.

[355] No Código Civil de 2002, também temos dispositivos semelhantes, a saber: Art. 87. Bens divisíveis são os que se podem fracionar sem alteração na sua substância, diminuição considerável de valor, ou prejuízo do uso a que se destinam. Art. 88. Os bens naturalmente divisíveis podem tornar-se indivisíveis por determinação da lei ou por vontade das partes.

DIREITO AGRÁRIO

tância. II. Os que, embora naturalmente divisíveis, se consideram indivisíveis por lei, ou vontade das partes."

Em um caso relativo a imóvel rural, que interessa ao objeto do presente trabalho, já se decidiu, em sentido contrário, que:

> Não há que se falar em indivisibilidade do imóvel, se a parte vendida é superior ao módulo rural da localidade, podendo ser separada da área total sem que se altere sua destinação. Não se aplica o direito de preferência do condômino na aquisição de imóvel quando o mesmo é divisível (RJM 184/71: AP 1:0657.07.001684-2/001).[356]

Todavia, é importante lembrar que a divisão pode resultar em diminuição do valor econômico do bem, portanto, tal decisão pode não ser um referencial, devendo, a cada caso concreto e específico a ser analisado. Alternativamente, a venda poderia ser concluída com o desmembramento da área e, portanto, sem haver direito de preferência do condômino, porém, neste caso, este poderia alegar direito à indenização pela desvalorização de sua fração ideal.

Além disso, vale lembrar que enquanto indiviso o bem, os condôminos são donos de fração do todo e não de parte delimitada, por isso, não podem vender sua fração sem preferência dos demais. A qualquer tempo, podem os condôminos celebrar a escritura de divisão, se o bem for divisível fisicamente, ou pedir a sua divisão judicial. Ou, no caso de bem indivisível, pedir a extinção do condomínio.

Quanto ao prazo para exercício regular do direito de preferência, isto é, o Código Civil não teve o cuidado de fixar o prazo para a manifestação dos condôminos, após o recebimento de notificação. Mas, o prazo "deve ser útil, vale dizer, suficiente para que os demais condôminos tomem conhecimento e deliberem acerca do seu interesse em adquirir a parte que está sendo vendida."[357]

---

[356] NEGRÃO, Theotonio; GOUVÊA, José Roberto F.; BONDIOLI, Luis Guilherme A; FONSECA, João Francisco N. da. **Código Civil e legislação civil em vigor**. 31. ed. São Paulo: Saraiva, 2012, p. 220.

[357] ALVIM, Arruda; ALVIM, Thereza (Coords.). **Comentários ao Código Civil Brasileiro**. Do direito das obrigações v.V (arts. 421 a 578). Rio de Janeiro: Forense, 2007, p. 801.

Ronaldo Alves de Andrade[358] defende que prazo razoável seria de 30 dias, a exemplo do disposto no artigo 28 da Lei do Inquilinato.

Apesar do início da contagem do prazo decadencial previsto na lei, para exercício forçado do direito de preferência, pode o comprador antecipar-se para fazer valer seu direito de preferência quando sabe que o vendedor vai vender o bem preempto (a exemplo do que dispõe o artigo 514 do CC). Nesse sentido, o acórdão de 23/02/1999 da 4ª Turma do STJ, nos autos do RESP 198.516, tendo como relator o Ministro Barros Monteiro:

> Ao condômino preterido com a alienação de parte ideal do imóvel comum, sem o seu consentimento, é dado exercer seu direito de preferência com a simples operação de compra e venda, independentemente do registro da respectiva escritura pública.[359]

Belizário Antônio de Lacerda defendia que o prazo deveria correr da data em que o preferente teve ciência inequívoca da venda, se esta ocorrer após o registro:

> O que se pode objetar é que nenhum prazo começa a correr contra quem desfavorece, antes que tome conhecimento do ato a termo certo. Todavia, em se tratando de prazo alusivo a imóvel, o conhecimento do ato aprazado é dado quando se transfere aquele pela transcrição no Registro Imobiliário. Daí o conhecimento da transação, no caso do artigo 1.139 do Código Civil[360], ser uma *presumptio iuris*.[361]
>
> [...]
>
> Ora, tratando-se de direito de preferência de um direito pessoal, embora tendo como acessório um direito real, o prazo extintivo só poderá começar a fluir a partir do momento em que o interessado teve conhecimento do ato que lhe foi prejudicial. É sabido que o Registro Imobiliário dá publicidade ao ato, mas que ninguém está obrigado a ir frequentemente nos Cartórios de Regis-

---

[358] ALVIM, Arruda; ALVIM, Thereza (Coords.). **Comentários ao Código Civil Brasileiro.** Do direito das obrigações v.V (arts. 421 a 578). Rio de Janeiro: Forense, 2007, p. 801.

[359] BARATA, Carlos Lacerda. **Da obrigação de preferência**: contributo para o estudo do artigo 416 do Código Civil. Coimbra: Coimbra, 2002, p. 5.

[360] Artigo 504 do Código Civil vigente.

[361] LACERDA, Belizário Antônio de. **Do direito e da ação de preferência.** São Paulo: Saraiva, 1981, p. 5.

DIREITO AGRÁRIO

tros Imobiliários saber se tal ato foi ou não transcrito. Ademais disso, e como já se ressaltou, esta publicidade oriunda de registro é presuntiva e a perda de um direito é algo muito importante para ser inferida por mera presunção.[362]

É certo que tal entendimento não mais prospera na doutrina ou na jurisprudência brasileira, como se verifica, por exemplo, da decisão abaixo:

EMENTA: Ação de preferência Condômino preterido na venda de quotas de imóvel Alegação de que não foi dada ciência direta e inequívoca da venda, desrespeitando seu direito de preferência Desnecessidade O registro público de imóveis é fonte de publicidade e segurança jurídica suficientes para garantir a ciência da venda Reconhecimento do decurso do prazo decadencial de 180 dias e da divisibilidade do imóvel – Recurso não provido. (acórdão de 18/09/2012 da 9ª Câmara de Direito Privado do TJ-SP, nos autos da Apelação 0003246-84.2007.8.26.0575, tendo como relatora a Desa. Silvia Sterman).

O prazo correrá do registro ou antes, se teve conhecimento da venda o condômino. Nesse sentido, já decidiu o TJ-SP:

DIREITO DE PREFERÊNCIA. Venda de quinhão em coisa comum. Artigo 504 do Código Civil. Falta de comunicação a condômino. Decadência. Prazo contado a partir do registro imobiliário, salvo se houver outra prova evidente de que o condômino preterido em seu direito de preferência teve conhecimento efetivo da venda, antes do aludido registro. Decurso de prazo superior a 180 dias entre o registro imobiliário e o ajuizamento da demanda. Impossibilidade de considerar como termo inicial do prazo decadencial o momento em que o condômino preterido pesquisou a situação do imóvel no cartório. Caso, ademais, em que o depósito do preço não se deu no momento do ajuizamento da ação, pois recolhida quantia ao fisco estadual. Depósito judicial posterior, no curso da demanda, realizado bem depois do prazo, mesmo se contado a partir da pesquisa no cartório. À decadência não se aplicam causas impeditivas, suspensivas ou interruptivas do seu curso. Decadência corretamente pronunciada. Apelação não provida. (acórdão de 08/10/2013 da 2ª Câmara de Direito Privado do TJ-SP, nos autos da Apelação 0008345-89.2008.8.26.0093, tendo como relator o Guilherme Santini Teodoro).

---

[362] LACERDA, Belizário Antônio de. **Do direito e da ação de preferência**. São Paulo: Saraiva, 1981, p. 8.

O DIREITO DE PREFERÊNCIA NAS RELAÇÕES CIVIS

Flávio Tartuce, acerca da ação para haver para si o bem vendido em violação ao seu direito de preferência, aponta:

> Conforme reconhece parte da doutrina, trata-se de uma ação anulatória de compra e venda que segue rito sumário. Todavia, há o entendimento de que a ação é de adjudicação, pois o principal efeito da ação é constituir positivamente a venda para aquele que foi preterido. O último entendimento é o correto tecnicamente, mas o primeiro também é muito adotado, inclusive pela jurisprudência (nesse sentido, ver STJ, RESP 174.080/BA, rel. Min. Sálvio de Figueiredo Teixeira, Quarta Turma, j. 26.10.1999, DJ 13.12.1999, p. 153).[363]

Concordamos com o autor, pois, se fosse apenas a anulação da venda, outra medida seria necessária para fazer valer o direito de compra do preferente. Aliás, nosso entendimento é que se trata de ação declaratória de resolução da propriedade, em favor do preferente, pelo exercício do seu direito potestativo modificativo, substituindo-se no contrato de compra do bem preempto.

Nesse sentido, defende Ronaldo Alves de Andrade:

> Em nosso sentir, a questão deveria ser tratada pela doutrina como é a fraude à execução, que considera válido o negócio jurídico celebrado em fraude à execução, mas ineficaz em relação à execução onde a fraude foi reconhecida. De fato, entre o condômino que vende sua parte em coisa indivisível sem autorização dos demais condôminos e o comprador, o negócio é perfeitamente válido e, se algum condômino exercitar, no prazo decadencial, seu direito de perempção, caberá ao comprador demandar a resolução do contrato e pleitear perdas e danos havidas, pois em relação ao condômino não cientificado a venda não gera qualquer efeito, tanto assim que ele não necessita pleitear a declaração de nulidade do contrato de compra e venda, basta depositar o preço da coisa para haver para si a coisa vendida sem sua anuência.[364]

Com o devido respeito, se o comprador sabia da situação de condomínio e não exigiu a comprovação de renúncia ao direito de preferência, comprou com esse risco, ou seja, sabendo que o que comprava era pro-

---

[363] TARTUCE, Flávio. **Manual de direito civil**. São Paulo: Método, 2011, p. 583.
[364] ALVIM, Arruda; ALVIM, Thereza. (Coords.). **Comentários ao Código Civil Brasileiro**. Do direito das obrigações v.V (arts. 421 a 578). Rio de Janeiro: Forense, 2007, p. 802-803.

DIREITO AGRÁRIO

priedade resolúvel, e não terá direito à indenização, se o condômino vier a exercer tal direito, salvo ajuste contratual em contrário.

Maria Helena Diniz, ao citar exemplos de propriedade resolúvel (revogável) constituída por *ato inter vivos*, cita:

> Na venda feita a estranho, por condômino, de sua quota ideal na coisa comum indivisível, de sua quota ideal na coisa indivisível, sem obediência ao direito de preferência assegurado aos demais comunheiros que, por sua vez, poderão dentro do prazo de 180 dias requerer a quota vendida (CC, art. 504). Se qualquer dos comproprietários exercer tal preferência, resolve-se a propriedade do adquirente, estranho e a quota que comprara retorna à propriedade do antigo proprietário.
>
> [...]
>
> Apesar de ser revogável seu domínio, o proprietário pode agir como se fosse um proprietário pleno, dado que há limitação apenas na duração de seu direito, que depende da ocorrência ou não de um fato futuro [...].
>
> Consequentemente, terá ele direito de usar e gozar do bem, de praticar atos de administrar, de dispor dele, alienando-o, porém o adquirente deverá sujeitar-se ao mesmo fato extintivo do domínio. Pode constituir direitos reais, mas a realização da condição resolutória tem o poder de extingui-los.[365]

É certo que ninguém pode transferir mais do que detém. Se a pessoa é titular de propriedade resolúvel, não pode transferir propriedade plena, mas apenas resolúvel.

Pontes de Miranda considera, e nós compartilhamos de tal entendimento para os direitos com eficácia real, que o direito de preferência pode ser exercido em vendas privadas "e nas de direito público (leilões judiciais, praças, vendas particulares permitidas pelo juízo). Cf 3ª Câmara Civil do Tribunal de Apelação de São Paulo, 2 de julho de 1943 (R. dos T., 145, 122) e 18 de agosto de 1943 (146, 681)." [366] [367]

---

[365] DINIZ, Maria Helena. **Curso de direito civil**. v.4. Direito das coisas. 28. ed. São Paulo: Saraiva, 2013, p. 370-371.

[366] MIRANDA, Pontes de. **Tratado de direito privado**. v.39. 2. ed. Rio de Janeiro: Borsoi, p. 203-225, 1962, p. 222.

[367] No mesmo sentido, vide a opinião de: ALVIM, Arruda; ALVIM, Thereza. (Coords.). **Comentários ao Código Civil Brasileiro**. Do direito das obrigações v.V (arts. 421 a 578). Rio de Janeiro: Forense, 2007, p. 804.

Diante das considerações acima, temos as seguintes conclusões parciais:

(1) O direito de preferência do condômino é superior ao do arrendatário ou locatário.

(2) A lei atribui ao direito de preferência do condômino eficácia real (direito de prelação e direito de resgate) e pode ser exercido em vendas privadas nas vendas judiciais ou extrajudiciais para execução de garantia, embora nesta hipótese não são os condôminos que devem oferecer preferência, mas se não lhes der conhecimento da venda para exercício da preferência, a opção de compra poderá ser exercida posteriormente, pela modalidade de direito de resgate.

(3) O direito de preferência de fração de bem comum indiviso, alcança a dação em pagamento e a permuta por bens fungíveis. Não tem o condômino direito de preferência em caso de permuta por bem infungível ou em operações que não representem contraprestação em dinheiro, inclusive operações societárias, exceto se realizadas com fim de afastar o direito de preferência (por exemplo a integralização de bem a sociedade constituída especialmente para o fim de venda de suas quotas, após a integralização do bem preempto).

(4) Interessante apontar que existe norma da Junta Comercial do Estado de São Paulo – JUCESP (Portaria 17, de 23 de agosto de 2012) que exige para a integralização de capital social com fração ideal de bem imóvel a "a anuência de todos os condôminos ou prévia notificação quanto ao exercício do direito de preferência." Assim, evita-se a realização de operações com intuito de fraudar direito de preferência dos condôminos.

(5) A lei não definiu o prazo para o exercício do direito de prelação, mas deve ser considerado razoável o prazo de 30 dias, salvo se prazo maior for concedido na notificação.

(6) O condômino de bem divisível, embora indiviso, tem o dever de oferecer preferência aos demais condôminos, em caso de venda, porque cada um é titular de fração do bem e não parte determinada do mesmo, ainda que o bem seja divisível.

(7) Em caso de violação do direito de preferência, o direito de resgate pode ser exercido em 180 dias do registro da venda ao terceiro, sendo certo que não se exige na lavratura de escritura de compra e venda a comprovação de anuência dos condôminos ou renúncia ao direito de preferência, conforme se tratará no próximo item deste trabalho.

DIREITO AGRÁRIO

> (8) O adquirente que compra fração de imóvel, ou seja, tinha conhecimento da situação de condomínio, e não exigiu a comprovação de renúncia ao direito de preferência, compra com esse risco, ou seja, adquire propriedade resolúvel, e não terá direito à indenização, se o condômino vier a exercer tal direito, salvo ajuste contratual em contrário.

5.4. Eficácia real do direito de preferência do condômino e propriedade resolúvel

A redação do artigo 504 do CC não resta dúvidas que o condômino preterido em seu direito de preferência tem direito de resgate, ou seja, tem eficácia real o direito de preferência do condômino.

Por esta razão é que a venda feita sem a *denuntiatio* é válida (ainda que existam entendimentos em contrário), pois o direito de preferência subsiste, em forma de direito de resgate. Contudo, a propriedade assim transferida é resolúvel, isto é, sujeita a resolução em favor do preferente, caso exerça o direito de resgate.

Nas palavras de Maria Helena Diniz:

> A venda feita pelo condômino a estranho, com preterição dos demais, será resolúvel, pois só será definitiva se, após o decurso do prazo de decadência de 180 dias, contado a partir do momento em que cada condômino teve conhecimento da venda (JTACSP 63:106, 64:24; RT, 543:144, 565:178), não houver nenhuma reclamação dos outros comunheiros.[368]

Quando a professora menciona reclamação, deve-se entender o exercício do direito de resgate.

Carlos Antônio de Araújo[369], oficial do Registro de Títulos e Documentos e Registro Civil das Pessoas Jurídicas de Bom Despacho-MG, escreveu um artigo, posicionando-se sobre a possibilidade de lavratura de escritura

---

[368] DINIZ, Maria Helena. **Curso de direito civil**. v.4. Direito das coisas. 28. ed. São Paulo: Saraiva, 2013, p. 241.

[369] ARAÚJO, Carlos Antônio de. Condomínio indivisível. Direito de preferência. Escritura pública de compra e venda. **Jus Navigandi**, Teresina, ano 12, n. 1437, 8 jun. 2007. Disponível em: http://jus.com.br/artigos/9996. Acesso em: 13 fev. 2015.

de venda sem a apresentação da anuência ou renúncia do direito de preferência pelos condôminos.

O oficial, por sua vez, defende, fundamentando seu raciocínio na teoria da aparência e no artigo 1.360 do Código Civil, que:

> a venda feita por apenas um condômino será resolúvel em relação à primeira venda do bem indivisível, mas não em relação às vendas subsequentes, pois há que se resguardar os direitos de terceiros de boa fé, sob pena de insegurança jurídica, não olvidando que a doutrina e a jurisprudência admitem a boa fé do adquirente perante quem nem mesmo está autorizado a dispor de um bem. E, quase sempre, no sentido de que quem, de boa-fé, contrai negócio jurídico com pessoa que externa aparência de dono, tem sua aquisição protegida contra terceiros.

O artigo 1.360 do Código Civil assim dispõe:

> Art. 1.360. Se a propriedade se resolver por outra causa superveniente, o possuidor, que a tiver adquirido por título anterior à sua resolução, será considerado proprietário perfeito, restando à pessoa, em cujo benefício houve a resolução, ação contra aquele cuja propriedade se resolveu para haver a própria coisa ou o seu valor.

Como se vê, referido artigo trata da resolução por causa superveniente, ou seja, não por condição resolutiva ou termo final constantes ou oriundos do próprio título aquisitivo (por exemplo, revogação de doação por ingratidão ou por inexecução de encargo[370]).

Por esta razão, não nos alinhamos, com o devido respeito, à posição adotada pelo oficial, em primeiro lugar porque não se trata de causa superveniente e, portanto, a propriedade transferida pela segunda vez também é resolúvel, isto é, ninguém pode alienar mais do que detém e se o adquirente comprou propriedade resolúvel, só pode alienar a propriedade com essa condição.

Em segundo lugar, e não menos importante, é que não se trata de terceiro de boa-fé o adquirente da propriedade resolúvel, isto é, terceiro

---

[370] NEGRÃO, Theotonio; GOUVÊA, José Roberto F.; BONDIOLI, Luis Guilherme A; FONSECA, João Francisco N. da. **Código Civil e legislação civil em vigor.** 31. ed. São Paulo: Saraiva, 2012, p. 488.

DIREITO AGRÁRIO

que desconhece a situação de propriedade resolúvel. Os títulos aquisitivos constam da matrícula do imóvel e podem ser obtidos pois são, como regra, instrumentos públicos.

Ora, o adquirente que não faça a devida auditoria na compra do imóvel, para verificar situação jurídica que consta de documentos públicos, não pode alegar a condição de adquirente de boa fé.

Como já tivemos a oportunidade de discorrer, quando tratamos de auditorias e o dever de diligência do comprador, "evidencia-se que o dever de diligência do comprador ainda tem um peso maior do que o dever de informar do vendedor, se a informação era de fácil acesso."[371]

Pelas razões acima expostas, consideramos que, independentemente da quantidade de vendas efetuadas, se a propriedade é resolúvel quando transferida em violação ao direito de preferência do condômino, ela não perde essa qualidade, seja porque não pode o titular de propriedade resolúvel alienar direito mais amplo do que o direito que detém, seja pela natureza real do direito real do preferente, que pode ser oposto a qualquer adquirente do bem, durante o prazo legal para o seu exercício do direito de resgate.

Diante das considerações acima, temos as seguintes conclusões parciais:

(1) O direito de preferência do condômino tem eficácia real.

(2) A venda com violação a esse direito é válida e eficaz, mas a propriedade assim transferida é sujeita a resolução, caso o direito de resgate seja exercido pelo condômino, tornando-se plena, com o decurso do prazo sem exercício.

(3) Ainda que sejam feitas vendas sucessivas, a propriedade assim transferida será resolúvel, pois ninguém pode alienar mais do que o que detém.

(4) Cabe ao adquirente fazer a devida auditoria para certificar-se que não houve transferência de propriedade nos últimos 6 meses com violação a direito de preferência de condômino e, portanto, sujeita a resolução.

---

[371] PERES, Tatiana Bonatti. Dever de diligência na aquisição de imóveis e de empresas. In: **Temas de direito imobiliário e responsabilidade civil**. Rio de Janeiro: Lumen Juris, p. 03-21, 2012, p. 18.

6.
O Direito de Preferência no Âmbito Societário

Estudaremos neste item do trabalho a preferência no âmbito societário, para entender em que medida seria aplicável ou não aos contratos de parceria, as suas regras.

Embora não decorra do contrato de parceria a criação de pessoa jurídica ou conjunto patrimonial distinto do de seus contratantes, é possível dizer que referido contrato tem traços comuns com o contrato de sociedade, pois há comunhão de esforços e/ou recursos, para alcançar fins comuns.

Aliás, na origem da *partnership* inglesa[372] assim como na origem da comenda do Direito Romano, a união de esforços não resultava em personalidade jurídica distinta da de seus sócios. Na origem, sociedade era apenas isso: comunhão entre pessoas, com objetivo comum de lucro. Hoje que o conceito de sociedade abrange uma estrutura muito mais complexa de direitos e deveres sociais, patrimônio e responsabilidades distintas, ressalvadas as figuras societárias sem personalidade jurídica que ainda existem.[373]

Nas Ordenações do Reino de Portugal, o contrato de companhia era definido como "o que duas pessoas, ou mais, fazem entre si ajun-

---

[372] FERREIRA, Waldemar. **Tratado de sociedades mercantis**. v.1. Rio de Janeiro: Nacional de Direito, 1958, p. 217.

[373] A sociedade em comum e sociedade em conta de participação, reguladas pelos artigos 986 a 996 do CC.

DIREITO AGRÁRIO

tando todos os seus bens, ou parte deles para melhor negócio e maior ganho."[374]

Assim, para o nosso estudo, também é necessário analisar como o direito de preferência é regulamentado, no âmbito dos principais tipos societários existentes à época da edição do Estatuto da Terra[375] e em que medida poderiam ser aplicados, analogamente ao contrato de parceria.

Na origem, apresentando-se a sociedade sob a forma contratual, a parte do sócio era intransmissível a estranho sem prévio consentimento dos demais. Waldemar Ferreira aponta que o *animus lucrandi* transparecia, embora sendo essencial o *animus contrahendae socitatis* e tendo papel saliente os sentimentos afetivos e pessoais (intuito personae) entre os contratantes[376].

Antes de adentrarmos à questão do direito de preferência, trataremos das semelhanças entre o contrato de parceria com cada um dos tipos societários existentes à data da edição do Estatuto da Terra.

> **Diante das considerações acima, temos as seguintes conclusões parciais:**
>
> (1) É possível dizer que o contrato de parceria tem traços comuns com o contrato de sociedade, pois há comunhão de esforços e/ou recursos, para alcançar fins comuns.
>
> (2) Na origem, apresentando-se a sociedade sob a forma contratual, a parte do sócio era intransmissível a estranho sem prévio consentimento dos demais.

6.1. Sociedades de pessoas e o contrato de parceria
6.1.1. Sociedade em comandita simples

Waldemar Ferreira ao tratar da gênese econômica e jurídica da sociedade, aponta que a exploração da terra como capital comum dos primitivos tem-

---

[374] Consideramos que não seria necessário estudar os tipos contratuais atuais, pelos motivos expostos no item 6.6 deste trabalho.

[375] FERREIRA, Waldemar. **Tratado de sociedades mercantis**. v.1. Rio de Janeiro: Nacional de Direito, 1958, p. 213.

[376] FERREIRA, Waldemar. **Tratado de sociedades mercantis**. v.1. Rio de Janeiro: Nacional de Direito, 1958, p. 104.

O DIREITO DE PREFERÊNCIA NO ÂMBITO SOCIETÁRIO

pos não impediu o surto do individualismo. A busca por lucro levou a associações, para os mais variados objetivos, sendo a comenda a figura mais antiga, da qual se originaram outras:

> Se a terra era comum, os seus frutos caíram sob o domínio individual, até ela mesma dividir-se e subdividir-se, de modo a caber a cada um o seu lote, a sua herdade, de tamanho e cultivo, a bem de sua economia privada. [...]
>
> O ânimo ganancioso do homem levou o provido de recursos a encontrar-se com o capaz de movimentá-los, associando-se para os mais variados objetivos e rateio de lucros advindos. [...]
>
> Várias relações jurídicas confluíram na comenda, tanto agrícola quanto marítima. Tem-se nela o embrião da sociedade em comandita e da em conta de participação. O empréstimo de terras e de sementes para plantio e colheita; ou de animais para engorda, reprodução e venda, bem assim o de dinheiro ou a entrega de coisas móveis a fim de revenderem-se em terras distantes, geraram aqueles tipos societários. [377]

A commenda era "a entrega de dinheiro a alguém, a fim de aplicá-lo em negócios e repartirem-se os lucros, correndo o capitalista os riscos do empreendimento."[378]

Rubens Requião explica que a igreja proibia empréstimos a juros e a comandita era uma forma de "iludir a proibição de empréstimos a juros, efetuando uma aplicação de dinheiro, mediante uma participação."[379]

A comenda, deu origem tanto à sociedade em comandita quanto à sociedade em conta de participação, tipos societários estes que se aproximam, em alguns aspectos, do contrato de parceria:

> O pacto da partilha de lucros oriundos do empreendimento para que contribuísse o comanditário, imprimia à comenda, no intuito das partes, caráter associativo, ainda que quando não empregado o vocábulo – societas, ou, por

---

[377] FERREIRA, Waldemar. **Tratado de sociedades mercantis**. v.1. Rio de Janeiro: Nacional de Direito, 1958, p. 105-100.

[378] FERREIRA, Waldemar. **Tratado de sociedades mercantis**. v.1. Rio de Janeiro: Nacional de Direito, 1958, p. 160.

[379] REQUIÃO, Rubens. **Curso de direito comercial**. v.1. 22. ed. São Paulo: Saraiva, 1995, p. 259.

DIREITO AGRÁRIO

diferenças essenciais de caráter doutrinário, não fosse possível enquadrá-lo no contrato de sociedade.[380]

Na sociedade em comandita (antes regulada pelos artigos 311 e seguintes do Código Comercial), as contribuições dos sócios, diferentemente do que ocorre nas sociedades anônimas, não são representadas por títulos, para que possam ser negociados.[381]

Existem sócios de duas categorias, os solidariamente responsáveis pelas obrigações sociais e os que são simples prestadores de capital e respondem somente por sua quota. A sua contribuição passa a ser patrimônio da sociedade, mas ele é "sócio oculto", isto é, sem responsabilidade perante terceiros, desde que não pratique atos de gestão da sociedade. Pode haver sócio de indústria na sociedade em comandita.

Como aponta Geraldo Bezerra de Moura:

> A natureza da sociedade tipicamente comercial, que se denomina sociedade em comandita, consiste em que, ao lado dos sócios responsáveis solidariamente, há sócios que apenas entram com capitais, sem tomar parte na gestão dos negócios e cuja responsabilidade se limita ao capital subscrito.[382]

Como se vê, tal tipo societário se aproxima do contrato de parceria, onde o parceiro outorgado contribui com a terra e a atividade agrária é desenvolvida pelo parceiro outorgado, com partilha dos lucros. Todavia, tal tipo societário difere da parceria, pois tem nome empresarial e personalidade jurídica. Além disso, no contrato de parceria, se a gestão e custeio da empresa for exclusiva do parceiro outorgado, a natureza do contrato se aproximaria mais de um contrato de arrendamento com aluguel variável.

Já em 1995, Rubens Requião[383] apontava ter a sociedade em comandita simples caído em desuso. Todavia, ainda que rara sua existência, ainda é

---

[380] FERREIRA, Waldemar. **Tratado de sociedades mercantis**. v.1. Rio de Janeiro: Nacional de Direito, 1958, p. 160.

[381] FERREIRA, Waldemar. **Tratado de sociedades mercantis**. v.1. Rio de Janeiro: Nacional de Direito, 1958, p. 376.

[382] MOURA, Geraldo Bezerra de. **Curso de direito comercial**. Rio de Janeiro: Forense, 1992, p. 186-187.

[383] REQUIÃO, Rubens. **Curso de direito comercial**. v.1. 22. ed. São Paulo: Saraiva, 1995, p. 261.

O DIREITO DE PREFERÊNCIA NO ÂMBITO SOCIETÁRIO

permitido tal tipo societário, atualmente regulado pelos artigos 1.045 a 1.051 do Código Civil.

> **Diante das considerações acima, temos as seguintes conclusões parciais:**
>
> (1) A sociedade em comandita possui personalidade jurídica.
> (2) Existem sócios de duas categorias, os solidariamente responsáveis pelas obrigações sociais e os que são simples prestadores de capital e respondem somente por sua quota. A sua contribuição passa a ser patrimônio da sociedade, mas ele é "sócio oculto", isto é, sem responsabilidade perante terceiros, desde que não pratique atos de gestão da sociedade. Pode haver sócio de indústria na sociedade em comandita.
> (3) Tal tipo societário se aproxima do contrato de parceria, onde o parceiro outorgado contribui com a terra e a atividade agrária é desenvolvida pelo parceiro outorgado, com partilha dos lucros. Todavia, tal tipo societário difere da parceria, pois tem nome empresarial e personalidade jurídica. Além disso, no contrato de parceria, se a gestão e custeio da empresa for exclusiva do parceiro outorgado, a natureza do contrato se aproximaria mais de um contrato de arrendamento com aluguel variável.

6.1.2. Sociedade em nome coletivo

Na sociedade em nome coletivo (antes regrada pelos artigos 315 e seguintes do Código Comercial), "duas ou mais pessoas, ainda que não sejam comerciantes, se unem para comerciar em comum, debaixo de uma firma social"[384], tendo os sócios responsabilidade solidária perante terceiros. "Todos os sócios devem ser pessoas naturais. Qualquer um deles, por outro lado, pode ser nomeado administrador da sociedade e ter seu nome civil aproveitado na composição do nome empresarial."[385]

Como se vê a primeira diferença com a parceria seria a existência de nome empresarial e personalidade jurídica, com patrimônio próprio.

---

[384] MOURA, Geraldo Bezerra de. **Curso de direito comercial**. Rio de Janeiro: Forense, 1992, p. 189.

[385] COELHO, Fábio Ulhoa. **Manual de direito comercial**. 26. ed. São Paulo: Saraiva, 2014, p. 179.

DIREITO AGRÁRIO

Na parceira inexiste a figura do nome empresarial (firma) e patrimônio social e, ainda que a gestão da atividade agrária possa caber a qualquer dos parceiros, se couber exclusivamente ao parceiro outorgado a gestão e custeio da atividade agrária, desfigura-se o contrato em arrendamento com aluguel percentual. Por outro lado, se a gestão cabe exclusivamente ao parceiro outorgante e o parceiro outorgado não tem participação financeira relevante na atividade agrária, pode se tratar de falsa parceria (contrato de trabalho ou de prestação de serviços).

Já em 1995, Rubens Requião[386] já apontava ter a sociedade em nome coletivo caído em desuso. Todavia, ainda que rara sua existência, ainda é permitido tal tipo societário, atualmente regulado pelos artigos 1.039 a 1.044 do Código Civil.

> **Diante das considerações acima, temos as seguintes conclusões parciais:**
>
> (1) A sociedade em nome coletivo possui personalidade jurídica.
> (2) Todos os sócios são solidariamente responsáveis pelas obrigações sociais e os atos de gestão da sociedade são praticados por qualquer dos sócios.
> (3) Na parceira inexiste a figura do nome empresarial (firma) e patrimônio social e, ainda que a gestão da atividade agrária possa caber a qualquer dos parceiros, se couber exclusivamente ao parceiro outorgado a gestão e custeio da atividade agrária, desfigura-se o contrato em arrendamento com aluguel percentual. Por outro lado, se a gestão cabe exclusivamente ao parceiro outorgante e o parceiro outorgado não tem participação financeira relevante na atividade agrária, pode se tratar de falsa parceria (contrato de trabalho ou prestação de serviços).

6.1.3. Sociedade de capital e indústria

Prevista nos revogados artigos 317 e seguintes do Código Comercial, a sociedade de capital e indústria era composta de dois tipos de sócios, um que contribui com capital e é ilimitadamente pelas responsabilidades

---

[386] REQUIÃO, Rubens. **Curso de direito comercial**. v.1. 22. ed. São Paulo: Saraiva, 1995, p. 261.

O DIREITO DE PREFERÊNCIA NO ÂMBITO SOCIETÁRIO

sociais e outro que contribui apenas com trabalho e é irresponsável pelas obrigações sociais.[387] "Se, porém, além da indústria, contribuir com alguma quota em dinheiro, bens ou efeitos, ou for gerente da firma social, ficará constituído sócio solidário em toda a responsabilidade."[388]

Depende de contrato escrito, para que o sócio de indústria não seja tido como solidário das obrigações sociais. "O sócio de indústria é participante dos lucros: não contribui para os prejuízos."[389]

É sociedade peculiar, em que apenas um dos sócios contribui para a formação do capital social, como aponta Áttila de Souza Leão Andrade Júnior:

> o sócio de indústria contribui com seu trabalho à sociedade e não ao capital social [...]. O sócio de indústria não detém quotas de capital, todavia, participa dos lucros sociais. Reitere-se, a participação nos lucros sociais independe de titularidade das quotas sociais, simplesmente porque este último não as tem. Todavia, o contrato social deverá formular.[390]

A sociedade de capital e indústria não foi mantida no Código Civil atual, mas é possível a constituição de sociedade simples com sócio que contribua à sociedade com serviços[391], embora há quem entenda que não se possa contribuir para a formação do capital com serviços, como, por exemplo, aponta Frederico Augusto Monte Simionato:

> o serviço não entra na qualidade de capital social, ou seja, foram objeto do aporte dos sócios que efetivamente integraram suas quotas. O sócio de serviço, ao contrário, não entra com valores pecuniários, bens, etc, mas apenas com sua dedicação e prestação de serviços em favor da sociedade, mediante

---

[387] FERREIRA, Waldemar. **Tratado de sociedades mercantis**. v.2. Rio de Janeiro: Nacional de Direito, 1958, p. 482.

[388] MOURA, Geraldo Bezerra de. **Curso de direito comercial**. Rio de Janeiro: Forense, 1992, p. 192.

[389] FERREIRA, Waldemar. **Tratado de sociedades mercantis**. v.2. Rio de Janeiro: Nacional de Direito, 1958, p. 498.

[390] ANDRADE JÚNIOR, Attila de Souza Leão. **Comentários ao Código Civil**: direito das sociedades, vol. IV. Rio de Janeiro: Forense, 2002, p. 174.

[391] CAMPINHO, Sérgio. **O direito de empresa à luz do código civil**. 13. ed. Rio de Janeiro: Renovas, 2014, p. 102.

DIREITO AGRÁRIO

uma retribuição, que nesse caso, por conta do vínculo societário, tem a natureza de distribuição de lucros.[392]

O mesmo autor aponta que a sociedade simples que tenha sócio dessa natureza é esdrúxula, assim como o era a sociedade de capital e indústria, acerca da qual discorre da seguinte forma:

> A antiga sociedade de capital e indústria nada mais era que uma sociedade coletiva, na qual figuravam duas espécies de sócios: os capitalistas, que forneciam os fundos necessários para a empresa ou para a operação mercantil, sócios estes que davam nome à firma social e que administravam a sociedade; e os sócios de indústria, que cooperam, pessoal e diretamente, para o fim social, dedicando a sua atividade à sociedade. O sócio de indústria dava seu trabalho, a sua atividade, a sua dedicação à sociedade.[393]

A parceria, na formatação que tinha na origem do instituto, se aproxima bastante desse extinto tipo de sociedade. Apenas, vale apontar que, na parceria, inexiste nome empresarial ou sociedade personificada, com patrimônio próprio, de modo que cada um dos parceiros responde perante terceiros apenas na medida em que com eles contratarem. Além disso, se o parceiro outorgado contribuir apenas com seu trabalho, sem participar da atividade agrária, contribuindo também com dinheiro ou gestão da mesma, podemos estar diante de uma falsa parceria, isto é, de um contrato de trabalho ou de prestação de serviços disfarçado.

Nesse sentido, aliás, decisão do TRF, 3ª Região, 2.553/69 – DOMG, 4 setembro de 1907: "Parceiro agrícola que não dispõe de condições financeiras para arcar com os riscos do negócio, contribuindo apenas com o próprio esforço físico, não passa de simples empregado."[394]

---

[392] SIMIONATO, Frederico Augusto Monte. **Tratado de direito societário**. v.I. Rio de Janeiro: Forense, 2009, p. 229-230.

[393] SIMIONATO, Frederico Augusto Monte. **Tratado de direito societário**. v.I. Rio de Janeiro: Forense, 2009, p. 229-230.

[394] ALVARENGA, Octávio Mello. **Curso de direito agrário**. Brasília: Fundação Petrônio Portella, 1982, p. 235.

Diante das considerações acima, temos as seguintes conclusões parciais:

(1) O tipo societário "sociedade de capital e indústria" foi extinto, embora ainda se possa constituir sociedade simples em que um dos sócios contribua com serviços.

(2) A sociedade de capital e indústria possuía personalidade jurídica.

(3) A sociedade de capital e indústria era composta de dois tipos de sócios, um que contribui com capital e é ilimitadamente pelas responsabilidades sociais e outro que contribui apenas com trabalho e é irresponsável pelas obrigações sociais, salvo se também contribuísse com alguma quota em dinheiro, bens ou efeitos, ou fosse gerente da firma social, hipótese em que seria também sócio solidário em toda a responsabilidade.

(4) A parceria, na formatação que tinha na origem do instituto, se aproxima bastante desse extinto tipo de sociedade. Apenas, vale apontar que, na parceria, inexiste nome empresarial ou sociedade personificada, com patrimônio próprio, de modo que cada um dos parceiros responde perante terceiros apenas na medida em que com eles contratarem. Além disso, se o parceiro outorgado contribuir apenas com seu trabalho, sem participar da atividade agrária, isto é, sem contribuir também com dinheiro ou gestão da atividade, podemos estar diante de uma falsa parceria, isto é, de um contrato de trabalho ou de prestação de serviços disfarçado.

6.1.4. Sociedade em conta de participação

A sociedade não tem patrimônio próprio nem personalidade jurídica. Os sócios não se obrigam conjuntamente perante terceiros. As relações são apenas entre os sócios, um deles que se obriga com terceiros e o outro que não aparece nas relações com terceiros (o sócio oculto). "Sendo uma sociedade despersonalizada e secreta, não adotará nenhum nome empresarial. [...] uma espécie de contrato de investimento, que o legislador resolveu denominar por "sociedade, do que, propriamente, como uma espécie de sociedade empresária."[395]

---

[395] COELHO, Fábio Ulhoa. **Manual de direito comercial**. 26. ed. São Paulo: Saraiva, 2014, p. 182-183.

DIREITO AGRÁRIO

A isso se assemelha ao contrato de parceria, por não se criar uma sociedade com patrimônio próprio nem personalidade jurídica: é uma relação contratual, apesar da união de esforços para finalidade comum. Porém, não necessariamente o parceiro outorgante (que é sempre sócio investidor na parceria), será oculto, pois pode ser ele o gestor da atividade agrária.

Diante das considerações acima, temos as seguintes conclusões parciais:

(1) A sociedade em conta de participação não tem patrimônio próprio nem personalidade jurídica.

(2) As relações são apenas entre os sócios, um deles que se obriga com terceiros e o outro que não aparece nas relações com terceiros (o sócio oculto).

(3) É uma relação contratual, uma modalidade de contrato de investimento, apesar da união de esforços para finalidade comum, assim como a parceria. Porém, não necessariamente o parceiro outorgante (que é sempre sócio investidor na parceria), será oculto, pois pode ser ele o gestor da atividade agrária.

6.1.5. Sociedade por quotas de responsabilidade limitada

Na época da edição do Estatuto da Terra, a sociedade por quotas de responsabilidade limitada era regida Decreto nº 3.708/19.

A sociedade tinha patrimônio próprio e personalidade jurídica, assim como a atual sociedade limitada, regida pelo Código Civil. Na sociedade por quotas de responsabilidade limitada, a responsabilidade dos sócios era limitada à importância total do capital social.

Na origem, era tipicamente sociedade de pessoas, embora passou-se a admitir, com o tempo, a sociedade por quotas de responsabilidade limitada que fosse sociedade de capitais.

Dada a ampla liberdade contratual das partes, poderia ou não se aproximar do contrato de parceria, embora nesse tipo societário, a figura do sócio de indústria não era permitida (artigo 4º do referido Decreto).

Diante das considerações acima, temos as seguintes conclusões parciais:

(1) A extinta sociedade por quotas de responsabilidade limitada tinha patrimônio próprio e personalidade jurídica, assim como a atual sociedade limitada, podendo ser sociedade de pessoas ou sociedade de capitais.

(2) Dada a ampla liberdade contratual das partes, poderia ou não se aproximar do contrato de parceria, com a diferença de ter patrimônio próprio e personalidade jurídica. Contudo, a sociedade por quotas de responsabilidade limitada não admitia a figura do sócio de indústria, bastante comum na parceria agrária.

6.2. Direito de preferência nas sociedades de pessoas em geral

Nas sociedades de pessoas, o revogado artigo 334 do Código Comercial, abaixo transcrito, não dava espaço para se falar em direito de preferência, pois, ou a cessão da parte da sociedade era feita a quem já era sócio, ou dependia do expresso consentimento de todos os sócios.

> Art. 334 – A nenhum sócio é lícito ceder a um terceiro, que não seja sócio, a parte que tiver na sociedade, nem fazer-se substituir no exercício das funções que nela exercer sem expresso consentimento de todos os outros sócios; pena de nulidade do contrato; mas poderá associá-lo à sua parte, sem que por esse fato o associado fique considerado membro da sociedade.

Diante das considerações acima, temos as seguintes conclusões parciais:

O revogado artigo 334 do Código Comercial exigia o expresso consentimento de todos os outros sócios para a transferência de participação societária em sociedades de pessoas a quem não fosse sócio.

DIREITO AGRÁRIO

6.3. Direito de preferência na sociedade por quotas de responsabilidade limitada

Como ensina Cristiano Gomes de Brito[396], antes do advento do Código Civil de 2002, isto é na vigência do Decreto nº3.708/19, discutia-se acerca da possibilidade de cessão de quotas na sociedade por quotas de responsabilidade limitada, havendo 3 correntes:

(a) a que entendia que se aplicava, em caso de omissão do contrato social, o disposto no artigo 334 do Código Comercial, que exigia o consentimento dos demais sócios para a cessão;

(b) a que defendia que, por ser necessária a alteração do contrato social para a alteração de sócios, era deliberação que dependia da maioria dos sócios; e

(c) a que defendia a aplicação supletiva das normas de sociedades por ações, de modo que a cessão das quotas seria livre.

A regra geral atual de cessão de quotas da sociedade limitada encontra-se no artigo 1.057 do Código Civil.

Segundo referido artigo, na omissão do contrato social, o sócio pode ceder sua quota, total ou parcialmente, a quem seja sócio, independentemente de audiência dos outros, ou a estranho, se não houver oposição de titulares de mais de um quarto do capital social.

De todo modo, vale lembrar que, quando o Estatuto da Terra foi editado, a sociedade limitada era regida pelo Decreto 3.708, de 10 de janeiro de 1919.

Theophilo de Azeredo Santos[397] afirmava, em 1972, que havia divergência jurisprudencial quanto à possibilidade de cessão das quotas, uns defendendo a impossibilidade de cessão, dado o caráter pessoal da sociedade, outros defendendo a livre cessão, outros ainda, entendendo que a cessão, para ser permitida, deveria estar prevista no contrato social.

Vale apontar que, já em 24 de setembro de 1954, tem-se conhecimento de decisão que reconheceu a validade de cláusula inserida no contrato social da sociedade limitada que admitia a livre transferência, sem neces-

---

[396] BRITO, Cristiano Gomes de. **Sociedade limitada e cessão de quotas**. Curitiba: Juruá, 2010, p. 189.

[397] SANTOS, Theophilo de Azeredo. **Manual de direito comercial**. Rio de Janeiro: Forense, 1972, p. 259-260.

O DIREITO DE PREFERÊNCIA NO ÂMBITO SOCIETÁRIO

sidade de anuência dos demais sócios, desde que lhes fosse assegurado o direito de preferência na aquisição[398]. Tal decisão, considerou dois aspectos (I) não era aplicável o artigo 334 às sociedades por quotas de responsabilidade limitada que fosse sociedade de capitais e não de pessoas; e (II) a circulação de quotas e/ou ações pode sofrer restrições por disposições contratuais/estatutárias.

Diante das considerações acima, temos as seguintes conclusões parciais:

(1) O revogado artigo 334 do Código Comercial que exigia o expresso consentimento de todos os outros sócios para a transferência de participação societária a quem não fosse sócio, aplicava-se às sociedades por quotas de responsabilidade limitada, quando estas fossem sociedades de pessoas.

(2) Nas sociedades por quotas de responsabilidade limitada que fossem sociedade de capitais, a cessão de quotas era livre, ainda que dependesse do quórum necessário para a modificação do contrato social, sendo possível ajustar a restrição da cessão de quotas por disposições contratuais.

(3) Era admitida como válida a cláusula que estabelece a livre transferência das quotas, sem necessidade de anuência dos demais sócios, desde que lhes fosse assegurado o direito de preferência na aquisição.

6.4. Sociedade por ações e o contrato de parceria

Na época da edição do Estatuto da Terra, a sociedade por ações era regida pelo Decreto nº 2.627, de 26 de setembro de 1940. Eram necessárias pelo menos 7 pessoas para a sua constituição (artigo 38, parágrafo primeiro do referido revogado Decreto). Tal sociedade tinha patrimônio próprio e personalidade jurídica.

Na sociedade por ações, a responsabilidade dos sócios era limitada ao valor das ações subscritas ou adquiridas. Sendo da natureza das ações a circulação, o acionista era livre para transferir suas ações, por simples tra-

---

[398] FERREIRA, Waldemar. **Tratado de sociedades mercantis**. v.3. Rio de Janeiro: Nacional de Direito, 1958, p. 767-768.

DIREITO AGRÁRIO

dição (quando ações ao portador[399]), ou através de assinatura no livro de transferência de ações nominativas.

De modo que, igualmente nesse tipo societário, não se falava em direito de preferência legal na aquisição das ações, porque livre era a sua circulação, por sua natureza. Apenas existia direito de preferência em caso de aumento de capital social, o que não será objeto do presente estudo, ou por convenção (contrato).

Diante das considerações acima, temos as seguintes conclusões parciais:

Dada a natureza da sociedade por ações (sociedade de capitais), a cessão das ações era livre.

6.5. Direito de preferência na sociedade por ações

Inexistia e inexiste direito de preferência legal na transferência de ações, em razão da natureza da tipo sociedade por ações, sendo certo que as partes podem livremente pactuar direito de preferência, em acordo de acionistas ou no estatuto da companhia.

Marina Meirelles Giannini aponta que:

> O acordo de acionistas, deve ser documento escrito, assinado pelas partes, e preferencialmente também por duas testemunhas, sendo que para que seja observado pela companhia deverá ser arquivado na sede social (caput do art. 118). Porém, sua oponibilidade a terceiros depende da inscrição da existência do acordo no livro de registro de ações ou nos certificados de ações, quando existentes (§1º do art. 118).
>
> A observância do acordo pela companhia importa no dever de evitar, no quanto concerne à sua atuação, qualquer ato ou providência contrária ao convencionado no acordo.

---

[399] As ações ao portador das sociedades anônimas foram extintas em com a edição da Lei nº 8.021, de 12 de abril de 1990, já na vigência da atual lei das sociedades por ações (Lei nº 6.404/76).

O DIREITO DE PREFERÊNCIA NO ÂMBITO SOCIETÁRIO

No que tange aos acordos de opção de compra e venda e de preferência, caberá à companhia ou ao banco depositário, no caso de ações escriturais, recusar a transferência das ações.[400]

Como se vê da definição de Marcelo M. Bertoldi, ao tratar do direito de preferência de acionistas de sociedade por ações, a preferência societária tem os mesmos traços dos pactos de preferência relativos a imóveis, sendo certo que, o prazo para exercício será de no mínimo 3 e no máximo 180 dias, por se tratar de direito de preferência para a aquisição de bem móvel, conforme se extrai dos artigos 513 a 516 do Código Civil[401].

A preferência, em seu significado típico, indica o direito de uma determinada pessoa de ser preferido em relação a outro sujeito, em paridade de condições, na aquisição de um bem ou de um direito, no momento em que seu titular procura aliená-lo. O acordo de bloqueio que estabeleça preferência, portanto, obriga ao alienante a oferecer à venda, preferencialmente, aos demais signatários do acordo. Somente diante do desinteresse destes signatários é que o alienante estará livre para vender suas ações a um terceiro.

Com o acordo de preferência o acionista a ele vinculado não perde a propriedade das ações gravadas pelo fato de firmar o acordo, permanece com a plenitude dos direitos sobre elas, não estando obrigado a aliená-las, mas, isto sim, se as alienar, lhe recai a obrigação de o fazer respeitando a preferência constante do acordo. O signatário não tem prazo nem está obrigado a vender suas ações, mas se o fizer está obrigado a oferecê-lo prioritariamente aos demais convenentes do acordo.[402]

---

[400] GIANNINI, Marina Meirelles. **O acordo de acionistas**. São Paulo: Faculdade de Direito da Pontifícia Universidade Católica de São Paulo, 2007, 123 f. Dissertação (Mestrado em Direito), elaborada sob a orientação do Professor Doutor Fábio Ulhoa Coelho, no curso de Direito Comercial da Faculdade de Direito da Pontifícia Universidade Católica de São Paulo, p. 89-90.

[401] BERTOLDI, Marcelo M. **Acordo de acionistas e sua efetividade**. São Paulo: Faculdade de Direito da Pontifícia Universidade Católica de São Paulo, 2003, 266 f. Tese (Doutorado em Direito), elaborada sob a orientação do Professor Doutor Fernando A. Albino de Oliveira, no curso de Direito das Relações Sociais da Faculdade de Direito da Pontifícia Universidade Católica de São Paulo, p. 118-119.

[402] Art. 513. A preempção, ou preferência, impõe ao comprador a obrigação de oferecer ao vendedor a coisa que aquele vai vender, ou dar em pagamento, para que este use de seu direito de prelação na compra, tanto por tanto.

DIREITO AGRÁRIO

Como se vê, aplicou o autor, analogicamente as normas do direito de preferência como pacto adjeto da compra e venda. Todavia, vale lembrar que tal analogia deve ser feita com restrições, pois o direito de preferência societário admite execução específica ou direito de resgate, diferentemente do direito de preferência como pacto adjeto da compra e venda, assunto que retomaremos no item 6.6, abaixo.

Diante das considerações acima, temos as seguintes conclusões parciais:

(1) Na sociedade de capitais, a cessão de participação societária independe de anuência dos demais sócios.

(2) Já era admitido como válido, na vigência da lei anterior, o acordo de sócios que condicionava a livre circulação das ações ao direito de preferência ajustado em favor dos demais sócios (ou de terceiros).

6.6. Eficácia real do direito de preferência societário

Apesar de ser direito de preferência convencional e não legal, a Lei das sociedades por ações atualmente vigente (Lei nº 6.404/76) assegura a oponibilidade do direito de preferência a qualquer terceiro, dede que o direito de preferência esteja averbado no livro de registro de ações (parágrafo único do art. 40 da referida lei[403]).

De modo que, passa a ter eficácia real o direito de preferência assim constituído, que não possui sem a averbação no livro.

No mesmo sentido, consideramos que à preferência na aquisição de quotas da sociedade limitada também deve ser assegurada a eficácia real,

---

Parágrafo único. O prazo para exercer o direito de preferência não poderá exceder a cento e oitenta dias, se a coisa for móvel, ou a dois anos, se imóvel; Art. 514. O vendedor pode também exercer o seu direito de prelação, intimando o comprador, quando lhe constar que este vai vender a coisa; Art. 515. Aquele que exerce a preferência está, sob pena de a perder, obrigado a pagar, em condições iguais, o preço encontrado, ou o ajustado; Art. 516. Inexistindo prazo estipulado, o direito de preempção caducará, se a coisa for móvel, não se exercendo nos três dias, e, se for imóvel, não se exercendo nos sessenta dias subseqüentes à data em que o comprador tiver notificado o vendedor.

[403] Parágrafo único. Mediante averbação nos termos deste artigo, a promessa de venda da ação e o direito de preferência à sua aquisição são oponíveis a terceiros.

se dada a devida publicidade a ela, assunto que já tivemos a oportunidade de tratar ao discorrermos da opção de compra:

> Como se vê, ao contrário, ao contrário do que ocorre na opção de compra que tenha por objeto bem imóvel, à opção de compra de valores mobiliário é possível dar a publicidade necessária para evitar a infração do direito do beneficiário pelo outorgante, assegurando a execução específica, por não permitir que os terceiros adquirentes aleguem boa-fé por desconhecimento do pacto, na violação dos direitos do beneficiário.[404]

Celso Barbi Filho afirma que o "o acordo de quotistas é válido no Direito Brasileiro, devendo, para sua regularidade e segurança, ser arquivado na sede da sociedade e no registro do Comércio."[405]

De igual modo do que já mencionamos para a opção de compra imobiliária, também o direito de preferência convencional sobre imóvel não terá eficácia real ou possibilidade de exercício do direito de resgate, por falta de previsão legal que lhe ampare esse efeito. Isso não significa afastar a oponibilidade de tal direito a quem dele tenha conhecimento.

Diante das considerações acima, temos as seguintes conclusões parciais:

Na sociedade de capitais ou de pessoas, o acordo de sócios que crie direito de preferência ajustado em favor dos demais sócios (ou de terceiros) terá eficácia real, ou seja, conferirá o direito de resgate, desde que (I) a existência de direito de preferência na sociedade por ações esteja averbado no livro de registro de ações, ou (II) a existência de direito de preferência na sociedade limitada conste em contrato social ou em acordo de quotistas arquivado no registro do comércio.

---

[404] PERES, Tatiana Bonatti. **Opção de compra**. Curitiba: Juruá, 2011, p. 147.

[405] BARBI FILHO, Celso. Acordo de acionistas: panorama atual do instituto no Direito Brasileiro e propostas para a reforma de sua disciplina legal. **Revista de Direito Mercantil, Industrial, Econômico e Financeiro**, ano XL, n. 121, p. 30-55, jan.-mar.2001, São Paulo: Malheiros, 2001, p. 38.

DIREITO AGRÁRIO

6.7. Relação entre o direito de preferência societário e agrário

Inicialmente, há de se questionar se a relação que se estabelece entre parceiro outorgado e parceiro outorgante, se comparada à uma relação societária, estaria enquadrado em sociedade de pessoas ou de capital.

Segundo aponta Herbert Morgenstern Kugler:

> É de pessoas a sociedade na qual a vinculação dos sócios baseia-se no intuitu personae, isto é, na confiança que cada um dos sócios deposita nos demais.
>
> Nestas sociedades, é determinante para o sucesso da sociedade, razão pela qual se dá mais relevância à pessoa do sócio e ao relacionamento entre os sócios do que ao capital aportado por cada sócio. Em virtude da relevância da pessoa do sócio, nas sociedades de pessoas, a regra é de que a participação societária é intransferível para terceiros (sujeitos que não são sócios da sociedade), ressalvada a autorização dos demais sócios.
>
> Já na sociedade de capital, as características dos sócios são indiferentes para o sucesso da sociedade ou para os demais sócios. O que importa é o concurso de capital para um determinado fim. Nelas, portanto, não há restrição para a alienação de participações societárias, vez que pouca relevância tem quem é o sócio.[406]

Roberto Grassi Neto[407], ao comentar os contratos do Direito Italiano considera que "mesmo na parceria (colônia paritária), apesar de haver grande semelhança com o contrato de sociedade, trata-se de verdadeira locação, já que inexiste a *affectio societatis*".

A parceria, prevista no artigo 2.141 do Código Civil Italiano (*mezzadria*) encontra-se no livro do Código Civil que trata de *lavoro* (trabalho), de modo que estaríamos diante do que a legislação brasileira considera como falsa

---

[406] KUGLER, Herbert Morgenstern. **Acordo de sócios na sociedade limitada**: existência, validade e eficácia. São Paulo: Faculdade de Direito da Pontifícia Universidade Católica de São Paulo, 2012, 290 f. Dissertação (Mestrado em Direito), elaborada sob a orientação do Professor Doutor Fábio Ulhoa Coelho, no curso de Direito Comercial da Faculdade de Direito da Pontifícia Universidade Católica de São Paulo, p. 73-74.

[407] GRASSI NETO, Roberto. **Evolução e perspectiva dos contratos agrários**. São Paulo: Faculdade de Direito da Universidade de São Paulo, 1998, 287 f. Dissertação (Mestrado em Direito), elaborada sob a orientação do Professor Doutor Fábio Maria De-Mattia, no curso de Direito Civil da Faculdade de Direito da Universidade de São Paulo, p. 40.

parceria (o parceiro outorgado contribui para a empresa agrária apenas com sua força de trabalho).

Uma diferença relevante apontada em 1959 pelo autor italiano Giovanni Carrara[408] é que, pelo menos originalmente, no contrato de sociedade, um dos elementos essenciais era a igualdade de poderes dos sócios (ainda que atualmente seja possível haver sócios com direitos diferenciados, com a criação de diferentes classes de ações).

O mesmo autor aponta, sobre a questão da gestão da atividade que, na sociedade pode ser regulada em contrato e na *mezzadria* (assim como na *colonia parziaria*) cabe ao proprietário, por força de lei, de modo que já se verifica que as normas atinentes à sociedade não são compatíveis com a disciplina do contrato de parceria.

Diferentemente, no Brasil não existe essa previsão legal sobre a definição da responsabilidade pela gestão da empresa agrária, que pode ser ajustada no contrato de parceria. Até por esta razão que fica difícil aproximar a parceria a um único tipo societário, porque existe uma certa flexibilidade na contratação e a cada caso concreto a parceria pode se aproximar mais ou menos de determinado tipo societário.

José Fernando Lutz Coelho considera que "na parceria, existe uma *affectio societatis* com a divisão do resultado obtido, seja positivo ou negativo, não se viabilizando a preferência de um parceiro em relação ao outro." [409-410]

Para nós, é certo que, ainda que inexistente a *affectio societatis* (pois esta pode ou não existir, em cada caso concreto), a parceria é uma espécie de sociedade (união de pessoas para objetivo comum), sem personalidade jurídica, ou seja, a parceria se aproximava, na origem, de um contrato de capital e indústria, com a diferença de que não tinha personalidade jurídica, patrimônio social e que se o parceiro outorgado contribuísse apenas com trabalho, seria necessário verificar se o contrato era uma falsa parceria (contrato de prestação de serviços ou de trabalho disfarçado).

Na parceria, o gestor da empresa agrária contratará perante terceiros em seu nome próprio e, somente ao final de cada período ajustado (o que

---

[408] CARRARA, Giovanni. **I contratti agrari.** Torino: Torinese, 1959, p. 555-556.

[409] COELHO, José Fernando Lutz. **Contratos agrários:** uma visão neo-agrarista. Curitiba: Juruá, 2006, p. 179.

[410] O autor refere-se aqui à prioridade de um parceiro em relação a outro, pois, defende o direito de preferência no contrato de parceria. (COELHO, José Fernando Lutz. **Contratos agrários:** uma visão neo-agrarista. Curitiba: Juruá, 2006, p. 180-182).

DIREITO AGRÁRIO

normalmente se faz anualmente ou conforme as colheitas), é feito o acerto de contas e distribuição dos lucros, conforme percentual previamente acordado entre as partes, o que lhe aproxima, bastante do contrato de sociedade em conta de participação, ou seja, de contrato em que inexiste uma sociedade com personalidade jurídica, mas mais adequadamente falando, uma modalidade de acordo de investimento.

Nas sociedades sem personalidade jurídica ou na sociedade de pessoas, a regra é que a cessão depende de autorização do outro sócio, como é a regra para a cessão da posição contratual nos contratos em geral. Todavia, a cessão da posição contratual do parceiro outorgante é livre, de modo a assegurar-lhe a livre disponibilidade de seu imóvel e a livre circulação de bens.

Não seria, exequível, aliás, nenhum ajuste no sentido de proibir o parceiro outorgante de alienar o imóvel, durante a vigência do contrato de parceria. Tal pacto, como já tivemos a oportunidade de discorrer[411], não vincula o bem, pois as cláusulas de não alienar são contrários à natureza do próprio direito de propriedade.

Assim é que a Lei trouxe a solução intermediária, isto é, impondo ao eventual adquirente a obrigação de respeitar o contrato de arrendamento ou parceria, até seu termo final, em caso de venda do imóvel, durante a vigência do contrato. Mas se não houver a oportunidade do parceiro outorgado comprar o imóvel objeto da parceria, permaneceria vinculado, em contrato de natureza associativa, a terceiro que não escolheu, para partilhar os riscos da atividade agrária.

Com o devido respeito aos que ainda defendem opinião diversa, entendemos que a preferência assegurada por lei no contrato agrário, tem por objetivo preservar a situação jurídica daquele que explora a atividade agrária. As diferenças que existem entre o contrato de arrendamento e parceria não justificam tratamento diferenciado de um e outro quanto ao direito de preferência.

Se o parceiro outorgado explora a atividade agrária em conjunto com o parceiro outorgante e não apenas contribui com seu trabalho, sob a supervisão daquele e com subordinação (o que seria uma falsa parceira), deveria ser-lhe assegurado o direito de preferência, ao invés de deixar que se torne parceiro de alguém que não escolheu para dividir os riscos da empresa, já

---

[411] PERES, Tatiana Bonatti. **Opção de compra**. Curitiba: Juruá, 2011, p. 130-143.

que o contrato de parceria não se interrompe com a mudança do proprietário, parceiro outorgante.

A esse respeito, aponta José Fernando Lutz Coelho:

> Quando aduzimos a função social do contrato agrário e da própria propriedade, da justiça social, e no sentido até mesmo de democratizar a aquisição da propriedade e torná-la ao alcance de quem pretende produzir, e que é o caso do parceiro-outorgado, que não deixa de ser um "sócio" do proprietário (parceiro-outorgante), independentemente da técnica legal, não seria racional afastar o direito de aquisição da terra pelo parceiro-outorgado que efetivamente produz, considerando também, a própria equivalência contratual.
>
> [...] enquanto a regra clara não vem, devemos utilizar a hermenêutica jurídica, como instrumento de justiça social, e equilíbrio nas relações rurais, estendendo o direito de preempção ao parceiro outorgado.[412]

A regra pode não ser clara, mas sua interpretação não pode estar desconexa à atual realidade dessa modalidade contratual que nasceu para permitir ao proprietário explorar a mão de obra de terceiros para obter lucros, mas que hoje ganhou forças de verdadeira parceria (no sentido de comunhão de esforços para a atividade agrária) e que coloca o parceiro outorgado na mesma posição do arrendatário, isto é, de titular da empresa agrária, em conjunto com o parceiro outorgante ou até de modo exclusivo, quando aquele contribui apenas com a terra (e outros insumos), mas não com o desenrolar e administração da atividade, no seu dia a dia.

Diante das considerações acima, temos as seguintes conclusões parciais:

(1) Fica difícil aproximar a parceria a um único tipo societário, porque existe uma certa flexibilidade na contratação e a cada caso concreto a parceria pode se aproximar mais ou menos de determinado tipo societário, seja de pessoas ou de capitais.

---

[412] COELHO, José Fernando Lutz. **Contratos agrários**: uma visão neo-agrarista. Curitiba: Juruá, 2006, p. 181-182.

DIREITO AGRÁRIO

(2) Pode haver ou não *affectio societatis*, o que deve ser verificado caso a caso.

(3) De qualquer modo, pelo formato dado à lei agrária, é certo que a participação do parceiro outorgante pode ser livremente cedida a terceiros (sem necessidade de anuência do parceiro outorgado), desde que observado o direito de preferência, o que lhe dá mais feições de um contrato de investimento ou uma sociedade de capitais e não de pessoas.

(4) Contudo, se não for assegurado ao parceiro outorgado o direito de preferência, isso pode acarretar que se veja inserido em contrato de natureza associativa com terceiro com quem não contratou, nem pode evitar a entrada, porque o contrato agrário não se interrompe com a venda do imóvel.

(5) A parceria e a atividade agrária em si podem ser prejudicadas pela associação de pessoas que não tenham interesses harmônicos (ainda que inexistente a *affectio societatis* propriamente dita). Assim, assegurar o direito de preferência ao parceiro outorgado é uma das formas de se proteger a continuidade da empresa agrária.

7.
Direito de Preferência do Parceiro Outorgado

Para que possamos concluir sobre a existência ou não de um direito de preferência legal do parceiro outorgado, necessário interpretar as normas pertinentes do Estatuto da Terra. Por esta razão, iniciaremos tratando das diversas técnicas de interpretação de textos legais para, em seguida, analisar a interpretação doutrinária e jurisprudencial do Estatuto da Terra e seu Regulamento, de modo a concluir se tais interpretações estão coerentes com as técnicas estudadas.

7.1. Técnicas de interpretação do Estatuto da Terra e seu Regulamento
De modo didático e resumido, as técnicas interpretativas de textos legais existentes são as seguintes e devem ser utilizadas de forma conjunta e harmônica:

1) **gramatical,** "também chamada literal, semântica ou filológica"[413]: quando se busca o sentido das palavras usadas no texto legal. Seria o momento em que analisamos as normas atinentes ao contrato de parceria e de arrendamento e tentamos fixar o conteúdo da locução

---

[413] DINIZ, Maria Helena. **Compêndio de introdução à ciência do direito**: introdução à teoria geral do direito, à sociologia jurídica e à lógica jurídica. Norma jurídica e aplicação do direito. 21. ed. São Paulo: Saraiva, 2010, p. 438.

DIREITO AGRÁRIO

"no que couber", para a aplicação ou não do direito legal de preferência aos contratos de parceria;

2) **lógica:** "o que se pretende é desvendar o sentido e o alcance da norma, estudando-a por meio de raciocínios lógicos, analisando os períodos da lei e combinando-os entre si, com o escopo de atingir perfeita compatibilidade"[414]. É o momento em que verificamos a lei como um todo, não apenas o dispositivo em análise, de modo a buscar a lógica de ter havido a omissão do parceiro no artigo que se refere ao direito de preferência, enquanto existe uma norma que permite a aplicação das normas que regulam o contrato de arrendamento ao contrato de parceria. É o momento em que analisamos a lei como um todo para ver se é cabível a aplicação de tal artigo ou se a omissão do direito de preferência para o parceiro foi proposital;

3) **sistemática:** é a que considera o sistema jurídico em que se insere a norma. É aqui que nós consideramos os princípios basilares dos contratos agrários e do Direito Agrário, para fixar a amplitude do direito legal de preferência;

4) **histórica:** em que se busca averiguar todo o processo legislativo mas também as circunstâncias fáticas (condições sociais, culturais, convicções) da época em que a lei foi elaborada;

5) **sociológica ou teleológica:** em que se busca a finalidade da norma, para lhe atribuir significado, no seu momento social atual:

O aplicador, nas palavras de Henri de Page, não deverá quedar-se surdo às exigências da vida, porque o fim da norma não deve ser a imobilização ou a cristalização da vida, e, sim, manter contato íntimo com ela, segui-la em sua evolução e a ela adaptar-se. Daí resulta, continua ele, que a norma se destina a um fim social, de que o magistrado deve participar, ao interpretar o preceito normativo.[415]

---

[414] DINIZ, Maria Helena. **Compêndio de introdução à ciência do direito**: introdução à teoria geral do direito, à sociologia jurídica e à lógica jurídica. Norma jurídica e aplicação do direito. 21. ed. São Paulo: Saraiva, 2010, p. 439.

[415] DINIZ, Maria Helena. **Compêndio de introdução à ciência do direito**: introdução à teoria geral do direito, à sociologia jurídica e à lógica jurídica. Norma jurídica e aplicação do direito. 21.ed. São Paulo: Saraiva, 2010, p. 441-442.

DIREITO DE PREFERÊNCIA DO PARCEIRO OUTORGADO

Conforme apontava Miguel Reale, a interpretação jurídica sofreu modificações ao longo do tempo, de modo que não pode mais o jurista ater-se exclusivamente ao texto da lei:

> Interpretar uma lei importa, previamente, em compreendê-la na plenitude de seus fins sociais, a fim de poder-se, desse modo, determinar o sentido de cada um de seus dispositivos. Somente assim ela é aplicável a todos os casos que correspondam àqueles objetivos.
>
> [...]
>
> Nada mais errôneo do que, tão logo promulgada uma lei, pinçarmos um de seus artigos para aplicá-lo isoladamente, sem nos darmos conta de seu papel ou função no contexto do diploma legislativo. [...]
>
> Estas considerações iniciais visam pôr em realce os seguintes pontos essenciais do que denominamos hermenêutica estrutural:
>
> a) toda interpretação jurídica é de natureza teleológica (finalística) fundada na consistência axiológica (valorativa) do Direito;
>
> b) toda interpretação jurídica dá-se numa estrutura de significações, e não de forma isolada;
>
> c) cada preceito significa algo situado no todo do ordenamento jurídico.[416]

Diante das considerações acima, temos as seguintes conclusões parciais:

As técnicas interpretativas de textos legais existentes são as seguintes e devem ser utilizadas de forma conjunta e harmônica: (I) gramatical; (II) lógica; (III) sistemática; (IV) histórica; e (V) sociológica ou teleológica.

7.2. Interpretação doutrinária e jurisprudencial do Estatuto da Terra e seu Regulamento

A doutrina e jurisprudência pátria se dividem, havendo os que defendem que o direito de preferência previsto no Estatuto da Terra não se aplica à

---

[416] REALE, Miguel. **Lições preliminares de direito**. 27. ed. São Paulo: Saraiva, 2009, p. 290-291.

DIREITO AGRÁRIO

parceria[417] e uma voz minoritária, defendendo que se aplica. Analisaremos a seguir os seus argumentos.

7.2.1. Defensores da existência do direito legal de preferência do parceiro outorgado

Altamir Pettersen e Nilson Marques defendiam, em 1977 que cabe ao parceiro outorgado o direito de preferência, posição esta que merece ser transcrita:

> Alguns jus-agraristas, assim como algumas decisões jurisprudenciais, entendem que o direito de preferência ampararia apenas aos arrendatários, não alcançando parceiros-outorgados. Esse entendimento resulta, certamente, da interpretação das normas do Estatuto de modo estanque e setorial.
>
> É preciso apreender os preceitos do Estatuto utilizando sempre um processo global. A interpretação das normas contidas nos parágrafo 3º e 4º do artigo 92 do estatuto, bem como dos artigos 45, 46 e 47 do Regulamento de forma isolada e sem uma exata apreensão de todos os preceitos – principalmente dos dispositivos que condicionam a propriedade à sua função social – leva e levará a um entendimento incompleto, parcial, equívoco – nos arriscamos a afirmar – na exegese das normas de Direito Agrário.
>
> Interpretar os dispositivos acima sem ligá-los ao disposto 96, VII do estatuto e ao artigo 48 do Regulamento, fatalmente levará o intérprete da lei a enganos[...].
>
> Nada existe no estatuto nem em seu Regulamento que leve a crer que os parceiros não estão protegidos pelo direito de preferência. A proteção social e econômica não é privilégio apenas dos arrendatários. O direito de acesso à terra àqueles que nela trabalham, garantindo a permanência no solo trabalhado, não pode restringir-se apenas aos arrendatários, sob pena de não garantir-se o uso econômico da terra, protegendo o seu uso temporário e impedindo que a terra vá cair em mãos de terceiros estranhos à relação contratual [...].

---

[417] Nesse sentido, vide: GRASSI NETO, Roberto. **Evolução e perspectiva dos contratos agrários**. São Paulo: Faculdade de Direito da Universidade de São Paulo, 1998, 287 f. Dissertação (Mestrado em Direito), elaborada sob a orientação do Professor Doutor Fábio Maria De-Mattia, no curso de Direito Civil da Faculdade de Direito da Universidade de São Paulo, p. 206-209.

DIREITO DE PREFERÊNCIA DO PARCEIRO OUTORGADO

Todas as normas, todos os preceitos da legislação agrária, não excluem os parceiros do direito de preferência, ao contrário, justificam que parceiros sejam amplamente protegidos, de modo idêntico aos arrendatários.[418]

Também Paulo Guilherme de Almeida, em 1987, se posicionava a favor da preferência legal do parceiro outorgado:

> O direito de preferência ou de preempção é outorgado pelo Estatuto da Terra ao arrendatário e ao parceiro em razão dos princípios que regem os contratos agrários, consistentes na proteção social e econômica destes trabalhadores, bem como, na conservação dos recursos naturais.
>
> [...]
>
> Por sua vez, na parceria também vemos reconhecida a preferência legal a favor do parceiro-outorgado, por aplicação remissiva que faz o art. 96, VII, do Estatuto da Terra e art.48 do Regulamento.[419]

Esse foi, aliás o entendimento manifestado pela 9ª Câmara Cível do TJ/RS, em decisão de 26 de abril de 2006, nos autos da Apelação Cível nº 70008530966, tendo como relator o Des. Adão Sérgio do Nascimento Cassiano:

> Registro aqui, porém, meu entendimento pessoal no sentido de que o direito de preferência é possibilitado também ao parceiro agrícola; a uma, porque o direito de preempção está previsto no art. 92, §§3º e 4º, que se insere nas normas gerais, aplicáveis a todos os contratos agrários e, a duas, porque, nos termos do art. 96, VII, do Estatuto da Terra, ainda que fosse tal direito previsto somente ao arrendatário, se estenderia ao parceiro, porquanto compatível com a natureza do contrato.

Na mesma linha, Vilson Ferreto, em obra de 2009, lembra-nos que "tais disposições estão insertas dentro do capítulo do Estatuto da Terra que trata Do Uso ou da Posse Temporária da Terra, inclusas na seção específica que

---

[418] PETTERSEN, Altamir; MARQUES, Nilson. **Uso e posse temporária da terra** (arrendamento e parceria). São Paulo: Pró-livro, 1977, p. 55-56.

[419] ALMEIDA, Paulo Guilherme. O direito de preferência nos contratos agrários. A atividade agrária como característica fundamental. In: **Revista de Direito Civil, Imobiliário, Agrário e Empresarial**, ano 11, p.118-122, abr.-jun.1987, p.120.

DIREITO AGRÁRIO

trata das Normas Gerais, que incluem não só o arrendamento, mas também a parceria, em suas diversas formas."[420]

Pinto Ferreira[421], em 1995, também entendia que ambos, o arrendatário ou o parceiro outorgado, têm preferência na aquisição do imóvel. Igualmente, defende Wellington Pacheco de Barros em obra editada em 2012:

> Dúvida poderia haver quanto à aplicação desse direito ao contrato de parceria. Inicialmente, coloco que a previsão da preferência do arrendatário na alienação do imóvel arrendado se encontra nas disposições gerais inerentcs aos contratos, tanto de arrendamento, como de parceria, como se observa nos demais parágrafos do art. 92, o que dá ideia da aplicação comum do instituto. Não bastasse, inexiste qualquer conflito entre a preferência, o que, nos termos do art. 34 do Decreto nº 59.566/66, significa sua plena aplicação. Por fim, é do sistema dos contratos de sociedade de pessoas, como se assemelha a parceria, a preferência do sócio que fica pelos direitos existentes na sociedade do sócio que se retira, consoante se deduz do art. 334 do Código Comercial brasileiro.[422] [423]

Todavia, com o devido respeito à argumentação do autor, mister recordar que o referido artigo do Código Comercial não tratava de direito de preferência, mas, sim, da necessidade de anuência dos demais sócios para a cessão da posição de sócio a terceiro estranho ao quadro social.

Todavia, como a cessão da posição contratual, pelo parceiro outorgante, é livre no contrato de parceria, como no de arrendamento, em prestígio ao direito de propriedade e livre circulação de bens, não é menos certo que o direito de preferência legal tem, também, a finalidade de impedir a entrada de terceiros estranhos à sociedade ou propriedade/atividade comum, conforme já tivemos a oportunidade de abordar anteriormente.

---

[420] FERRETO, Vilson. **Contratos agrários**: aspectos polêmicos. São Paulo: Saraiva, 2009, p. 169-170.

[421] FERREIRA, Pinto. **Curso de direito agrário**. 2.ed.São Paulo: Saraiva, 1995, p.248.

[422] BARROS, Wellington Pacheco. **Curso de direito agrário**. v.l. 7. ed. rev. e ampl. Porto Alegre: Livraria do Advogado, 2012, p. 125.

[423] O mencionado artigo encontra-se revogado, conforme já mencionado anteriormente.

DIREITO DE PREFERÊNCIA DO PARCEIRO OUTORGADO

Diante das considerações acima, temos as seguintes conclusões parciais:

Os autores que defendem a existência do direito legal de preferência do parceiro outorgado reforçam que a proteção social e econômica assegurada pela lei agrária não é exclusiva do arrendatário e que interpretação diferente seria decorrente de "interpretação das normas do Estatuto de modo estanque e setorial".

7.2.2. Defensores da inexistência do direito legal de preferência do parceiro outorgado

Conforme já apontamos na introdução do presente trabalho, a posição atual do STJ é inversa, e considera que: "O direito de preferência que se confere ao arrendatário rural não alcança o contrato de parceria".

A fundamentação que encontramos no acórdão analisado, incialmente, pareceu ser insuficiente, pois o entendimento baseou-se apenas na ausência de previsão legal expressa, sem considerar que se aplica ao contrato de "parceria", no que couber, as normas de arrendamento. Abaixo transcrito encontra-se trecho da fundamentação da posição do STJ:

> o art. 92, §3º da Lei nº 4.504/64 é claro ao definir que:
> 'No caso de alienação do imóvel arrendado, o arrendatário terá preferência para adquiri-lo em igualdade de condições, devendo o proprietário dar-lhe conhecimento da venda, a fim de que possa exercitar o direito de preempção dentro de 30 (trinta) dias, a contar da notificação judicial ou comprovadamente efetuada, mediante recibo (grifei)'
> A leitura atenta da aludida norma legal revela que o ordenamento jurídico em vigor restringe o direito de preferência à hipótese de arrendamento, não havendo qualquer previsão legislativa no sentido de que tal figura poderia estender-se aos contratos de parceria agrícola.

Porém, a seguir, prosseguiu o Min. Barros Monteiro, a respeito da aplicação ao contrato de parceria "no que couber" das regras do contrato de arrendamento:

> Estes fundamentos casam-se às inteiras à espécie presente. O direito de perempção, no caso de alienação do imóvel, adstringe-se ao arrendatário

DIREITO AGRÁRIO

rural. Não se argumente com a dicção meramente literal do art. 48 do Decreto nº 59.566, de 14.11.66, que, a despeito de ordenar que se aplicam à parceria as normas estabelecidas na Seção I daquele Capítulo (onde se encontra previsto o direito de preferência do arrendatário – art. 45), não confere ao parceiro rural outorgado esse mesmo direito, porquanto é ali feita a ressalva "no que couber", além da remissão expressa ao art. 96, Inc.VII, da Lei nº 4.504/64. Bem de ver ainda que ao Regulamento não era dado extrapolar o que restara disposto de forma clara a sistemática pela Lei regulamentada.

Todavia, com o devido respeito, não nos parece adequada a afirmação de que o Decreto teria extrapolado ao que estava disposto na lei regulamentada, pois acaso se fizesse a interpretação em favor do parceiro outorgado do artigo 8 do Decreto, o que constava ali já se encontrava no artigo 96, VII do Estatuto da Terra, ou seja, que se aplicam à parceria, "no que couber", as normas atinentes aos contratos de arrendamento e as relativas a sociedade e o direito de preferência assegurado ao arrendatário o foi no capítulo de normas gerais da Lei.

Consideramos, com o devido respeito à fundamentação, que deixou O STJ de se manifestar porque entende que não seria "cabível" ao parceiro outorgado o direito legal de preferência, fazendo uma interpretação bastante simplista da lei, literal, desconsiderando a sua finalidade e os princípios de Direito Agrário, quando deveriam ser preferidas as interpretações sistemáticas, históricas e teleológicas (ou históricas), que prestigiam os princípios basilares da Constituição, dos contratos e do Direito Agrário, bem como a atual realidade do tipo contratual em estudo.

Não obstante, seguindo essa linha do STJ, podem ser destacadas diversas decisões dos Tribunais de Justiça estaduais, a exemplo do abaixo.

A 20ª Câmara de Direito Privado do Tribunal de Justiça do Estado de São Paulo por exemplo, decidiu, nos autos da Apelação nº 0048949-46.2009.8.26.0000, em acórdão de 27 de agosto de 2012, tendo como relator o Desembargador Álvaro Torres Júnior, que o direito de preferência na aquisição do bem não alcança o contrato de parceria por entender que os dispositivos protetivos do Estatuto da Terra aplicam-se apenas ao arrendatário, não se estendendo ao contrato de parceria rural, pois:

o arrendatário se encontra em situação de fragilidade, ao assumir todos os riscos da atividade, enquanto que o parceiro atua em condições de igual-

DIREITO DE PREFERÊNCIA DO PARCEIRO OUTORGADO

dade de condições com o outro parceiro, pois divide os frutos e os riscos com ele.

Com o devido respeito à opinião, não concordamos que o parceiro outorgado esteja sempre em igualdade de condições com o proprietário da terra, nem que é a suposta situação de fragilidade do arrendatário (que pode não existir) que ensejou a criação do direito de preferência, pela lei.

Como já apontamos acima, a intenção da preferência legal é dar acesso à terra ao cultivador direto, assim como consolidar a empresa agrária e a propriedade imobiliária e assegurar a sua continuidade a longo prazo.

Roberto Grassi Neto também defendia em 1998 que não se pode aplicar o direito de preferência por analogia e equidade, como era a posição adotada por Paulo Torminn Borges, pelos motivos expostos abaixo:

> A explicação é simples. Embora os artigos 34 e 48 do Decreto nº 59.566 tenham realmente determinado a aplicação à parceria das mesmas regras do arrendamento, em termos de hierarquia de leis não se pode cogitar da criação de direitos por mero decreto regulamentar do Executivo, em verdadeira interpretação extensiva (mais apropriada do que a expressão "analogia", empregada pelo ilustre autor) quando a própria lei regulamentada, em seu contexto, demonstra serem tais direitos aplicáveis a determinadas situações. Não há como sustentar a criação de direito real por mero decreto regulamentar à lei.[424]

Não obstante, nós ousamos discordar de tal posicionamento. Consideramos que, diante das interpretações legais possíveis, caso se venha a entender que tem direito de preferência também o parceiro outorgado, não se trata de analogia, pois inexiste lacuna a ser preenchida, nem hipótese de interpretação extensiva[425], pois a norma específica e expressa de autointegração existe, sendo suscetível de ser aplicado o direito de prefe-

---

[424] GRASSI NETO, Roberto. **Evolução e perspectiva dos contratos agrários**. São Paulo: Faculdade de Direito da Universidade de São Paulo, 1998, 287 f. Dissertação (Mestrado em Direito), elaborada sob a orientação do Professor Doutor Fábio Maria De-Mattia, no curso de Direito Civil da Faculdade de Direito da Universidade de São Paulo, p. 209.

[425] Na interpretação extensiva: "a norma existe, sendo suscetível de ser aplicada ao caso, desde que estendido o seu entendimento além do que usualmente se faz". (REALE, Miguel. **Lições preliminares de direito**. 27. ed. São Paulo: Saraiva, 2009, p. 298).

DIREITO AGRÁRIO

rência ao contrato de parceria, mediante simples interpretação teleológica da expressão "no que couber".

Trata-se de mera interpretação declarativa, ou seja, quando há "correspondência entre a expressão linguístico-legal e a *voluntas legis*, sem que haja necessidade de dar ao comando normativo um alcance mais amplo ou mais restrito".[426]

Tal distinção é importante pois, como bem apontou Roberto Grassi Neto, o direito de preferência legal tem eficácia real, de modo que ele deve ser criado por lei, não se admitindo aplicação por analogia, isto é, não poderiam ter eficácia real outras modalidades contratuais – direitos de preferência – não expressamente previstas em lei.

Fernando Pereira Sodero considerava, em 1968, que o direito de preferência não era extensivo ao contrato de parceria, pelos argumentos expostos no trecho transcrito a seguir:

> Nota-se que o direito em apreço diz respeito apenas ao arrendatário, não ao parceiro. A parceria é sociedade, e, se uma das partes, o cedente, se retira, o contrato se extingue, com a obrigação de ressarcir a outra, das perdas e danos causados.[427]

Na mesma linha, defendia em 1990 Giselda Maria Fernandes Novaes Hironaka:

> Esclareça-se, por fim, que o direito de preempção ou preferência apenas se revela, como se aduz, com relação ao arrendamento.
>
> A parceria, sociedade sui generis que é, não permite vislumbrar tal circunstância beneficiadora ao parceiro outorgado. Em caso de venda do imóvel dado em parceria, extingue-se o contrato, com as consequências que a lei determina, no que concerne ao ressarcimento de perdas e danos.[428]

---

[426] DINIZ, Maria Helena. **Compêndio de introdução à ciência do direito**: introdução à teoria geral do direito, à sociologia jurídica e à lógica jurídica. Norma jurídica e aplicação do direito. 21.ed. São Paulo: Saraiva, 2010, p. 445.

[427] SODERO, Fernando Pereira. **Direito agrário e reforma agrária**. São Paulo: Legislação Brasileira, 1968, p. 133.

[428] HIRONAKA, Giselda Maria Fernandes Novaes. Contratos agrários. In: **Revista de Direito Civil, Imobiliário, Agrário e Empresarial**, ano 14, p. 100-121, jul.-set., 1990, p. 100-101.

DIREITO DE PREFERÊNCIA DO PARCEIRO OUTORGADO

Com o devido respeito à opinião dos dois respeitáveis autores, tal conclusão não nos parece acertada, uma vez que o adquirente do imóvel objeto da parceria se sub-rogará nos direitos e obrigações do contrato, de modo que não se extingue o contrato de parceria com a venda do imóvel. Nesse sentido, é o que dispõe de forma clara o artigo 15 do Regulamento, que se aplica tanto aos contratos de arrendamento quanto parceria: "Art. 15. A alienação do imóvel rural ou a instituição de ônus reais sôbre êle, não interrompe os contratos agrários, ficando o adquirente ou o beneficiário, sub-rogado nos direitos e obrigações do alienante ou do instituidor do ônus".

Portanto, o contrato não se extingue com a venda do imóvel objeto da parceria. Então, a discussão é outra, ou seja, se o parceiro outorgado poderia ou não evitar ser parceiro de terceiro, adquirindo em igualdade de condições o imóvel objeto da parceria.

A decisão da 10ª Câmara Cível do TJ/RJ, em 18 de dezembro de 2003, nos autos da Apelação Cível nº 70007086572, tendo como Relator o Des. Paulo Antônio Kretzmann, embora entendendo que o direito de preferência não se aplica ao parceiro rural, assegurou o direito de adjudicação em contrato denominado pelas partes de parceira rural quando, "revelam os fatos a figura do contrato de arrendamento rural".

Evidentemente, a natureza jurídica do contrato e sua regulamentação deve ser inferida de seu conteúdo e não pelo nome que as partes (equivocadamente) lhe atribuem.

> **Diante das considerações acima, temos as seguintes conclusões parciais:**
>
> Os autores que defendem a inexistência do direito legal de preferência do parceiro outorgado não apresentaram argumentos convincentes, fazendo uma interpretação bastante simplista da lei, de forma literal e ainda não justificando porque não é aplicável, à parceria, "no que couber", o direito de preferência assegurado pelo arrendatário, desconsiderando a finalidade da lei e os princípios de Direito Agrário.

7.2.3. Posição intermediária – indo além da mera interpretação literal e/ou sistemática (interpretações teleológica e histórica)

Em 1993, José Bezerra Costa[429] apesar de demonstrar que a interpretação literal levaria à conclusão de que o legislador não estendeu, intencionalmente, o direito de preferência ao parceiro outorgado, considera a distinção injusta e defende a interpretação da norma, conforme sua finalidade social:

> Não há razão lógica para o tratamento desigual e muito menos sustentação de base filosófica, para não falar na inexistência de apoio sócio-econômico.
>
> O tratamento diferenciado contraria até mesmo os princípios em que se estadeia o Estatuto da Terra, porque o parceiro, economicamente mais débil, tem igual ou maior necessidade de ver assegurado seu acesso à propriedade do fundus que cultiva.[430]

É, seguindo esta lógica que Paulo Torminn Borges entende que embora a lei tenha excluído de propósito o direito de preferência do parceiro outorgado, assegurando-o apenas ao arrendatário, considera tal fato uma "Injustiça. Mas está na lei."[431] E sugere que tal injustiça seja corrigida, na aplicação da lei:

> Em um livro de intenções didáticas, como este, não podemos fazer afirmações desautorizadas pela lei, mas a jurisprudência, tendo em vista que lhe compete interpretar a lei segundo os "fins sociais a que ela se dirige e às exigências do bem comum (LICC, art. 5º)", a jurisprudência talvez possa contornar a injustiça, por analogia, e pela equidade, que deve conter-se nos princípios gerais de direito, fontes secundárias do mesmo direito (LICC, art. 4º).
>
> Esta correção consistiria em dar ao parceiro outorgado o mesmo direito de preferência que, indubitavelmente, cabe ao arrendatário, quando proprietário quer alienar o imóvel.

---

[429] COSTA, José Bezerra. **Arrendamento rural**: direito de preferência. Goiânia: AB, 1993, p. 102-107.

[430] COSTA, José Bezerra. **Arrendamento rural**: direito de preferência. Goiânia: AB, 1993, p. 104.

[431] BORGES, Paulo Torminn. **Institutos básicos do direito agrário**. 11. ed. rev. São Paulo: Saraiva, 1998, p. 97.

DIREITO DE PREFERÊNCIA DO PARCEIRO OUTORGADO

Não iria aí uma violação à lei.

Digamos que a lei é lacunosa ou obscura, cumprindo ao juiz suprir (CPC, art. 126).[432]

Para se entender a "injustiça" da Lei, apontada por Paulo Torminn Borges, é necessário recordar a origem do contrato de parceria.

Na origem, a parceria representava a situação do proprietário que explorava a atividade agrária e utilizava-se de parceiros como mão de obra para fazer o cultivo direto.

E como apontava o autor italiano Paolo Scalini[433], em 1968, a direção da empresa cabia ao outorgante, de modo que se estabelece uma relação de subordinação do outorgado ao outorgante. Vale lembrar que a *mezzadria* está prevista no livro que trata do lavoro (trabalho).[434]

Por sua vez, em 1977, Altamir Pettersen e Nilson Marques, ao tratar da experiência brasileira, apontavam que:

A experiência mais típica sobre a forma de exploração da terra consistente no contrato de parceria agrícola foi levada a efeito pelo Senador Vergueiro, o qual, na tentativa de mostrar a viabilidade de seu sistema, introduziu em sua fazenda de Ibicaba, entre 1847 e 1857 – uma década – 177 famílias europeias. O sistema, basicamente consistia na oferta da terra destinada à exploração de determinado produto, principalmente o café, estabelecendo-se a obrigatoriedade da entrada de METADE da safra ao proprietário. Porém, existiam variantes que davam a esse tipo de contrato um cunho de desumana exploração. [...] Assim é que ALBERTO PASSOS, em Quatro Séculos de Latifúndio, textualmente, página 135, verbera: A CASA VERGUEIRO EXAGERAVA OS MÉTODOS EXTORSIVOS: ganhava na conversão do franco a taxas muito mais elevadas do que as vigentes; ganhava na venda de péssimos gêneros a preços duplicados; cobrava alugueis pelas casas dos colonos, apesar de lhes haver assegurado, pelo contrato, moradia gratuita por quatro anos; na pesa-

---

[432] BORGES, Paulo Torminn. **Institutos básicos do direito agrário**. 11. ed. rev. São Paulo: Saraiva, 1998, p. 98.

[433] SCALINI, Paolo. **L'impresa agraria e i contratti agrari**. Torino: Editrice Torinese, 1968, p. 480-481.

[434] Vide artigo 2.145 do Código Civil Italiano sobre a gestão da empresa agrária pelo outorgante/concedente.

DIREITO AGRÁRIO

gem do gênero que fornecia, faltava uma libra-peso em cada 16; e na prestação de contas das colheitas, descontava maiores despesas do que realmente fazia.

O sistema, apesar de sua existência relativamente efêmera, espraiou-se por todo o país, primeiro por constatar-se a sua imperatividade histórica, na medida em que se preservava a grande propriedade; segundo porque se ajustava, perfeitamente, à realidade agrária nacional daquele tempo; terceiro, por representar a única forma, convenhamos, ou das únicas vias, de substituição do trabalho escravo, vez que impossível se fazia admitir a existência de trabalho assalariado nessa etapa da sociedade brasileira.

[...]

Realmente, a utilização dos contratos de parceria e arrendamento representou, talvez, a única saída econômica para os proprietários de terras, os quais, diante da carência de recursos econômicos para o sistema típico do salariato [...].[435]

J. Motta Maia indicava que, em 1967, que o contrato de parceria tinha grandes afinidades com o contrato de locação de serviços, sendo "uma evolução do sistema de trabalho mais tradicional em que figuravam empregador e empregado, vinculados pelo salário"[436]:

> Partindo da consideração de que a *parceria rural* é uma evolução do contrato de trabalho, que em determinada etapa da nossa evolução histórico-social era um instituto eivado de ranços escravagistas, poder-se-á compreender o sentido das disposições do Código Civil nessa parte e que refletem, até certo ponto, as tentativas feitas, quando de sua tramitação no Congresso, de inserir-lhe disposições de caráter social mais adiantado.[437]

Não obstante, como aponta Roberto Grassi Neto, ao analisar a regulamentação dos contratos agrários no Direito Italiano, em que a direção da empresa agrária cabia ao parceiro outorgante, explica:

> Na prática, todavia, o que se deu foi que, com o passar do tempo, diversos proprietários deixaram de se interessar pela empresa, limitando-se a perceber

---

[435] PETTERSEN, Altamir; MARQUES, Nilson. **Uso e posse temporária da terra** (arrendamento e parceria). São Paulo: Pró-livro, 1977, p. 19-20.

[436] MAIA, J. Motta. **O Estatuto da Terra comentado**. 2. ed. Rio de Janeiro: Mabri, 1967, p. 197.

[437] MAIA, J. Motta. **O Estatuto da Terra comentado**. 2. ed. Rio de Janeiro: Mabri, 1967, p. 177.

DIREITO DE PREFERÊNCIA DO PARCEIRO OUTORGADO

a parte dos frutos que lhes cabia, de forma que a *mezzadria* se desfigurou, perdendo a sua feição associativa, para passar a ter um conteúdo de arrendamento, no qual o percentual dos frutos destinados ao proprietário acabam adquirindo uma fisionomia de um aluguel, determinado por um percentual em espécie. [438]

Especificamente sobre o direito de preferência agrário na Itália, Guido Jesu[439] aponta, em obra de 2004, que não há direito de preferência para os titulares de uma relação contratual não estável, como a partilha sazonal, pela falta do gozo contínuo do fundo. Ora, disso pode-se inferir que, se a relação fosse contínua, não restaria motivo para não se admitir o direito de preferência nessa modalidade contratual.

Nota-se que a legislação portuguesa anterior também assegurava de forma expressa apenas o direito de preferência ao arrendatário (artigo 28 do Decreto-Lei nº 385/88, de 25 de outubro), prevendo, no artigo 33 do Decreto, que "aos contratos de parceria agrícola e mistos, aplica-se, com as adaptações necessárias, tudo quanto respeita aos arrendamentos rurais".

O disposto legal em comento, previa, ainda, no artigo 34: "a parceria agrícola manter-se-á até que o Governo, por decreto-lei, estabeleça as normas transitórias adequadas à sua efectiva extinção."

Atualmente, em Portugal, o Decreto-Lei nº 294/2009 proíbe, em seu artigo 36, a celebração de contratos de parceria agrícola e determina que os contratos de parceria existentes devem ser convertidos em arrendamento em 30 dias antes de sua renovação ou até a cessação do contrato, nos contratos firmados sem duração.

Por outro lado, Roberto Grassi Neto[440] aponta que a doutrina espanhola diferenciava a parceria vulgar da científica, sendo vulgar se o proprietário contribuir penas com a terra ou com esta e valor inferior a 20% do capital

---

[438] GRASSI NETO, Roberto. **Evolução e perspectiva dos contratos agrários**. São Paulo: Faculdade de Direito da Universidade de São Paulo, 1998, 287 f. Dissertação (Mestrado em Direito), elaborada sob a orientação do Professor Doutor Fábio Maria De-Mattia, no curso de Direito Civil da Faculdade de Direito da Universidade de São Paulo, p. 99.

[439] JESU, Guido. **La prelazione legale agraria**: lineamenti dell'istituto e rassegna giurisprudenziale. Milano: Giuffrè, 2004, p. 02.

[440] GRASSI NETO, Roberto. **Evolução e perspectiva dos contratos agrários**. São Paulo: Faculdade de Direito da Universidade de São Paulo, 1998, 287 f. Dissertação (Mestrado em Direito), elaborada sob a orientação do Professor Doutor Fábio Maria De-Mattia, no curso de Direito Civil da Faculdade de Direito da Universidade de São Paulo, p. 107.

DIREITO AGRÁRIO

despendido para o cultivo, e a científica existe apenas quando o proprietário contribuir com valor superior, devendo o contrato de parceria vulgar ser tido como contrato de arrendamento.

Analogicamente, no Direito Brasileiro, deve-se verificar se o parceiro outorgante é ou não cultivador direto ou sócio/parceiro da empresa agrária, ou mero locador do imóvel, assim como se o parceiro outorgado é parceiro ou mero trabalhador ou prestador de serviços, sendo que apenas nessa segunda situação não lhe caberia direito de preferência.

Diante das considerações acima, temos as seguintes conclusões parciais:

(1) Alguns autores consideram que a lei não assegurou, de propósito, o direito de preferência ao parceiro outorgado.

(2) Isso se justifica pela formatação original, de tais contratos que, na origem, se aproximavam de contratos de trabalho ou prestação de serviços, ou seja, o parceiro outorgado contribuía apenas com sua força de trabalho na parceria.

(3) Assim, parece que a intenção da lei foi afastar, na formatação original do contrato de parceria, que aquele que contribuía apenas com seu trabalho (o parceiro outorgado) tivesse direito de preferência na compra do imóvel.

(4) Não parece haver razão para afastar, por outro lado, o direito legal de preferência, nos casos em que o parceiro outorgado seja cultivador direto ou tenha participação financeira ou de gestão da atividade agrária.

(5) Os autores propõem que se faça uma interpretação sociológica da norma e seja assegurado, também, ao parceiro outorgado o direito legal de preferência.

7.3. Conclusões sobre a interpretação do Estatuto da Terra e seu Regulamento

Em resumo, utilizando as técnicas interpretativas estudadas no item 7.1, acima, concluímos o seguinte:

1) **gramatical**, a lei assegurou de forma expressa o direito de preferência legal somente ao arrendatário, em qualquer caso, mas ao parceiro

outgado, em apenas em circunstâncias que este direito couber ao parceiro outorgado, por ser aplicável tal direito, ou seja, "no que couber" deve ser entendido que será necessária a análise de cada contrato de parceria, que pode ter características diferentes, dada a liberdade contratual das partes;

2) **lógica:** analisando as diferentes modalidades de contratos de parceria, é de se concluir que o proprietário da terra pode ter maior ou menor relevância na atividade agrária. Poderá haver ou não direito de preferência legal do parceiro outorgado, a depender da análise específica da situação do parceiro outorgado, em especial da sua condição parceiro real na atividade, sendo exclusivo ou principal responsável pela empresa agrária e/ou sua situação de cultivador direto (e não no caso em que seja apenas trabalhador ou prestador de serviços);

3) **sistemática:** ora se o direito de preferência foi assegurado no contexto do Direito Agrário, não há razão para a diferença de proteção entre arrendatário e parceiro outorgado quando estes, de igual modo, são cultivadores diretos ou responsáveis pela atividade agrária (ainda quando corresponsáveis). A exclusão do parceiro outorgado se justifica, apenas, quando a gestão da atividade agrária estiver exclusivamente em mãos do proprietário da terra ou quando este custear sozinho a atividade agrária ou a sua quase totalidade, sendo o parceiro outorgado apenas mão de obra na empresa agrária e não parceiro real. A exemplo do Direito Espanhol, se o proprietário concorre apenas com a terra nua (não é cultivador direto) ou se não tem participação relevante na atividade agrária ou no seu custeio, o contrato deve ser tratado como arrendamento, com aluguel variável, para fins de aplicação "no que couber" do direito de preferência legal.

4) **histórica:** a parceria originalmente era um meio de o proprietário explorar a empresa agrária, utilizando mão de obra sem a necessidade de pagar salário. Aliás, nossa legislação nasceu inspirada na lei italiana, que estabelecia de forma expressa que a gestão da empresa agrária cabia sempre ao proprietário, o que não se repetiu na nossa lei, que tentou moldar o contrato de parceria com mais feições de acordo de sociedade de divisão de resultados (comenda), mas, sem se afastar da realidade social, de modo que parecia inaceitável asse-

DIREITO AGRÁRIO

gurar o direito de preferência a um mero prestador de serviços (ou sócio de indústria), em prejuízo do proprietário, ou seja, do responsável pela atividade agrária (sócio de capital). Todavia, atualmente, não se pode desconsiderar que, em muitos casos, o parceiro outorgado é, de fato, o responsável pela atividade agrária, sozinho ou em conjunto com o proprietário e os bens de produção (detidos pelo parceiro outorgado) muitas vezes superam o valor da terra nua;

5) **sociológica ou teleológica:** a continuidade da empresa agrária e a proteção daquele que trabalha a terra devem ser elementos principais na fixação da amplitude do direito de preferência legal previsto no Estatuto da Terra, tendo em vista seu caráter social e o princípio da prevalência do interesse coletivo sobre o individual. Também, tendo em vista a finalidade de prestigiar o acesso à terra e a reformulação da estrutura fundiária, não deve ser negado o direito de preferência ao parceiro outorgado que seja cultivador direto ou o principal ou exclusivo responsável pela empresa agrária.

Diante das considerações acima, temos as seguintes conclusões parciais:

Após utilizarmos as 5 técnicas de interpretação, consideramos que, se o parceiro outorgado for parceiro real e não apenas mão de obra/prestador de serviços na empresa agrária, há de ser assegurado a ele o direito de preferência, independentemente de ajuste contratual e com a eficácia real que a lei lhe atribui ao tratar do direito de preferência do arrendatário.

8.
Direito de Preferência Convencional

Não obstante o entendimento que partilhamos, da aplicação à parceria rural das normas com ela compatíveis, inclusive relativas ao direito de preferência, ressalvada a situação em que o parceiro não é parceiro real, mas apenas mão de obra, trabalhador ou prestador de serviços para a atividade agrária, enquanto não houver atualização das regras agraristas[441], a insegurança relativa ao direito de preferência legal do parceiro outorgado persiste.

Em especial, vale lembrar que a tendência do STJ, acerca do tema, não é apenas afastar o direito legal de preferência do parceiro outorgado, mas também do arrendatário, quando este não é vulnerável ou pequeno agricultor, exigindo a comprovação da situação de cultivador direto e familiar para o exercício do direito de preferência, conforme já apontamos no item deste trabalho e que reproduzimos abaixo.

Em acórdão de 03/09/2009 da 3ª Turma do STJ, nos autos do RESP 1.103.241, tendo como relatora a Min. Nancy Andrighi, já se decidiu que "os direitos previstos ao arrendatário pelo Estatuto da Terra e por seu Regulamento – dentre eles, o de preferência – são titularizados apenas pelo pequeno agricultor que exerce sua atividade em âmbito familiar ou em pequeno grupo e que reside no imóvel explorado. [...]". E acrescenta:

---

[441] Como, aliás, propõe José Fernando Lutz Coelho, em: COELHO, José Fernando Lutz. **Contratos agrários**: uma visão neo-agrarista. Curitiba: Juruá, 2006, p. 182.

DIREITO AGRÁRIO

A premissa inicial adotada não é inovadora, tanto na doutrina quanto na jurisprudência.

A orientação no sentido de que o direito de preferência do arrendatário depende da verificação dos requisitos relativos à exploração direta e familiar da terra foi adotada no STJ em dois precedentes, a saber: Resp nº 36.227/MG, 4ª Turma, Rel. Min. Torreão Braz, DJ de 13.12.1993 (este citado como paradigma pelo recurso especial) e Resp no 485.814/MG, 3ª Turma, Rel. Min. Menezes Direito, DJ de 31.05.2004)

Todavia, a mesma decisão reconheceu o direito de preferência ao arrendatário, pois existia a previsão contratual acerca de tal direito.

Por esta razão, é recomendável repetir as regras da preferência legal no contrato de parceria (ou de arrendamento), de modo que, no mínimo, ela teria os efeitos de um direito de preferência convencional, isto é, apenas não teria a eficácia real, que depende de previsão legal expressa. Detalharemos no item 9 deste trabalho os efeitos do contrato de preferência ou preempção, ou seja, do direito convencional de preferência.

Conforme decisão da 3ª Turma do STJ, de 20 de março de 2012, nos autos do RESP 1.148.153 MT, tendo como relator o Min. Paulo de Tarso Sanseverino, que entendeu caber o direito de preferência ao arrendatário, mesmo na hipótese de venda judicial do bem: "Dizer que na omissão, que na dúvida, a intenção do legislador seria restritiva ao direito do arrendatário, implicaria uma contradição equivalente a dizer que eventual omissão do CDC deva ser interpretada em prejuízo do consumidor. Não faria sentido."

Igualmente, devemos interpretar o Estatuto da Terra em favor do cultivador direto ou do gestor da atividade agrária (ainda que seu direito seja oriundo do contrato de parceria), tendo o direito de permanecer na terra explorada por ele, de manter a empresa agrária a longo prazo, através do exercício do direito de preferência.

A outorga de direito de preferência é utilizada no Brasil, não apenas nas modalidades com regulamentação específica, mas também na forma de contrato atípico, em razão da liberdade de contratar das partes (art. 425 do Código Civil[442]).

---

[442] Art. 425 do Código Civil: "É lícito às partes estipular contratos atípicos, observadas as normas gerais fixadas neste Código."

DIREITO DE PREFERÊNCIA CONVENCIONAL

O próprio Estatuto da Terra prevê, no parágrafo 9º do artigo 92, que para os casos omissos na referida Lei, prevalecerá o disposto no Código Civil.

Inexiste legislação específica que regulamente e que poderia nos prover expressa ou tacitamente a natureza jurídica do direito de preferência convencional ou estabelecer as regras gerais aplicáveis ao contrato atípico cujo objeto seja outorgar direito de preferência. Aqui vamos utilizar o termo contrato de "preempção", pois estaremos tratando de direito de preferência para celebrar contrato de compra e venda do bem e não preferência para celebrar outro tipo de contrato.

Agostinho Alvim já defendia, em 1961, que "a mera possibilidade de dar preferência, esta, independentemente de texto expresso, não poderia ser negada. Aliás, qualquer proprietário pode contratar com alguém, de modo a conceder-lhe direito de preferência para a compra de certa propriedade."[443]

Helena Maria Bezerra Ramos também defende que, independentemente da preferência legal, podem as partes de um contrato de arrendamento "convencionarem o pacto de preferência, que é um pacto adjeto ao contrato de arrendamento rural. Até porque, segundo o brocardo latino *quod non nocet*: o que abunda não prejudica (CC, arts. 513 a 520)."[444]

Fala-se em pacto como um acordo, um contrato acessório, vinculado a um contrato principal. No nosso objeto de estudo, também estaremos tratando de um contrato acessório, pois estará o direito de preferência convencional do parceiro outorgado vinculado à vigência do contrato de parceria.

Silvia C.B. Opitz e Oswaldo Opitz defendem a possibilidade de as partes contratarem a preferência convencional "tal como está na lei, em contratos de arrendamento ou parcerias rurais, de modo que os arrendatários ou parceiros agricultores ficam na situação de poder comprar o imóvel se o proprietário for aliená-lo a terceiro."[445] [446]

---

[443] ALVIM, Agostinho. **Da compra e venda e da troca**. Rio de Janeiro: Forense, 1961, p. 183.

[444] RAMOS, Helena Maria Bezerra. **Contrato de arrendamento rural**: teoria e prática. Curitiba: Juruá, 2012, p. 113.

[445] OPITZ, Silvia C. B.; OPITZ, Oswaldo. **Curso completo de direito agrário**. 8. ed. São Paulo: Saraiva, 2014, p. 315.

[446] No mesmo sentido: BORGES, Antonino Moura. **Curso completo de direito agrário**. 4. ed. Campo Grande: Contemplar, 2012, p. 489.

DIREITO AGRÁRIO

Mas, os mesmos autores entendem que "apenas o arrendatário poderá usar do direito conferido no art. 92, §3º do estatuto da terra, quando houver venda do imóvel arrendado, sem sua notificação. O parceiro-outorgado apenas usa dos direitos conferidos pela lei civil e incide o art. 518 do CC."

O contrato de preempção é um negócio jurídico bilateral através do qual uma pessoa – o proprietário – obriga-se a, se desejar vender determinado bem (o bem preempto ou objeto do direito de preferência), conceder ao preferente ou titular do direito de preferência, a oportunidade para comprar referido bem, nas mesmas condições ofertadas pelo ou para o terceiro, se o preempto tiver interesse na compra. Tal direito de preferência tem apenas efeitos pessoais, porque não podem as partes criar direitos reais (ou com eficácia real) por contrato, dependendo tais efeitos de previsão legal específica.

Em outras palavras, o direito de preferência convencional gera apenas o direito de prelação, mas não o direito de resgate, embora eventual venda feita em violação ao direito de preferência possa ser anulada, se caracterizar ato ilícito (for celebrada com terceiro que tinha conhecimento do direito violado).

Em sentido contrário, há quem defenda a possibilidade de criação de direito real por contrato, a exemplo de Ricardo Cesar Carvalheiro Galbiatti, cuja posição foi defendida ainda na vigência do Código Civil de 1916:

> Perfilhamos a opinião de Washington de Barros Monteiro quando reconhece a possibilidade de criação de direitos reais por contrato, além dos elencados no art.674[447]; e, mais adiante, entendemos ser possível a conversão da própria preempção do art.1.149[448] em direito real mediante acordo de vontades, em desconformidade com a opinião de Pontes de Miranda, que, todavia, relata a existência de direito real de preempção no direito alemão, mcdiantc averbação do pacto no registro imobiliário.[449]

---

[447] Equivalente ao artigo 1.225 do CC/2002.
[448] Equivalente ao artigo 513 do CC/2002.
[449] GALBIATTI, Ricardo Cesar Carvalheiro. Direito de preferência. In: **Revista Jurídica**. Porto Alegre, v.44, n. 221, p. 138-154, mar., 1996, p. 141.

DIREITO DE PREFERÊNCIA CONVENCIONAL

António Menezes Cordeiro[450] define a preferência como "um instituto unitário, a se, traduzido numa relação duradoura, de *facere* jurídico, com prestações secundárias, típicas de procedimento e de comunicação e que visa a conclusão preferencial de certo contrato definitivo."

Todavia, vale lembrar que muitas vezes a intenção da preferência é apenas evitar a venda do bem a um terceiro indesejado, ou a possibilidade de analisar eventual interesse de compra, a depender das condições ofertadas pelo terceiro, ou seja, a preferência não é celebrada necessariamente porque o preferente tem interesse na compra do bem.

Diante das considerações acima, temos as seguintes conclusões parciais:

(1) Dada a liberdade de contratar, podem as partes contratar direito de preferência, em contrato autônomo, ou acessório a outro contrato.

(2) O direito de preferência convencional, terá apenas eficácia pessoal, pois a eficácia real depende de previsão legal.

(3) Utilizaremos a terminologia contrato de preempção, pois estamos nos referindo ao direito de prioridade na compra do imóvel objeto do contrato agrário.

(4) O contrato de preempção é um negócio jurídico bilateral através do qual uma pessoa – o proprietário – obriga-se a, se desejar vender determinado bem (o bem preempto ou objeto do direito de preferência), conceder ao preferente ou titular do direito de preferência, a oportunidade para comprar referido bem, nas mesmas condições ofertadas pelo ou para o terceiro, se o preferente tiver interesse na compra.

Passaremos a seguir a enumerar as características e requisitos de existência (ou elementos essenciais) do contrato de preempção.

8.1. Caracterização

O Código Civil Português traz de forma expressa a possibilidade de as partes criarem o direito de preferência por contrato, conforme a redação do artigo 414, transcrita a seguir: "O pacto de preferência consiste na con-

---

[450] CORDEIRO, António Menezes. **Tratado de Direito Civil Português**. 2v.: Direito das obrigações t.2.: Contratos. Negócios unilaterais. Coimbra: Almedina, 2010, p. 536.

DIREITO AGRÁRIO

venção pela qual alguém assume a obrigação de dar preferência a outrem na venda de determinada coisa."

O contrato de preempção que cria o direito de preferência na compra pode ser celebrado como acessório de outro contrato, ou de forma independente.

No Direito Português, o direito de preferência convencional pode, por convenção das partes, gozar de eficácia real (artigo 421 do Código Civil Português), o que não é possível no Direito Brasileiro. Conforme já apontado antes, no Direito Brasileiro o direito de preferência convencional gera apenas direito de prelação, mas não direito de resgate ou sequela do bem preempto. Isso não significa, todavia, afastar a possibilidade de opor o pacto a quem dele tenha conhecimento.

O contrato de preempção pode ser classificado da seguinte forma:

(I) **consensual e não solene**, pois depende apenas da manifestação das partes contratantes para a sua formação, não havendo forma prescrita em lei para o mesmo.

(II) **unilateral ou bilateral**, o contrato de preempção é unilateral quando gera obrigações apenas para o outorgante; podendo ser bilateral, se houver contraprestação do beneficiário para a outorga do direito de preferência. Vale destacar que não se confunde o contrato de preempção com o contrato de compra e venda, preliminar ou definitivo, do bem preempto, que pode nunca vir a existir.

(III) **gratuito ou oneroso**, pois, como mencionado no item anterior, pode existir ou não uma contraprestação ajustada para a aquisição do direito de preferência (sem prejuízo do valor ajustado para a compra e venda do bem preempto).

O autor português António Menezes Cordeiro indica que "o pacto de preferência raramente surgirá isolado. Quando isso sucede, ele configurar-se-ia mesmo como uma liberalidade, uma vez que se traduz a concessão, a uma pessoa, de um benefício, sem contrapartida."[451] E, mais adiante, acrescenta: "O pacto de preferência tem uma estrutura típica não sinalagmática. Tal como a lei o desenha, temos uma parte – o preferente – que

---

[451] CORDEIRO, António Menezes. **Tratado de Direito Civil Português**. 2v.: Direito das obrigações t.2.: Contratos. Negócios unilaterais. Coimbra: Almedina, 2010, p. 481.

DIREITO DE PREFERÊNCIA CONVENCIONAL

recebe uma vantagem apreciável, enquanto a outra nada obtém, estruturalmente, em troca."[452]

(IV) **em regra não comutativo / não sinalagmático** – em geral, o preferente não paga pela concessão do direito de preferência, pois a sua concessão não resulta na imobilização do bem ou restrição do direito de alienar o bem preempto, então, ainda que seja oneroso, o valor pago pela preferência não exige uma contraprestação recíproca ou equivalente;

Nesse sentido, explica o autor português Carlos Lacerda Barata:

> Trata-se, portanto, de um contrato: a) que é fonte de obrigações apenas para uma das partes (aquela que se obriga a dar preferência), ficando o outro contraente apenas com o direito de exercer ou não a preferência, conforme entenda conveniente. É pois um contrato não-sinalagmático [...].[453]

(V) **de execução continuada**, uma vez que durante toda a sua vigência gera a para o proprietário do bem preempto a obrigação de não vendê-lo sem dar prioridade ao preferente para comprá-lo.

(VI) **por prazo certo**, pois, é requisito do direito de preferência o prazo determinado, após o qual o outorgante ficará liberado do vínculo de oferecer prioridade na venda ao preferente.

Consideramos que nada impede, porém, dada a inexistência de regulamentação ou vedação legal no sistema jurídico brasileiro, que as partes, em sua liberdade de contratar, ajustem um direito de preferência por prazo indeterminado (ou vinculado à vigência de outro contrato).

Contudo, o acordo por prazo indeterminado trará o inconveniente de possibilitar a resilição unilateral pelo outorgante a qualquer momento (o que nos parece estar em desacordo com a finalidade do contrato de preempção).

Carla Wainer Chalréo Lgow defende que, para não se esvaziar o direito de preferência ajustado sem prazo para o se, a possibilidade de o seu titular "exigir a fixação judicial do termo, numa espécie de integração do

---

[452] CORDEIRO, António Menezes. **Tratado de Direito Civil Português**. 2v.: Direito das obrigações t.2.: Contratos. Negócios unilaterais. Coimbra: Almedina, 2010, p. 482.
[453] BARATA, Carlos Lacerda. **Da obrigação de preferência**: contributo para o estudo do artigo 416 do Código Civil. Coimbra: Coimbra, 2002, p. 15.

DIREITO AGRÁRIO

contrato."[454] Mas, complementa: "Resta saber quais serão os parâmetros concretos que, à luz da cláusula geral da boa-fé objetiva, deverá o juiz observar."[455]

Vale lembrar, neste contexto, que o prazo do direito de preferência não se confunde com o prazo para exercício de tal direito, uma vez recebida a *denuntiatio* pelo beneficiário. É certo que tal prazo também deve constar do contrato de preempção.

Consideramos que, na falta de prazo para exercício, aplicar-se-ão ao contrato de preempção os prazos máximos fixados pelo parágrafo único do artigo 513 do CC[456].

(VII) **atípico**, pois estamos aqui estudando justamente o pacto para o qual inexiste regulamentação legal específica, (os direitos de preferência típicos já foram analisados neste trabalho).

(VIII) **é um contrato definitivo e irrevogável, salvo ajuste expresso em contrário, podendo ser autônomo ou acessório a ouro contrato;** Interessa-nos ao presente trabalho o direito convencional de preferência vinculado ao contrato de parceria. Sendo pacto acessório, havendo qualquer vício que invalide o contrato principal, o contrato acessório também não subsistirá.

Em seguida, passaremos a enumerar os principais requisitos de existência (ou elementos essenciais) do contrato de preempção.

> **Diante das considerações acima, temos as seguintes conclusões parciais:**
>
> O contrato de preempção é contrato atípico, podendo ser autônomo ou acessório a outro contrato, consensual e não solene, podendo ser bilateral ou unilateral, gratuito ou oneroso, em regra não comutativo / não sinalagmático, de prazo certo e de execução continuada.

---

[454] LGOW, Carla Wainer Chalréo. **Direito de preferência**. São Paulo, Atlas, 2013, p. 21.

[455] LGOW, Carla Wainer Chalréo. **Direito de preferência**. São Paulo, Atlas, 2013, p. 21.

[456] O prazo para exercer o direito de preferência não poderá exceder a cento e oitenta dias, se a coisa for móvel, ou a dois anos, se imóvel.

8.2. Elementos de existência e requisitos de validade

Antônio Junqueira de Azevedo, ao diferenciar os três planos do negócio jurídico, esclarece que, enquanto elemento do negócio jurídico é "tudo aquilo que compõe sua existência no campo do direito"[457], os requisitos, "por sua vez, são aqueles caracteres que a lei exige (requer) para que este seja válido". [...] "Os requisitos são as qualidades que os elementos devem ter."[458]

Requisitos gerais. O contrato de preempção, como negócio jurídico bilateral, para ser válido deverá também observar os requisitos gerais de validade de qualquer negócio jurídico, também sendo-lhe aplicáveis as disposições relativas a defeitos e nulidades do negócio jurídico (artigos 138 a 184 do Código Civil).

Conforme expressamente dispõe o artigo 104 do Código Civil Brasileiro, são requisitos de validade de qualquer negócio jurídico, como do contrato de preempção: agente capaz (capacidade definida por lei), objeto lícito, possível e determinado (não contrário à lei, à moral ou aos bons costumes) e forma prescrita ou não defesa em lei.

A validade do contrato de preempção também dependerá da observância da sua função social[459] e da boa-fé das partes contratantes (artigos 166, VI, 421, 422 e 2.035 do Código Civil Brasileiro).

Requisitos objetivos. O objeto deve ser lícito e possível. Não pode ser objeto de direito de preferência, pois não podem ser vendidos ou comprados, bens que estejam fora do comércio ou sejam insuscetíveis de alienação. O bem preempto deve ser adequadamente identificado, bem como

---

[457] AZEVEDO, Antônio Junqueira de. **Negócio jurídico**: existência, validade e eficácia. 4. ed. 8.tir. São Paulo: Saraiva, 2013, p. 31.

[458] AZEVEDO, Antônio Junqueira de. **Negócio jurídico**: existência, validade e eficácia. 4. ed. 8.tir. São Paulo: Saraiva, 2013, p. 42.

[459] Ruy Rosado de Aguiar Junior aponta que: "A função social do direito tem por escopo estabelecer a finalidade para a qual o ordenamento jurídico criou a norma concessiva do direito subjetivo. O direito é um instrumento para realizar os fins do estado; as normas jurídicas são editadas para alcançar esse objetivo. Quando o direito concedido pela norma se desvia da finalidade, não estará sendo atendida a sua função social." (grifo do autor). (AGUIAR JUNIOR, Ruy Rosado de. Os contratos nos Códigos Civis Francês e Brasileiro. **Revista CEJ**, n. 28 jan.-mar., 2005, p. 12).

DIREITO AGRÁRIO

ser delimitado o prazo que vigorará o pacto de preferência. No caso da parceria, o bem preempto é o imóvel, mas pode abranger o contrato de preferência outros bens, como por exemplo as máquinas e equipamentos utilizados na atividade agrária.

Requisitos subjetivos. Um dos elementos essenciais do contrato de preempção é o consentimento válido. Assim como na compra e venda, para ser válida, o outorgante deve ter capacidade específica, isto é, este deve ser dono do bem preempto e ter a faculdade de dispor do mesmo, ou vir a ter tais qualidades durante a vigência do pacto de preferência e antes que seja exercido o direito de compra.

Agostinho Alvim defendia, em 1961, comentando o direito de preferência como pacto acessório da compra e venda, que "mesmo em se tratando de imóvel, é dispensável a outorga uxória do comprador, no ato da compra, porque o pacto de preferência não envolve promessa de venda. O comprador não promete vender, e sim, que dará preferência se vender." [460]

Todavia, parece-nos que não é a melhor interpretação, pois, mesmo que venha a oferecer a preferência sozinho, o proprietário casado precisará da concordância do cônjuge para a alienação do bem preempto, de modo que, sendo uma opção de compra incompleta, ao direito de preferência também se aplica o que já tivemos a oportunidade de apontar, em relação à opção de compra, sendo, sim recomendável a anuência do cônjuge para que seja exigível o cumprimento da obrigação eventualmente inadimplida (para que seja possível a sua execução específica):

> [...] se o outorgante da opção de compra for casado, deverá haver a concordância do cônjuge, nas hipóteses em que esta é exigida para a alienação do bem[461]. Se o outorgante for casado e faltar a assinatura do cônjuge no con-

---

[460] ALVIM, Agostinho. **Da compra e venda e da troca**. Rio de Janeiro: Forense, 1961, p. 183.

[461] Conforme dispõe o art. 1.647 do Código Civil: "ressalvado o disposto no art. 1.648 [transcrito a seguir], nenhum dos cônjuges pode, sem autorização do outro, exceto no regime da separação absoluta: I – alienar ou gravar de ônus real os bens imóveis; II – pleitear, como autor ou réu, acerca desses bens ou direitos; III – prestar fiança ou aval; IV – fazer doação, não sendo remuneratória, de bens comuns, ou dos que possam integrar futura meação. Parágrafo único. São válidas as doações nupciais feitas aos filhos quando casarem ou estabelecerem economia

DIREITO DE PREFERÊNCIA CONVENCIONAL

trato de opção, entender-se-á que ele se obrigou a, no momento oportuno, declarar a própria vontade e, "ao mesmo tempo a conseguir a concordância e a participação do seu cônjuge no ato futuro, respondendo por perdas e danos na hipótese deste último recusar a outorga"[462]. Trata-se da aplicação do artigo 439 do Código Civil de 2002 (promessa de fato de terceiro).

Esse já era o entendimento jurisprudencial[463], na vigência do Código Civil de 1916, quando o artigo 929 do revogado diploma dispunha que "aquele que tiver prometido fato de terceiro responderá por perdas e danos, quando este o não executar."

Contudo, a regra do parágrafo único do artigo 439 do Código Civil vigente, a seguir transcrita, não existia no Código Civil anterior: "tal responsabilidade não existirá se o terceiro for o cônjuge do promitente, dependendo da sua anuência o ato a ser praticado, e desde que, pelo regime do casamento, a indenização, de algum modo, venha a recair sobre os seus bens".

Tal dispositivo visa afastar o patrimônio do cônjuge que se recusa a consentir do dever de indenizar, porque sujeitar o seu patrimônio à indenização por ato ao qual a pessoa não consentiu, equivaleria, na prática, "a obrigá-la, por via indireta, a consentir"[464].

Em outras palavras, responderá o proprietário por promessa de fato de terceiro, se faltar no contrato de preempção ou na *denuntiatio* a anuência do seu cônjuge.

José Bezerra Costa[465] já apontava, em 1993, que, "a necessidade de outorga uxória para o exercício da ação de execução de concluir o contrato definitivo já conquistou posição aluvional."

---

separada." "Art. 1.648. Cabe ao juiz, nos casos do artigo antecedente, suprir a outorga, quando um dos cônjuges a denegue sem motivo justo, ou lhe seja impossível concedê-la."

[462] Esta é a opinião de Araken de Assis em comentários ao artigo 462 do CC. (Assis, Araken de; Andrade, Ronaldo Alves de; Alves, Francisco Glauber Pessoa. In: Alvim, Arruda; Alvim, Thereza. (Coords.). **Comentários ao Código Civil Brasileiro**. Do direito das obrigações v.V (arts .421 a 578). Rio de Janeiro: Forense, 2007, p. 442).

[463] Nesse sentido, aponte-se: Brasil. Superior Tribunal de Justiça. RESP nº 36.413-2 SP, STJ, Irene da Matta Pinelli *versus* José Alberto Gonçalves da Silva e cônjuge. Relator: Min. Eduardo Ribeiro. Acórdão de 13 de setembro de 1993. Disponível em: www.stj.jus.br. Acesso em: 30 jun., 2009.

[464] Bessone, Darcy. **Da compra e venda**. Belo Horizonte: Bernardo Álvares, 1960, p. 191.

[465] Costa, José Bezerra. **Arrendamento rural**: direito de preferência. Goiânia: AB, 1993, p. 144.

DIREITO AGRÁRIO

Isso porque o contrato definitivo "acaba por impor a transferência da propriedade do imóvel." [466]

Pode acontecer que o titular do direito de preferência tenha limitações à aquisição do bem, por exemplo, em se tratando de imóvel rural, devem ser observadas as restrições previstas na Lei nº5.709, de 07 de outubro de 1971, de modo que não poderá exercer o direito de compra aquele que não possa se tornar proprietário do bem.

Nada impede, todavia, o contrato de preempção prever a possibilidade de cessão do exercício ou do exercício de preferência a terceiro, em caso de algum impedimento legal para o exercício pelo preferente do direito de compra, à época do recebimento da *denuntiatio* e durante o prazo para o exercício da prelação.

De igual modo, aplicam-se as restrições atinentes à compra e venda entre ascendentes e descendentes, ou entre pessoas referidas no artigo 497 do CC, que tenham a relação ali indicada no momento do exercício do direito de prelação/direito de compra (ainda que no momento da celebração do pacto de preferência não a tivessem).

Em sentido contrário, José Bezerra Costa[467] defendia, em 1993, que o descendente poderia exercer a ação de preferência decorrente de contrato de arrendamento celebrado com o ascendente, proprietário do bem, sem que isso importasse em violação do artigo 1.132 do Código Civil de 1916[468], explicando sua posição da seguinte forma:

> Somos de alvitre que a ação é possível, porque não sendo nula mas ineficaz a alienação sem observância da preferência, não é o ascendente que vai funcionar como transmitente, mas o adquirente.
>
> [...]
>
> No curso do processo ficar evidenciada a existência de simulação, o magistrado deve julgar o autor-descendente carecedor da ação, ante a

---

[466] COSTA, José Bezerra. **Arrendamento rural**: direito de preferência. Goiânia: AB, 1993, p. 144.

[467] COSTA, José Bezerra. **Arrendamento rural**: direito de preferência. Goiânia: AB, 1993, p. 137-138.

[468] Equivalente ao artigo 496 do Código Civil vigente: Art. 496. É anulável a venda de ascendente a descendente, salvo se os outros descendentes e o cônjuge do alienante expressamente houverem consentido.

DIREITO DE PREFERÊNCIA CONVENCIONAL

ausência de possibilidade jurídica do pedido face a ilegalidade manifesta da pretensão.[469]

De todo modo, consideramos que o exercício da preferência dependeria da anuência dos outros descendentes, pois, caso contrário, serviria de meio a burlar as vedações legais de celebração de compra e venda. A anuência, todavia, pode ser obtida no próprio pacto de preferência ou por ocasião do exercício do direito de compra, ou até mesmo e somente no contrato definitivo de compra e venda.

O autor português António Menezes Cordeiro, nessa linha, afirma:

> E em abstracto, a regra a formular é muito simples: pelo pacto de preferência, uma das partes poderá estar obrigada a celebrar um certo contrato; pois bem: não pode, por via da preferência, conseguir algo que a Lei não permita diretamente. Assim, proibindo a lei, salvo determinada autorização, vender a filhos ou netos (877/1, 1ª parte), proibido fica o pacto de preferência que beneficie os tais filhos ou netos.[470]

Requisitos formais. Não há, por falta de regulamentação do instituto, forma especial a ser observada para o contrato de preempção, ressalvado o que apontamos no item 1.2.4, isto é, se o contrato principal for obrigatoriamente celebrado por instrumento público, também deve ser o contrato que seja a ele acessório ser celebrado por instrumento público.

Diante das considerações acima, temos as seguintes conclusões parciais:

(I) requisitos gerais do contrato de preempção são os comuns a todos os contratos; (II) requisitos objetivos: o bem preempto deve ser comercializável; (III) requisitos subjetivos: são os mesmos aplicáveis à futura compra e venda do bem preempto; e (IV) requisitos formais: não há.

---

[469] COSTA, José Bezerra. **Arrendamento rural**: direito de preferência. Goiânia: AB, 1993, p. 137-138.

[470] CORDEIRO, António Menezes. **Tratado de Direito Civil Português**. 2v.: Direito das obrigações t.2.: Contratos. Negócios unilaterais. Coimbra: Almedina, 2010, p. 462.

DIREITO AGRÁRIO

Definidas as características e os requisitos de existência do contrato de preempção, passaremos a seguir a apontar a utilidade prática desse contrato.

9.
Principais Efeitos Jurídicos do Contrato de Preempção

Como lembra o autor português António Menezes Cordeiro, discorrendo sobre o pacto de preferência, além dos deveres principais que gera o contrato de preempção, ele gera, também, os chamados deveres acessórios, a exemplo o dever de boa fé e cooperação mútua, que, aliás, existem em todo contrato:

> O pacto de preferência origina uma relação complexa e duradoura entre as partes. Até que se extinga pelo exercício (ou não exercício) da preferência ou por qualquer outra forma de extinção das obrigações, a preferência existe e deve ser respeitada.
>
> Ao lado da obrigação principal – a de dar preferência, a tanto por tanto – e das prestações secundárias, como a de fazer a competente comunicação [...], devemos lidar com os deveres acessórios.
>
> Apesar da situação de preferência ser mais lassa do que a promessa, surge, entre as partes, uma situação de confiança e, ainda, uma estruturação material: ambas devem ser respeitadas. Consubstanciam-se, desse modo, deveres de segurança, de lealdade e de informação, que devem acompanhar as partes. Ao especial relacionamento que, nesse nível, se estabelece entre o preferente e o obrigado à preferência e à particular coloração que, a essa luz, recebem os deveres, os ónus e os encargos envolvidos, chamaremos o modo de preferência ou *modus praelationis*.[471]

---

[471] CORDEIRO, António Menezes. **Tratado de Direito Civil Português**. 2v.: Direito das obrigações t.2.: Contratos. Negócios unilaterais. Coimbra: Almedina, 2010, p. 492.

DIREITO AGRÁRIO

> **Diante das considerações acima, temos as seguintes conclusões parciais:**
>
> O contrato de preempção gera os deveres principais (condições contratuais específicas do contrato) e os acessórios (dever de boa fé e cooperação, aplicáveis a todos os contratos).

9.1. Efeitos para o preferente

O preferente goza, desde o início da vigência do contrato de preferência, de prioridade na compra do bem preempto (direito de preferir).

Ele não possui direito de compra desde logo (direito de prelação), mas apenas prioridade na compra, caso o proprietário opte por vendê-la.

O preferente terá direito de aquisição do bem, a partir do momento em que o vendedor manifeste sua intenção de vender o bem preempto (mediante envio da *denuntiatio* ao preferente ou através de outro meio inequívoco), quando seu direito de prelação converte-se em direito ou opção de compra – direito formativo gerador do contrato de compra e venda do bem preempto. O preferente poderá ou não exercer a faculdade de comprar o bem, a seu exclusivo critério.

Em caso de violação do direito de prelação, não tem o preferente direito de resgate, pois seu direito não tem eficácia real. Todavia, terá o direito de pleitear indenização por perdas e danos ou a nulidade da venda feita a terceiro de má fé, isto é, que comprou o bem preempto mesmo tendo conhecimento do direito do preferente. Evidentemente, a nulidade somente poderá ser pleiteada, se o preferente tiver interesse na aquisição do bem preempto, para não caracterizar abuso do direito por parte do preferente.

Caso resolva pleitear a nulidade do contrato celebrado com terceiro, o ajuizamento da ação, que terá também no pólo passivo o proprietário anterior do bem preempto, terá o mesmo efeito do envio da notificação de exercício de seu direito de preferência, pois, a ciência da venda torna completo seu direito de compra, passando a correr o prazo para o seu exercício, que pode ser feito, no caso de violação, por meio da ação própria – cuja sentença deverá reconhecer a nulidade da venda feita em violação ao seu direito e declarar a existência de seu direito ao contrato definitivo de compra, pois com seu regular exercício do direito de compra formou-se o contrato preliminar correspondente.

PRINCIPAIS EFEITOS JURÍDICOS DO CONTRATO DE PREEMPÇÃO

Além disso, não afastamos a possibilidade de opor ao terceiro o contrato, fazendo-o cumprir diretamente a obrigação inadimplida (de vender o bem ao preferente cujo direito tenha violado conscientemente), dado o princípio da função social do contrato, pois, como já tivemos a oportunidade de discorrer[472], o artigo 421 do CC/2002, referente aos efeitos externos do contrato, teoria aliás, defendida por Antônio Junqueira de Azevedo, é um contraponto ao princípio da relatividade dos contratos, isto é, "a consagração da mais ampla oponibilidade do contrato a terceiros"[473], que não podem violá-los impunemente:

> O antigo princípio da relatividade dos efeitos contratuais precisa, pois, ser interpretado, ou relido, conforme a Constituição. [...]
> Aceita a idéia de função social do contrato, dela evidentemente não se vai tirar a ilação de que, agora, os terceiros são partes no contrato, mas, por outro lado, torna-se evidente que os terceiros não podem se comportar como se o contrato não existisse.[474]

Na mesma linha, defende Pedro Oliveira da Costa:

> À função social dos contratos, portanto, deve ser reservado um papel de ainda maior relevância do que simples tutela externa do crédito. Através dela se deve poder assegurar eficácia ao contrato, privilegiando a prestação *in natura*, em detrimento de seu "equivalente patrimonial", representado por uma eventual indenização por perdas e danos.[475]

---

[472] PERES, Tatiana Bonatti. Função social do contrato. In: **Revista de Direito Privado**, nº 40, p. 288-307, out.-dez. 2009, p. 301.

[473] FONSECA, Rodrigo Garcia da. **A função social do contrato e o alcance do artigo 421 do Código Civil**. Rio de Janeiro: Renovar, 2007, p. 222.

[474] AZEVEDO, Antônio Junqueira de. Princípios do novo direito contratual e desregulamentação do mercado – direito de exclusividade nas relações contratuais de fornecimento – função social do contrato e responsabilidade aquiliana do terceiro que contribui para inadimplemento contratual. **Revista dos Tribunais**, v.750, 1998, p. 113-120, abr., 1998. Disponível em: www.revistadostribunais.com.br. Acesso em: 23 abr., 2015.

[475] COSTA, Paulo Oliveira. Apontamentos para uma visão abrangente da função social dos contratos. In: TEPEDINO, Gustavo (Coord.). **Obrigações** – estudos na perspectiva civil--constitucional. Rio de Janeiro: Renovar, p. 45-68, 2005, p. 45-68.

DIREITO AGRÁRIO

> **Diante das considerações acima, temos as seguintes conclusões parciais:**
>
> O contrato de preempção não gera para o preferente a obrigação de comprar o bem preempto, apenas gera: (I) o direito de ser preferido, em eventual venda do bem; e (II) o direito de compra (prelação), caso o proprietário do bem preempto resolva vendê-lo, (III) mas não gera o direito de resgate, pois não tem efeitos reais.

9.2. Efeitos para o proprietário

O direito de preferência não obriga o proprietário a vender ao beneficiário do direito de preferência o bem preempto, desde que não o venda a terceiro.

Pontes de Miranda, no mesmo sentido, afirmava já em 1962: "O sujeito passivo não tem dever, nem a fortiori, obrigação de vender: somente quando êle se decida a vender o bem, pode ser exercido o direito de preempção."[476]

O contrato de preferência gera, para o proprietário do bem preempto, obrigação de não fazer, consistente na vedação de vender ao terceiro, sem oferecer ao preferente.

Guido Jesu[477] indica que a jurisprudência italiana admite que existe para o proprietário que age com culpa ou dolo, como na hipótese de prestar falsa garantia contratual sobre a inexistência do direito de preferência, a obrigação de indenizar totalmente o dano causado ao titular do direito de preferência, incluindo lucros cessantes pelo não uso do imóvel.

Gera o contrato de preempção, também, uma obrigação de fazer, uma vez que está "obrigado a noticiar o preferente da venda que vai fazer, a fim de que exercite sua preferência".[478]

---

[476] MIRANDA, Pontes de. **Tratado de direito privado**. v.39. 2. ed. Rio de Janeiro: Borsoi, p. 203-225, 1962, p. 207.

[477] JESU, Guido. **La prelazione legale agraria**: lineamenti dell'istituto e rassegna giurisprudenziale. Milano: Giuffrè, 2004, p. 81-82.

[478] COSTA, José Bezerra. **Arrendamento rural**: direito de preferência. Goiânia: AB, 1993, p. XV.

PRINCIPAIS EFEITOS JURÍDICOS DO CONTRATO DE PREEMPÇÃO

Pontes de Miranda[479], nessa linha, afirmava que, se o proprietário do bem preempto envia a notificação da preferência, mas, antes de expirar o prazo para o exercício pelo outorgado, "ou sem ter afrontado o outorgado, vende o bem, comete ato ilícito absoluto (ofendeu a direito, não deixou, apenas, de solver obrigação)."

Ou, nas palavras do autor português António Menezes Cordeiro, a prestação principal do contrato de preempção seria a última a seguir elencada (concluir o contrato de venda do bem preempto, se o preferente exercer a preferência), mas também há como prestação secundária a obrigação de enviar a notificação de preferência, para que o preferente possa manifestar-se quanto ao exercício de seu direito de compra:

> Na preferência obrigacional, temos uma relação complexa que se estabelece entre o preferente e o obrigado a dar preferência e nos termos da qual este deve:
> – abster-se de contratar com terceiros, sem seguir o procedimento de preferência;
> – comunicar ao preferente o projecto de contrato, firme e completo, a que chegue, com um terceiro;
> – concluir o contrato em causa, nas condições fixadas, com o preferente, desde que este as acompanhe.[480]

Diante das considerações acima, temos as seguintes conclusões parciais:

O contrato de preempção não gera para o proprietário do bem preempto a obrigação de vender o bem preempto. Apenas gera: (I) a obrigação de não vender o bem a terceiros, sem dar prioridade ao preferente; (II) enviar a notificação ao preferente, indicando as condições da venda, caso resolva vender o bem preempto; (III) celebrar o contrato definitivo de venda, caso exercida a preferência, pelo preferente.

---

[479] MIRANDA, Pontes de. **Tratado de direito privado**. v.39. 2.ed. Rio de Janeiro: Borsoi, p. 203-225, 1962, p. 217.

[480] CORDEIRO, António Menezes. **Tratado de Direito Civil Português**. 2v.: Direito das obrigações t.2.: Contratos. Negócios unilaterais. Coimbra: Almedina, 2010, p. 534.

9.3. Efeitos para terceiros

A preferência convencional, por não ter eficácia real, não prevalece contra os direitos legais de preferência, nem em relação à alienação judicial (nesse sentido, aliás, é o que dispõe o artigo 422 do Código Civil Português).

Todavia, vale lembrar que, o terceiro que tenha conhecimento do contrato de preferência não pode violá-lo, sob pena de responder pelo ato ilícito, sem prejuízo (I) da possibilidade de ser anulada a aquisição do bem preempto por terceiro com violação ao direito de prelação; ou (II) da possibilidade de se opor o contrato ao terceiro que dele tinha conhecimento, para que cumpra a obrigação inadimplida voluntariamente ou pratique ou desfaça os atos necessários à assegurar o exercício do direito por ele violado.

Já em 1948, Mário Neves Baptista afirmava:

> Como se vê, a regra de que o terceiro adquirente está protegido contra a reclamação do preferente sofre uma limitação expressa no caso de má fé do comprador. Todos os tratadistas acima invocados ressalvam taxativamente o caso de aquisição *com conhecimento da preferência*.
>
> Embora considerem eles o direito de preferência como uma relação jurídica de caráter pessoal, insuscetível de seqüela, admitem perfeitamente a ação de restituição para com o terceiro adquirente, provada que seja a fraude por parte deste na aquisição da coisa contra o direito do comprador.[481]

Diante das considerações acima, temos as seguintes conclusões parciais:

O contrato de preempção não gera efeitos *erga omnes*, mas pode ser oposto a quem dele tenha conhecimento, que terá responsabilidade em caso de violação intencional do direito convencional de preferência.

---

[481] BAPTISTA, Mário Neves. O pacto de preempção e o terceiro adquirente de má fé. Tese de concurso, Recife, Imprensa Industrial, 1948, p. 126-127 apud WALD, Arnoldo. Da prevalência do critério econômico da indivisibilidade e dos efeitos reais da preferência do condômino (interpretação do art. 1.139 do Código Civil). In: **Revista de Direito Civil, Imobiliário, Agrário, Empresarial**, v.15, n. 56, p. 177-191, 1991, p. 190.

10.
Registro do Contrato de Preempção

De extrema importância é dar publicidade ao contrato de preempção, pois, a má fé de eventual adquirente do bem preempto em violação ao direito de preferência não pode ser presumida, mas deve ser provada.

Assim, o terceiro que venha a adquirir bem com violação a direito de preferência, somente responderá pela violação, em conjunto com o proprietário anterior do bem, se provada a sua ciência inequívoca do direito do preferente.

Atualmente, em razão da taxatividade dos títulos registráveis, o registro não pode se dar na matrícula do imóvel, por não se encontrar previsto no rol dos títulos registráveis, elencados na Lei de Registro Público, mas apenas poderá ser feito em cartório de registro de títulos e documentos, o que dá uma grande margem de insegurança quanto à efetiva ciência do contrato, pelo adquirente e, consequentemente, a oponibilidade a ele do direito de prelação.

De todo modo, os ministros da 4ª Turma do STJ, conforme decisão havida em 27 de outubro de 1998, nos autos do RESP 32.995-8 MG, tendo como relator o Ministro Barros Monteiro, já se manifestaram da seguinte forma: "O contrato de parceria não pode ser anteposto a terceiro, se não transcrito no Registro de Títulos e Documentos."

De modo que, a interpretação contrário senso nos leva a entender que a posição do STJ é no sentido de assegurar a oponibilidade do contrato de parceria a terceiro, desde que registrado no cartório de registro de títulos e documentos.

DIREITO AGRÁRIO

Pontes de Miranda, ainda que acerca do direito de preempção como pacto adjeto da compra e venda (e, portanto, sem eficácia real), considerava, em 1962, que:

> O registro do direito de preferência, se não há registro especial para os negócios jurídicos relativos ao objeto do direito de preferência, no registro de títulos e documentos torna o terceiro, a que se dê a propriedade do bem, responsável pela indenização dos danos decorrentes da infração do direito de preempção. Aí, a eficácia é erga omnes, posto que não seja real.[482]

Nota-se aqui que embora admitisse a responsabilidade do adquirente pela indenização da violação do direito, não considerava a possibilidade de opor o contrato de preferência a tal terceiro que não foi parte do contrato, mas, como já explicamos anteriormente, isso se justifica pelos princípios contratuais vigentes à época e, em especial, da relatividade dos contratos que, atualmente foi suavizado pelo princípio da função social.

Não obstante, consideramos que, assim como o direito de opção de compra, o direito de preferência deveria ter maior proteção legal, mormente em se tratando de direitos vinculados a contratos agrários, cuja legislação vigente dispensa o registro e/ou averbação para a continuidade do contrato, bem como a execução específica do direito legal de preferência.

Entendemos legítima a preocupação do legislador em não exigir o registro de tais contratos, em razão dos custos que o registro envolve.

Todavia, consideramos, também, que o registro de tais contratos deveria ser facultativo na matrícula dos respectivos imóveis, especialmente para os contratos de parceria, de modo a possibilitar, caso não seja reconhecido direito de preferência legal ao parceiro outorgado, não ainda os mesmos efeitos do direito de preferência com eficácia real assegurado locatário e ou ao arrendatário, mas, pelo menos, a possibilidade de opor ao terceiro adquirente (e lhe exigir a responsabilidade por violação) do pacto de preferência inserido em tais contratos. Essa responsabilidade, entendemos, não se limitaria à obrigação de indenizar o dano, mas obrigações de fazer ou de não fazer, conforme necessárias para dar cumprimento à obrigação inadimplida.

---

[482] MIRANDA, Pontes de. **Tratado de direito privado**. v.39. 2. ed. Rio de Janeiro: Borsoi, p. 203-225, 1962, p. 221.

REGISTRO DO CONTRATO DE PREEMPÇÃO

Diante das considerações acima, temos as seguintes conclusões parciais:

(1) A lei registrária vigente impede o acesso dos contratos agrários no registro imobiliário.

(2) Assim, recomendável seu registro no cartório de títulos e documentos, apesar de inexistir obrigatoriedade, para se dar maior publicidade aos direitos inseridos no contrato agrário.

(3) O direito legal de preferência agrário tem efeitos reais, independentemente de registro.

(4) Por outro lado, a oponibilidade de direito convencional de direito de preferência dependerá de prova de conhecimento do direito pelo terceiro que o viole.

11.
Execução Específica do Direito de Preferência do Parceiro Outorgado

A execução específica ocorre quando é possível através do provimento jurisdicional a entrega ao credor da exata prestação que receberia, se não houvesse ocorrido o inadimplemento.

O preferente que tenha seu direito real de preferência violado pode optar entre (I) obter indenização pelas perdas e danos; ou (II) execução específica (direito de resgate exercido por meio da ação de preferência), que não exclui a possibilidade de pedido de indenização pelo direito violado.

O preferente que tenha seu direito sem eficácia real de preferência violado, com a venda do bem preempto a terceiro, pode optar pela indenização ou, pela execução específica, desde que prove que o terceiro adquirente tinha ciência do seu direito, ou seja, desde que prove a má fé do adquirente, de modo que teria que (I) anular a venda feita em violação ao seu direito, para poder exercê-lo, ou (II) opor seu direito diretamente ao terceiro de má fé, tendo os fundamentos da ilicitude do contrato firmado, para que este faça ou desfaça os atos necessários ao exercício do direito violado.

DIREITO AGRÁRIO

> **Diante das considerações acima, temos as seguintes conclusões parciais:**
>
> (1) A execução específica ocorre quando é possível através do provimento jurisdicional a entrega ao credor da exata prestação que receberia, se não houvesse ocorrido o inadimplemento.
>
> (2) O direito de preferência com eficácia real que seja violado, ainda pode ser exercido por meio do direito de resgate, através da ação de preferência, sem prejuízo da indenização por perdas e danos sofridas com a violação do direito.
>
> (3) O direito de preferência sem eficácia real que seja violado, ainda poderá ser exercido contra o terceiro adquirente de má fé, podendo ser anulada a venda ou ser exercida a prelação diretamente contra o adquirente de má fé.

11.1. Execução específica do direito de preferência com efeitos pessoais

Na hipótese de execução específica da preferência com efeitos pessoais, o entendimento que predomina na doutrina e na jurisprudência é que há a desconstituição (anulação) do contrato firmado em violação ao direito de preferência.

Essa seria a forma tradicional de fazer valer direito de preferência do parceiro outorgado, caso considerado um direito sem efeitos reais, pois não seria possível, nesse caso, o resgate do bem ou o ajuizamento da ação de preferência prevista no artigo 47 do Regulamento.

Se por um lado, se possa argumentar que o direito real prevalece sobre um direito pessoal[483], não se deve admitir a validade da constituição de um direito real com conhecimento da violação de qualquer direito, seja real ou pessoal, por caracterizar ilícito civil (abuso do direito de contratar).

Por esta razão, vale ressalvar que, nessa hipótese, existirá para o preferente o direito à indenização por perdas e danos perante o terceiro adquirente de má fé e até mesmo o direito à anulação da venda feita em violação a seu direito, com a conclusão da venda para si.

---

[483] Nesse sentido, vide: VETTORI, Giuseppe. **Efficacia ed opponibilità del patto di preferenza**. Milano: Giuffrè, 1988, p. 175.

EXECUÇÃO ESPECÍFICA DO DIREITO DE PREFERÊNCIA DO PARCEIRO OUTORGADO

Além disso, se, por outro lado, apenas o direito de preferência com eficácia legal permite o resgate do bem perante o terceiro adquirente, que detém apenas a propriedade resolúvel do bem preempto, por outro lado, o pacto de preferência sem eficácia real também é oponível ao terceiro adquirente que dele tenha conhecimento.

O autor italiano Giuseppe Vettori, ao discorrer da oponibilidade do direito de preferência contratual, defende a possibilidade de execução específica, com a utilização do artigo que trata da execução específica de obrigação de concluir contrato (o artigo 2.932 do Código Civil Italiano):

> E o oposto é utilizado frequentemente, apesar de totalmente inadequado, negando-se a aplicação na preferência convencional do artigo 2.932 do Código Civil ou a responsabilidade do terceiro em violação do pacto, usando incorretamente conceitos tradicionais, uma vez que a obrigatoriedade de um contrato é completamente compatível com a sua execução específica e não exclui, na presença de determinados elementos formais, a oponibilidade contra terceiros de seu título constitutivo[484] (tradução nossa[485]).

No Brasil, existem dispositivos equivalentes no Código de Processo Civil (artigos 461, 466-A, 466-B e 466-C do Código de Processo Civil de 1973, equivalentes aos artigos 497, 499, 500 e 501 do Código de Processo Civil de 2015), de modo que o raciocínio acima seria plenamente válido no nosso ordenamento jurídico, considerando que o princípio da função social dos contratos permite a oponibilidade do contratos contra terceiros que o violem de forma consciente, exigir diretamente do adquirente de má fé a transferência da titularidade e posse do bem preempto ao preferente.

Carla Wainer Chalréo Lgow também defende a possibilidade de execução específica do direito de preferência, mediante a obtenção de sentença

---

[484] VETTORI, Giuseppe. **Efficacia ed opponibilità del patto di preferenza**. Milano: Giuffrè, 1988, p. 33.

[485] Texto original: "E la contrapposizione è utilizzata spesso, ma del tutto a sproposito, per negare l'esperibilità nella prelazione convenzionale dell'art. 2932 CC o la responsabilità del terzo che violi il patto, usando in modo errato di tradizionali concetti giacché il carattere obbligatorio di un rapporto è del tutto compatibile con una sua tutela specifica e non esclude, in presenza di determinati indici formali, l'opponibilità ai terzi del suo titolo costitutivo."

DIREITO AGRÁRIO

com efeitos do contrato a que se obrigou o proprietário, indicando, todavia, duas situações diferentes, a primeira, em que o preferente não conseguiu obter o contrato com o proprietário do bem preempto e a segunda, em que o bem já foi vendido a terceiro:

> Por meio desse procedimento, é possível alcançar provimento jurisdicional com efeitos equivalentes à declaração de vontade do sujeito passivo, e por consequência atribuir ao preferente o bem objeto da prelação. Essa interpretação, que vai ao encontro da tendência que privilegia a execução específica em detrimento da reparação pecuniária, encontra correspondência do artigo 466-A do Código de Processo Civil, pelo qual "[c]ondenado o devedor a emitir declaração de vontade, a sentença, uma vez transitada em julgado, produzirá todos os efeitos da declaração não emitida", e no artigo 466-B do mesmo diploma legal, pelo qual, se a parte obrigada a concluir um contrato não cumprir a sua obrigação, pode a outra obter uma sentença que produza o mesmo efeito do contrato a ser firmado. [486]

Todavia, como já assinalamos, consideramos que a sentença que tem por fim substituir a declaração de vontade do preferente (artigo 466-A e 466-B, CPC de 1973 ou artigo 501 do CPC de 2015), somente é necessária: (I) na preferência com eficácia real, com direto de prelação devidamente exercido, criando o contrato preliminar de compra e venda, tendo, por outro lado, o proprietário do bem preempto se recusado a celebrar o contrato definitivo, porém, sem venda do bem a terceiro; ou (II) na preferência com eficácia pessoal, após a anulação da venda feita com a sua violação e declaração da existência do contrato preliminar em favor do preferente, com seu exercício do direito de compra; ou (III) na preferência com eficácia pessoal, quando o direito de preferência é oposto diretamente ao terceiro de má fé.

Nos comentários ao artigo 466-B do Código de Processo Civil de 1973 de Theotonio Negrão, está indicado o seguinte precedente:

> Tratando-se de opção de compra irrevogável, uma vez não cumprida a obrigação, é permitido ao credor a condenação daquele a emitir a manifestação de vontade a que se comprometeu, sob pena de, não o fazendo, produ-

---

[486] LGOW, Carla Wainer Chalréo. **Direito de preferência**. São Paulo, Atlas, 2013, p. 147.

EXECUÇÃO ESPECÍFICA DO DIREITO DE PREFERÊNCIA DO PARCEIRO OUTORGADO

zir a sentença o mesmo efeito do contrato a ser firmado (STJ – 4ª T., REsp 5.406-SP, rel. Min. Barros Monteiro, j. 26.3.91, deram provimento, v.u., DJU 29.4.91, p. 5.273).[487]

Como já tivemos a oportunidade de discorrer sobre a opção de compra, o que também se aplica ao direito de preferência (em sua fase de direito de prelação), o seu exercício forma o contrato preliminar de compra e venda (e não o definitivo), apenas porque a venda de imóvel exige forma especial e, portanto, faz-se necessária nova declaração de vontade, mesmo após o exercício do direito potestativo formativo do contrato[488].

Por esta razão, assinala Manuel Henrique Mesquita que o preferente terá "direito (creditório) de exigir, após ter declarado a vontade de exercer a preferência, que o obrigado a esta realize com ele o negócio projectado, sempre que aquela declaração não baste para o consumar."[489]

Mesmo no caso de o proprietário se retratar da intenção de venda, após ser expedida a aceitação, terá o preferente ação de execução coativa da obrigação de fazer (de celebrar o contrato definitivo de venda do bem) a que se obrigou o proprietário, pois, como dito anteriormente, a notificação faz surgir o direito de prelação, completando a opção de compra do preferente e, portanto, fica vinculado o proprietário ao contrato de compra e venda a que se obrigou a celebrar quando já completo e eficaz o contrato preliminar com exercício do direito de prelação/exercício da opção de compra (direito potestativo formativo gerador)[490].

Como aponta José Bezerra Costa[491], nesta hipótese, também aplicam-se as regras de execução de obrigação de promessa de contratar, ou de emitir

---

[487] NEGRÃO, Theotonio; GOUVÊA, José Roberto F. **Código de Processo Civil e legislação processual em vigor**. 39. ed. São Paulo, Saraiva, 2007, p. 560.

[488] PERES, Tatiana Bonatti. **Opção de compra**. Curitiba: Juruá, 2011, p. 173-174.

[489] MESQUITA, Manuel Henrique. **Obrigações reais e ónus reais**. Coimbra: Almedina, 1990, p. 226.

[490] Vale mencionar que, antes da atual eficácia conferida aos contratos preliminares, o entendimento era diferente. Somente cabia direito à indenização, mesmo após o exercício do direito de prelação, caso o proprietário se recusasse a celebrar o contrato definitivo. Nesse sentido, vide decisão de 14/09/1983 da 5ª CC do 2º TAC-SP, nos autos da apelação 156.749, tendo como relator o Juiz Alfredo Migliore. (BUSSADA, Wilson. **Direito de preferência interpretado pelos tribunais**. São Paulo: Hemus, 1993, p. 175-176).

[491] COSTA, José Bezerra. **Arrendamento rural**: direito de preferência. Goiânia: AB, 1993, p. 143.

DIREITO AGRÁRIO

declaração de vontade, antes regulada pelo artigo 639 e pelo artigo 466-B do Código de Processo Civil de 1973[492]. No Código de Processo Civil de de 2015, não foi reproduzido dispositivo semelhante, mas, o artigo 501, assim dispõe (tal como o artigo 466-A do CPC de 1973): "Art. 501. Na ação que tenha por objeto a emissão de declaração de vontade, a sentença que julgar procedente o pedido, uma vez transitada em julgado, produzirá todos os efeitos da declaração não emitida."

E lembra o mesmo autor que "a forma da promessa ou do contrato preliminar não é condição para sua validade e muito menos para sua execução porque o instrumento que vale como definitivo é a sentença."[493]

Tal entendimento, anteriormente não pacífico, encontra-se estampado no artigo 462 do Código Civil vigente[494]. Quanto aos requisitos de legitimação do contrato preliminar, reportamo-nos ao que já discorremos no item 8.2 deste trabalho.

Quanto à situação em que o bem preempto já tenha sido vendido ao terceiro de má fé, a ação deve ser ajuizada no prazo para exercício do direito de preferência, contados a partir da ciência da venda do bem, pelo preferente, sendo que o ajuizamento da ação será considerado, para todos os fins, como exercício do direito de preferência, apto a constituir o contrato de venda do bem preempto, ainda que preliminar.

Vale lembrar que a ação que tenha por objeto anular a venda e exercer a preferência com eficácia pessoal violada, também deverá ter ambos – proprietário original/vendedor e adquirente – no pólo passivo. Isso porque:

(I) a sentença terá o efeito de anular a venda do bem preempto ao adquirente, celebrado com o proprietário original, a quem será pago o reembolso do preço pago pelo bem preempto, de modo que ambos devem sempre ser parte da ação;

---

[492] Art. 466-B, CPC de 1973: "Se aquele que se comprometeu a concluir um contrato não cumprir a obrigação, a outra parte, sendo isso possível e não excluído pelo título, poderá obter uma sentença que produza o mesmo efeito do contrato a ser firmado".

[493] COSTA, José Bezerra. **Arrendamento rural**: direito de preferência. Goiânia: AB, 1993, p. 143.

[494] Art. 462. "O contrato preliminar, exceto quanto à forma, deve conter todos os requisitos essenciais ao contrato a ser celebrado".

EXECUÇÃO ESPECÍFICA DO DIREITO DE PREFERÊNCIA DO PARCEIRO OUTORGADO

(II) anulada a venda e declarada a existência do contrato preliminar com o titular do direito de preferência, o proprietário original deve transferir a propriedade a ele, celebrando o contrato definitivo, de modo que o proprietário original deve sempre ser parte da ação;

(III) por um lado, terá a obrigação de entregar o imóvel o adquirente ou o proprietário, se o bem preempto, apesar de vendido, ainda estiver em seu poder; e

(IV) as perdas e danos em razão da violação do direito de preferência podem ser devidas por ambos adquirente e proprietário original, se o adquirente tiver agido de má fé.

Nesse sentido, a sentença, será declaratória de nulidade da venda feita ao terceiro de má fé; e declaratória de existência do contrato preliminar (uma vez que exercida a prelação, com o ajuizamento da ação). Além disso, condenará: (III) o proprietário a celebrar o contrato definitivo (e entregar o bem ao preferente) e caso não celebrado no prazo estabelecido, haverá sentença com os efeitos do contrato definitivo não celebrado pelo proprietário[495]; e (IV) a parte que esteja na posse do bem a obrigação de entregar o bem ao preferente.

Caso a ação seja ajuizada para opor o contrato diretamente ao adquirente de má fé, ele deverá ser condenado a celebrar o contrato definitivo e entregar o bem ao preferente, sendo a ele opostas as obrigações do proprietário voluntariamente inadimplidas por ele.

Em seguida analisaremos a execução específica para o direito de preferência com efeitos reais, a denominada ação de preferência, prevista no artigo 47 do Regulamento, que entendemos ser aplicável ao direito do parceiro outorgado, com o devido respeito às opiniões divergentes.

---

[495] Conforme artigo 466-C do CPC de 1973: "Condenado o devedor a emitir declaração de vontade, a sentença, uma vez transitada em julgado, produzirá todos os efeitos da declaração não emitida." No CPC de 2015, o artigo 501, de igual modo dispõe: "Art. 501. Na ação que tenha por objeto a emissão de declaração de vontade, a sentença que julgar procedente o pedido, uma vez transitada em julgado, produzirá todos os efeitos da declaração não emitida."

DIREITO AGRÁRIO

Diante das considerações acima, temos as seguintes conclusões parciais:

(1) A violação do direito de preferência sem efeitos reais pelo terceiro de boa fé não comporta execução específica.

(2) A violação do direito de preferência sem efeitos reais pelo terceiro sem boa fé, ou seja, que tenha conhecimento do direito violado, comporta execução específica. A venda feita a ele pode ser anulada e exercida a prelação contra o proprietário original ou o preferente poderá opor seu direito diretamente ao adquirente de má fé.

11.2. Execução específica da preferência com efeitos reais – a ação de preferência

Belizário Antônio de Lacerda define a ação de preempção ou preferência como "a ação que tem direito uma pessoa para adquirir a coisa certa, pelo mesmo preço que foi posta à venda em razão de contrato ou por força de lei."[496]

O mesmo autor defende que:

A nosso ver, só tem cabida a conversão da obrigação de fazer – direito de preferência – em obrigação de dar – perdas e danos – quando houver absoluta impossibilidade de se prestar o pedido do autor vitorioso na ação de preempção, *in specie*, ou seja, entregar ao autor o imóvel demandado. Só assim estará o direito de preferência sendo resguardado, como exige a própria natureza e a lei. O juiz estará fazendo uma prestação jurisdicional *in natura*, o que condiz com a *ratio essendi* do judiciário e a sua verdadeira função. E, finalmente, estará buscando com sua decisão restaurar *quantum satis* o direito violado.[497]

Especificamente quanto ao direito de preferência previsto na lei agrária, Helena Maria Bezerra Ramos[498] defende que "a parte final do artigo 47

---

[496] LACERDA, Belizário Antônio de. **Do direito e da ação de preferência**. São Paulo: Saraiva, 1981, p. 3.

[497] LACERDA, Belizário Antônio de. **Do direito e da ação de preferência**. São Paulo: Saraiva, 1981, p. 51.

[498] ZENUN, Augusto. **O direito agrário e sua dinâmica**. Campinas: Copola, 1997, p. 317.

[do Regulamento] não acoberta qualquer eficácia.", indicando existir a possibilidade de execução específica do direito violado.[499]

Referido artigo assim dispõe:

> Art. 47. O arrendatário a quem não se notificar a venda, poderá depositando o preço, haver para si o imóvel arrendado, se o requerer no prazo de 6 (seis) meses, a contar da transcrição da escritura de compra e venda no Registro Geral de Imóveis local, **resolvendo-se em perdas e danos o descumprimento da obrigação (grifo nosso)**.

Porém, alinhamo-nos aos autores que, assim como Nelson Demétrio:

> o Regulamento não impediu ou alterou o Estatuto da Terra, apenas deu a opção ao arrendatário de fazer valer seu direito, embutido no texto legal, ou haver indenização por perdas e danos, derivada do descumprimento da obrigação legal de notificar o arrendatário sobre sua intenção de venda[500].

Isso não significa que aquele que teve seu direito violado não possa, cumulativamente, pedir a execução específica e a indenização pelas perdas e danos, decorrentes da violação de seu direito[501].

Não é ineficaz a parte grifada do artigo 47, mas apenas uma das opções que cabe ao arrendatário preterido em seu direito de preferência. De fato, é regra geral de descumprimento das obrigações, o dever de indenizar o credor pelas perdas e danos, conforme artigo 389 do Código Civil.[502]

---

[499] RAMOS, Helena Maria Bezerra. **Contrato de arrendamento rural**: teoria e prática. Curitiba: Juruá, 2012, p. 110.

[500] Apud RAMOS, Helena Maria Bezerra. **Contrato de arrendamento rural**: teoria e prática. Curitiba: Juruá, 2012, p. 110-111.

[501] Nessa linha, vide, também: CAPELLETTI, Catalina Soifer; MENHA, Natália Previero. Da alienação judicial de imóvel arrendado: a manutenção do contrato de arrendamento e o direito de preferência do arrendatário. In: MEDEIROS NETO, Elias Marques de. **Aspectos polêmicos do agronegócio**: uma visão através do contencioso. São Paulo: Castro Lopes, p. 849-863, 2013, p. 861.

[502] Art. 389. "Não cumprida a obrigação, responde o devedor por perdas e danos, mais juros e atualização monetária segundo índices oficiais regularmente estabelecidos, e honorários de advogado".

DIREITO AGRÁRIO

Caso o interesse não seja pela indenização, mas pelo adimplemento forçado, a ação cabível, em caso de violação do direito real de preferência é a ação de preferência, ou seja, o exercício do "resgate" do bem.

O autor italiano Roberto Triola[503] lembra que o resgate do bem através da ação de preferência é possível em qualquer hipótese de violação do *ius praelationis*, ou seja, venda do bem sem o envio da *denuntiatio*, indicação na notificação de preço superior ao preço da venda realizada, ou venda a terceiro, apesar da aceitação do titular do direito de preferência (ou seja: apesar do exercício da opção de compra, por ele).

O mesmo autor[504] lembra que a venda ao terceiro não é nula porque a lei não veda a venda se não for enviada a *denuntiatio*, apenas confere ao titular do direito de preferência o direito de resgate. E aponta que na jurisprudência prevalece a teoria segundo a qual o efeito do exercício do "riscatto" é a substituição do adquirente pelo titular do direito de preferência, com eficácia *ex tunc*.[505]

Nosso entendimento é que a venda a terceiro em violação a direito de preferência legal não é nula ou anulável, mas válida e eficaz. Apenas a propriedade transferida, nestas condições, é resolúvel, sujeita a eventual exercício do direito de preferência. Dessa forma, a propriedade assim adquirida, resolve-se em favor do preferente, se este exercer seu direito de preferência, ajuizando a ação e depositando o preço do bem preempto, substituindo-se na compra do bem, mas não com efeitos *ex tunc*.

Por esta razão, entre a data da venda feita em violação ao direito de preferência e até o efetivo registro da transferência de titularidade ao preferente, deve o adquirente responder pelos atos que tenha realizado enquanto proprietário do bem, em especial se houver desvalorização do bem, como na hipótese de demolição voluntária de uma construção existente. Por outro lado, não terá como reclamar direito à indenização pela conservação do bem ou direito a indenização por benfeitorias que tenha feito no imóvel (ainda que úteis ou necessárias), já que era seu proprietário e tinha conhecimento da sua situação de titular de propriedade sujeita a resolução. Já existia opção de compra em favor do preferente, cujo

---

[503] TRIOLA, Roberto. **La prelazione legale e volontaria**. Milano: Giuffrè, 2007, p. 315.

[504] TRIOLA, Roberto. **La prelazione legale e volontaria**. Milano: Giuffrè, 2007, p. 329.

[505] TRIOLA, Roberto. **La prelazione legale e volontaria**. Milano: Giuffrè, 2007, p. 346.

preço para a aquisição do bem já era do conhecimento do proprietário resolúvel.

Todavia, há entendimentos em sentido contrário, os quais apontaremos mais adiante.

Manuel Henrique Mesquita também defende que a ação de preferência tem o condão de substituir o preferente no contrato celebrado para a venda do bem preempto:

> A segunda fase do regime da preferência surgirá apenas se o obrigado à prelação alienar a coisa sem proporcionar ao preferente, de acordo com o regime legal, a possibilidade de, em igualdade de condições, a adquirir para si. Em tal eventualidade, o preferente passa a ter o direito potestativo de, por via judicial – através de uma ação de preferência –, se substituir ou subrogar ao adquirente da coisa, no contrato por este celebrado com o obrigado à prelação.[506]

Consideramos que, exercendo seu direito, o preferente substitui o adquirente apenas nos requisitos essenciais da compra e venda e não em ajustes acessórios ou outros ajustes do contrato firmado com o terceiro.

A ação de preferência "pode ser proposta quando há alienação, ainda que não houve (sic) registro do ato no Registro do Imóvel, como no caso de compromisso de compra e venda" ou outro contrato que objetive a futura venda.[507]

Ou, ainda, quando houve a dação em pagamento ou a celebração do correspondente contrato preliminar.

No Direito Português, a ação de preferência tem registro facultativo,

> tem o único efeito de tornar exequível a sentença contra pessoas que posteriormente a esse registro adquiram direitos sobre o imóvel, não impedindo que depois de julgada a acção o preferente obtenha a anulação dos contratos feitos pelo adquirente e o cancelamento dos respectivos registros.[508]

---

[506] MESQUITA, Manuel Henrique. **Obrigações reais e ónus reais**. Coimbra: Almedina, 1990, p. 226-228.

[507] COSTA, José Bezerra. **Arrendamento rural**: direito de preferência. Goiânia: AB, 1993, p. 129.

[508] MARCELINO, Américo Joaquim. **Da preferência**. Coimbra: Coimbra, 2007, p. 184-185.

DIREITO AGRÁRIO

Conforme se verifica de decisões mais antigas, o entendimento que vigorava era de que a venda feita sem notificação ao preferente era nula.[509]

Helena Maria Bezerra Ramos considera que "a venda do imóvel feita pelo arrendador a terceiro, na falta de notificação ao arrendatário, não a torna nula, mas anulável. Trata-se de negócio válido, mas anulável."[510]

Porém, José Bezerra Costa defendia, em 1993, com o que nos alinhamos e votaremos a discorrer com mais detalhes adiante, que "a prática brasileira não pode, em hipótese alguma, concluir pela nulidade, eis que, propondo a ação de preferência, o arrendatário deposita o preço e obtém para si a coisa." [511]

Agostinho Alvim defendia, em 1961, embora referindo-se ao direito de preferência do condômino, que "há direito à própria coisa, anulando-se a venda feita ilegalmente." [512]

Prevalece tal entendimento também na jurisprudência, embora a ele não nos alinhamos, de que a ação de preferência consiste na anulação da venda feita com violação ao direito de preferência do condômino e na constituição de um novo contrato de compra e venda, com o preferente, conforme se verifica da decisão do STJ, abaixo, na vigência do CC/1916:

> Nos termos do art.504 do Código Civil (CC/1916, art. 1.139), é certo que a procedência do pedido de preferência implica a anulação do contrato de compra e venda do bem firmado pelo condômino com estranho, de modo que o consorte preterido, nas mesmas condições, depositando o preço, poderá haver para si a parte vendida. (acórdão da 4ª Turma do STJ, de 22/09/2014, nos autos do REsp 1239091, tendo como relator o Min. Raul Araújo).

De igual modo, o STJ já se pronunciou sobre a ação de preferência com eficácia real, relativa ao contrato de locação:

> 3. A não-averbação do contrato de locação no competente cartório de registro de imóveis impede o exercício do direito de preferência pelo locatário,

---

[509] Conforme RF 208/171. In: COSTA, José Bezerra. **Arrendamento rural**: direito de preferência. Goiânia: AB, 1993, p. 75.

[510] RAMOS, Helena Maria Bezerra. **Contrato de arrendamento rural**: teoria e prática. Curitiba: Juruá, 2012, p. 110.

[511] COSTA, José Bezerra. **Arrendamento rural**: direito de preferência. Goiânia: AB, 1993, p. 76.

[512] ALVIM, Agostinho. **Da compra e venda e da troca**. Rio de Janeiro: Forense, 1961, p. 130.

EXECUÇÃO ESPECÍFICA DO DIREITO DE PREFERÊNCIA DO PARCEIRO OUTORGADO

consistente na anulação da compra e venda do imóvel locado, bem como sua adjudicação, nos termos do art. 33 da Lei 8.245/91, restando a ele a indenização por perdas e danos. (acórdão da 3a Turma do STJ, de 09/08/2011, nos autos do AgRg na MC 18158/MG, tendo como relatora a Min. Nancy Andrighi).[513]

Todavia, com o devido respeito, discordamos de tal entendimento. Considerando a natureza jurídica do direito de opção de compra com eficácia real, o que ocorre não é anulação da venda.

A venda efetuada ao terceiro em violação a direito de preferência com eficácia real é válida e eficaz, mas a propriedade transferida é resolúvel e, uma vez exercida o direito de compra, o preferente substitui-se na venda feita ao terceiro, de modo que a propriedade resolve-se em favor dele. De modo que seria apenas uma sentença declaratória da resolução da propriedade, com obrigação de entrega do bem ao preferente, pelo proprietário/adquirente.

Ruy Cirne Lima[514] defendia, em 1969, em relação ao pacto de preferência registrado, que adquire eficácia *erga omnes*, a possibilidade de invalidação da compra e venda entre o proprietário do bem e o terceiro adquirente, por "fraudatório ao pacto de preferência conhecido de ambos" e obrigatório para o vendedor, exceto se o pacto de preferência contiver "cláusula de ineficácia da alienação ulterior a terceiro, se vier, o titular do direito de preferência, a exercitá-lo [...]. Tomará, nesse caso, a cláusula, a feição de condição da compra e venda" celebrada com o terceiro adquirente.

Silvia C.B. Opitz e Oswaldo Opitz entendem que a venda feita com infração ao direito de preferência do arrendatário é ato ilícito, mas não é nulo ou anulável, apenas ineficaz em relação ao arrendatário. E acrescentam:

> [...] a venda, com infração do art. 92, §4º, não é nula nem anulável, porque o arrendatário não precisa exercer a ação de nulidade ou anulabilidade, pois tem ação própria para haver o imóvel do terceiro adquirente (CPC, art. 640). Além disso, se pleiteasse a nulidade da venda, em nada lhe aproveitaria, porque o imóvel voltaria à situação anterior á venda, isto é, passaria novamente à

---

[513] No mesmo sentido, acórdão da 30ª Câmara de Direito Privado do TJ-SP, de 10/12/2014, nos autos da Apelação nº 0031996-19.2006.8.26.0224, tendo como relator o Desembargador Lino Machado.

[514] LIMA, Ruy Cirne. Cláusula de preferência (eficácia erga omnes). In: **Revista de Direito Público**, n. 62, ano XV, p. 217, abr.-jun., 1982, p. 217.

DIREITO AGRÁRIO

propriedade do arrendador. É isso que a lei quer evitar quando lhe dá o direito de, depositando o preço, exigir do terceiro que o houver adquirido (art. 47 do Regulamento e art. 92, §4º, da Lei nº 4.504/64).[515]

Em igual sentido, Altamir Pettersen e Nilson Marques afirmavam em 1977:

A venda do imóvel, mesmo com a violação do direito de preferência, é ato válido, sem eficácia apenas em relação ao arrendatário ou parceiro, desde que este exerça o seu direito, no prazo de seis meses. O prazo de seis meses é para o exercício do direito de preferência, não para a ação de perdas e danos.

O direito de preferência é real, sujeito, pois, à decadência, se não exercido no prazo fixado em lei. O direito de perdas e danos, devido, também, pela falta de notificação, é pessoal, sujeito, pois, a prescrição, *in casu*, à prescrição do artigo 177 do C. Civil[516]. Deste modo, a venda não se constitui um ato nulo, prescindindo-se da decretação de sua nulidade ou anulabilidade, assegurando--se-lhe, ao preferente, o meio autônomo de haver o prédio. Seria um contrassenso se assim não fora, eis que, anulado o ato, voltar-se-ia ao estado anterior, em nada útil a parceiro e arrendatário.[517]

De igual modo, aponta o autor italiano Guido Jesu[518]:

O contrato assinado pelo vendedor com o terceiro, enquanto um ato válido, é ineficaz perante o titular do direito de preferência que, usando o instituto da *riscatto* (prelação) contra o comprador, assume a posição no contrato original.[519]

---

[515] OPITZ, Silvia C. B.; OPITZ, Oswaldo. **Curso completo de direito agrário.** 8.ed. São Paulo: Saraiva, 2014, p. 317.

[516] Referência ao Código Civil de 1916, atualmente o artigo 206, §3º, inciso V, do Código Civil de 2002.

[517] PETTERSEN, Altamir; MARQUES, Nilson. **Uso e posse temporária da terra** (arrendamento e parceria). São Paulo: Pró-livro, 1977, p. 56-57.

[518] JESU, Guido. **La prelazione legale agraria**: lineamenti dell'istituto e rassegna giurisprudenziale. Milano: Giuffrè, 2004, p. 75.

[519] Tradução livre, do original: "Il contratto concluso dal venditore con in terzo, pur essendo un atto valido, risulta inefficace nei confronti del prelazionante che, proprio utilizzando l'nstituto del riscatto avverso l'acquirente, subentra allo stesso nel contratto originario."

EXECUÇÃO ESPECÍFICA DO DIREITO DE PREFERÊNCIA DO PARCEIRO OUTORGADO

Com o devido respeito ao autor italiano, aqui consideramos que o contrato não é ineficaz, mas eficaz para transformar seu direito de prelação em direito de resgate, no caso de direito de preferência com eficácia real.

A 24ª Câmara de Direito Privado do TJ-SP, em acórdão de 09 de outubro de 2014, nos autos do Agravo de Instrumento nº 2069234-50.2014.8.26.0000, tendo como relator o Des. Salles Vieira, embora considerando que a venda em hasta pública sem notificação do arrendatário, titular do direito de preferência, é válida, o direito de resgate do arrendatário permanece, podendo ser exercido no prazo legal (6 meses do registro da compra no cartório de registro de imóveis).

Em outras palavras, considerou que a venda com violação ao direito de prelação do arrendatário não é nula ou anulável, nem ineficaz em relação a ele, como apontam alguns autores. Entendemos, na mesma linha, que é eficaz, inclusive, para a finalidade de transformar o direito de prelação em direito de resgate.

Se, por outro lado, feita a venda após a aceitação da oferta do proprietário, isto é, do exercício do direito de preferência, Silvia C. B. Opitz e Oswaldo Opitz consideram que a venda é anulável:

> Se o arrendatário aceita oferta do proprietário e este vende o imóvel arrendado a terceiro, *quid juris*? A venda é anulável, porque a proposta de contrato obriga o proponente (CC, art. 427). O arrendatário pode pedir a nulidade da venda e a adjudicação do imóvel, na forma do art. 639 do CPC, no prazo de quatro anos (art. 178, do CC), a contar da transcrição, que é o dia em que se fraudou a lei e se realizou o ato da venda. Não incide aqui o §4º do art. 92, cuja hipótese é a falta de notificação ou em que esta seja ineficaz [...]. Pode optar pela indenização por perdas e danos, em vez da adjudicação na forma do art. 47 do regulamento do ET (Decreto nº 59.566/66).[520]

Estamos de acordo com essa linha de raciocínio, uma vez que, em tal situação já existiria o compromisso de compra e venda entre proprietário e preferente, que nasce com o exercício do direito de prelação e a venda ao terceiro é anulável pois viola direito contratual anterior do preferente. Já existia um contrato preliminar de compra e venda e não apenas uma opção de compra ou direito de prelação.

---

[520] OPITZ, Silvia C. B; OPITZ, Oswaldo. **Curso completo de direito agrário**. 8. ed. São Paulo: Saraiva, 2014, p. 324.

DIREITO AGRÁRIO

José Bezerra Costa considera que a notificação equivale à proposta de contrato e, salvo na hipótese de retratação válida, com a aceitação, "o contrato estará perfeito e acabado e sujeitará o proprietário à execução do contrato de compra e venda".[521]

Nessa linha, conforme já mencionamos anteriormente, o contrato celebrado com o terceiro após o exercício do direito de preferência é um contrato celebrado em violação ao direito de aquisição do bem do preferente e a outro contrato de anterior de compra e venda, pois exercida a opção de compra, surge o contrato, ainda que preliminar, de compra e venda do bem preempto.

Paulo Torminn Borges[522] considera que a venda feita a terceiro com violação ao direito de preferência com efeitos reais válida, mas resolúvel, entendimento com o qual nos alinhamos.

Se o direito de preferência com eficácia real converte-se em direito potestativo modificativo com a venda a terceiro, é porque o seu exercício é feito frente ao adquirente, isto é, o preferente substitui o adquirente no contrato, sem necessidade de anular a venda efetuada dessa forma. A venda não é anulada, mas resolvida a propriedade, em favor do preferente, pois a propriedade do bem preempto transferida nessas condições, é resolúvel.

Passaremos a seguir a tratar das especificidades da ação de preferência.

Além das condições comuns a todas as ações, a ação de preferência requer a reclamação dentro do prazo legal, o depósito do preço e, em se tratando de direito de preferência de condômino, a situação (física ou jurídica) de indivisibilidade do imóvel[523], ou seja, que ele seja indivisível ou esteja indiviso.

---

[521] COSTA, José Bezerra. **Arrendamento rural**: direito de preferência. Goiânia: AB, 1993, p. 102.

[522] BORGES, Paulo Torminn. **Institutos básicos do direito agrário**. 11.ed.rev. São Paulo: Saraiva, 1998, p. 99.

[523] LACERDA, Belizário Antônio de. **Do direito e da ação de preferência**. São Paulo: Saraiva, 1981, p. 3.

EXECUÇÃO ESPECÍFICA DO DIREITO DE PREFERÊNCIA DO PARCEIRO OUTORGADO

Diante das considerações acima, temos as seguintes conclusões parciais:

(1) A venda feita a terceiro com violação do direito de preferência com efeitos reais é válida e eficaz, mas a propriedade assim transferida é resolúvel, sujeita a resolução, caso o preferente exerça o direito de resgate, no prazo legal.

(2) A ação de preferência é o meio processual através do qual se exerce o direito de resgate, isto é, o juiz declarará a resolução da propriedade em favor do preferente.

(3) Tratando-se de direito potestativo modificativo, com o exercício do direito de resgate, o preferente substitui o terceiro no contrato de compra, com efeitos *ex nunc*, mas apenas nas condições essenciais da compra e venda (e não nos pactos acessórios).

(4) Se não exercido o direito de resgate, isso é, ajuizada a ação de preferência no prazo legal, a propriedade do terceiro adquirente consolida-se, deixando de ser resolúvel.

11.2.1. Legitimidade passiva na ação de preferência

Em 1981, defendia Belizário Antônio de Lacerda, embora referindo-se à ação de preferência do condômino, que não havia necessidade de "demandar também o comprador da coisa comum, visto que não se trata de litisconsórcio necessário, nem tampouco de litisconsórcio facultativo impróprio."[524] E completa: "Nada obsta a que em petitório autônomo o comprador da *res communis* demande o vendedor pelo que recebeu indevidamente."[525]

E mais adiante, afirma:

> Todavia, pelo sim e pelo não, a matéria é controvertida, como visto, e a prudência recomenda que, para evitar surpresa ou delonga, peça-se a citação do comprador ao pedir a preferência. Mas isto só se justifica por medida

---

[524] LACERDA, Belizário Antônio de. **Do direito e da ação de preferência**. São Paulo: Saraiva, 1981, p. 9-10.

[525] LACERDA, Belizário Antônio de. **Do direito e da ação de preferência**. São Paulo: Saraiva, 1981, p. 10.

DIREITO AGRÁRIO

de extremo cuidado, dado que a falta do pedido de citação em nada preju-
dicará ao titular do direito de preferência, uma vez que, verificando o juiz
que o autor não pediu a citação dos litisconsortes necessários, assinalará um
prazo àquele para que assim o faça, sob pena de se declarar extinto o processo, a teor do prescrito no parágrafo único do art. 47 do Código de Processo
Civil.[526]

Em Portugal, a tendência era justamente inversa, isto é, defendia-se a
desnecessidade de o vendedor do bem preempto, mas apenas o terceiro
adquirente ou o possuidor atual da coisa, pois, conforme afirma António
Menezes Cordeiro:

> Na preferência real, o preferente adquire potestativamente a coisa e vai
> reclamá-la a quem for o seu possuidor. As vicissitudes anteriores são-lhe indi-
> ferentes ou não estaríamos já perante uma verdadeira eficácia real. Só assim
> não será, como foi dito, se se pedirem indemnizações ao alienante ou se for
> invocada a simulação.[527]

E o mesmo autor aponta que o Superior Tribunal de Justiça seguiu esse
entendimento quando da entrada em vigor do Código Vaz Serra (citando
decisões datadas entre 1970 e 1980), mas, mais tarde cedeu ao entendimento defendido por Antunes Varela, de exigir o litisconsórcio necessário
(citando decisões de 1990 a 2001) e conclui:

> Como seria de esperar: a partir daqui, nenhum advogado consciente vai
> correr o risco de sofrer uma absolvição da instância contra o preferente por
> preterição de litisconsórcio obrigatório passivo: as preferências são, por cau-
> tela, intentadas contra o alienante e o preferente.[528]

Américo Joaquim Marcelino aponta que o entendimento dominante é
que há litisconsórcio necessário passivo do adquirente e do alienante, mas

---

[526] LACERDA, Belizário Antônio de. **Do direito e da ação de preferência**. São Paulo: Saraiva,
1981, p. 30.
[527] CORDEIRO, António Menezes. **Tratado de Direito Civil Português**. 2v.: Direito das
obrigações t.2.: Contratos. Negócios unilaterais. Coimbra: Almedina, 2010, p. 488.
[528] CORDEIRO, António Menezes. **Tratado de Direito Civil Português**. 2v.: Direito das
obrigações t.2.: Contratos. Negócios unilaterais. Coimbra: Almedina, 2010, p. 517.

276

EXECUÇÃO ESPECÍFICA DO DIREITO DE PREFERÊNCIA DO PARCEIRO OUTORGADO

cita decisões em sentido contrário, que entendem que "o alienante só deve ser chamado à acção se esta lhe causar prejuízo".[529]

Em 1977, Altamir Pettersen e Nilson Marques defendiam com ênfase a mesma linha de raciocínio:

> Realcemos: a preferência será exercida contra o adquirente; a ação de perdas e danos, contra o vendedor.[530]

De fato, é a propriedade e posse do bem preempto detidas pelo adquirente que serão transferidas ao preferente, mediante reembolso do preço pago por ele, com a ação de preferência.

Todavia, atualmente, no Brasil, vigora o entendimento de que devem necessariamente estar no polo passivo o vendedor e o adquirente do imóvel, conforme posição defendida por Wellington Pacheco Barros:

> A ação de preempção, preferência ou adjudicação compulsória é de rito ordinário e deverá necessariamente trazer no seu polo passivo o arrendador ou parceiro-outorgante e o terceiro, pois seu universo de abrangência é de verdadeira cumulação de pedidos. Isso porque, no primeiro momento, ela desconstituirá a venda efetuada entre o arrendador ou parceiro-outorgante e o terceiro e, no segundo momento, a constituirá agora entre aqueles e o autor da ação.[531]

Contudo, conforme já apontamos no item anterior, não consideramos se tratar de desconstituição da venda, pois o preferente se substitui na venda entre proprietário anterior e o terceiro adquirente. Trata-se de direito potestativo modificativo, ou seja, há novação subjetiva da venda e não desconstituição de uma e constituição de outra.

Todavia, para entendermos a solução dada acerca da legitimidade passiva, é necessário entender os pedidos na ação de preferência, em especial quem tem a posse do bem e contra quem é feito o pedido de indenização, caso seja cumulado com a execução específica. Assim, temos que:

---

[529] MARCELINO, Américo Joaquim. **Da preferência**. Coimbra: Coimbra, 2007, p. 188.

[530] PETTERSEN, Altamir; MARQUES, Nilson. **Uso e posse temporária da terra** (arrendamento e parceria). São Paulo: Pró-livro, 1977, p. 56-57.

[531] BARROS, Wellington Pacheco. **Curso de direito agrário**. v.1. 7. ed. rev. e ampl. Porto Alegre: Livraria do Advogado, 2012, p. 127.

DIREITO AGRÁRIO

(I)   a sentença terá o efeito de resolver a propriedade do bem pre-empto em favor do preferente, em desfavor do adquirente, a quem será pago o reembolso do preço pago pelo bem pre-empto, de modo que ele deve sempre ser parte da ação de pre-ferência;

(II) por um lado, terá a obrigação de entregar o imóvel o adquirente ou o proprietário, se o bem preempto, apesar de vendido, ainda estiver em seu poder, de modo que pode ser ou não necessária a participação do proprietário no processo para este fim; e

(III) as perdas e danos em razão da violação do direito de preferência podem ser devidas por ambos adquirente e proprietário origi-nal, de modo que se houver pedido de indenização, convém que ambos sejam parte da ação.

O mais usual é o titular do direito de preferência cumular o pedido de execução específica com o de indenização e pode não necessariamente saber em posse de quem está o bem, de modo que é razoável se concluir que a ação seja proposta contra ambos.

O direito de preferência pode ser exercido não apenas em face do pri-meiro adquirente do bem preempto, mas de quaisquer dos seus sucessores, devendo o preço deve corresponder ao valor da primeira transferência, para proteger o preferente a não ter que pagar valor superior ao que teria pago se seu direito não fosse violado. De igual modo, ainda que o adquirente faça benfeitorias no bem durante o tempo em que deteve a propriedade resolúvel, não lhe caberá indenização, salvo se houver ajuste contratual em contrário com o proprietário original, pois, com tal atitude, isto é, de investir em bem do qual saberia que poderia vir a perder a propriedade, assumiu o risco.

Diante das considerações acima, temos as seguintes conclusões parciais:

(1) A preferência (direito de resgate) será exercida contra o atual proprie-tário do imóvel, ainda que tenham havido vendas sucessivas; a ação de perdas e danos será exercida, contra o vendedor, proprietário original e/ou contra os sucessivos adquirentes.

> (2) Ainda assim, no Brasil, prevalece o entendimento de que a ação de preferência deve ser proposta contra ambos, proprietário original e último adquirente, proprietário atual.

11.2.2. Prazo para exercer o direito de preferência violado

Conforme artigo 47 do Regulamento[532] ou parágrafo 4º do artigo 92 do Estatuto da Terra, o prazo para ajuizar a ação de preferência é de 6 meses, a contar do registro da compra na matrícula do imóvel. Apesar da literalidade do artigo que menciona o arrendatário a quem não se notificou a venda, conforme já tratamos no item 3.4 deste trabalho, também seguirá esse prazo se a notificação for incompleta ou se, apesar de completa, for enviada, mas o bem for vendido a terceiro antes de decorridos os 30 dias para o exercício do direito de preferência, pelo seu titular.

Silvia C. B. Opitz e Oswaldo Opitz apontam que:

> O prazo de seis meses é para o exercício do direito de preferência, isto é, para haver o imóvel arrendado do poder do adquirente e não para a ação de perdas e danos [...], o qual "é pessoal e, portanto, pessoal a ação. O direito à entrega de coisa arrendada (imóvel) é real. Aqui o prazo é de decadência e ali é de prescrição. Se o arrendatário deixa decorrer o prazo de seis meses, caduca seu direito de exigir do terceiro a entrega da propriedade imóvel arrendada, mas subsiste o direito à indenização pela falta de notificação da venda ao terceiro.[533]

É de 6 meses o prazo decadencial para exercício do direito potestativo modificativo.

Contudo, conforme aponta Marcos Afonso Borges:

> Se a ação foi proposta antes do término do prazo decadencial e a citação, por motivos alheios à vontade dos autores não se consumou antes do termo

---

[532] Art. 47 – O arrendatário a quem não se notificar a venda, poderá depositando o preço, haver para si o imóvel arrendado, se o requerer no prazo de 6 (seis) meses, a contar da transcrição da escritura de compra e venda no Registro Geral de Imóveis local, resolvendo-se em perdas e danos o descumprimento da obrigação (art. 92, §4º, do Estatuto da Terra).

[533] OPITZ, Silvia C. B.; OPITZ, Oswaldo. **Curso completo de direito agrário**. 8.ed. São Paulo: Saraiva, 2014, p. 317.

DIREITO AGRÁRIO

ad quem do mencionado lapso de tempo, têm entendido a doutrina e a jurisprudência de nossos Tribunais, que a argüição da decadência ou da prescrição não é de ser acolhida, pois a parte não pode ser prejudicada pelas vicissitudes de funcionamento do serviço judiciário (vide: Egas Dirceu Moniz de Aragão, ob. citada, p. 237; Hélio de Bastos Tornaghi, ob. e v. cits., p. 160; Antonio Janyr Dall'Agnol Junior, ob. cit., p. 296 e Milton Sanseverino e Roque Komatsu, A Citação no Direito Processual Civil,1.a edição, RT, p. 125; "Súmula 78 do TFR e acórdãos in Alexandre de Paula, O Processo Civil à Luz da Jurisprudência, v. II, p. 359 nº 4.179 do STF; p. 360, nº 4.183 do TFR; p. 363, n. 4.201 do TJMG; p. 364, ns. 4.205 e 4.209 do TJRJ; p. 368, ns. 4.225, 4.226, 4.227, 4.228, 4.229 do TJSC; p. 372, ns. 4.244 e 4.226 do TAMG; p. 373, ns. 4.249 e 4.240 do TARJ; p. 374, ns. 4.254 e 4.256-B do TARJ; pp.377, nº 4.267 e 379, nº 4.275-B do 2º e 1º Tribunais de Alçada Civil do Estado de São Paulo).[534]

Para as perdas e danos, "deverá ser respeitado o artigo 206, §3º, inciso V, do Código Civil, segundo o qual prescreve em três anos a pretensão de reparação civil." [535]

Questão interessante é que se poderia pensar, em um primeiro momento, que o prazo para pleitear a nulidade do negócio jurídico celebrado em violação com conhecimento do direito do preferente titular de preferência com eficácia pessoal será de 2 anos, nos termos do artigo 179 do Código Civil. Assim, o direito de preferência contratual acabaria assegurando um prazo maior ao seu titular para reverter a violação de seu direito, ressalvados, evidentemente, os direitos de terceiros de boa fé (caso o imóvel preempto venha a ser vendido mais de uma vez).

Vale apontar que "No que diz respeito a terceiros eventualmente prejudicados, o prazo decadencial de que trata o art.179 do Código Civil não se conta da celebração do negócio jurídico, mas da ciência que dele tiverem", conforme enunciado 538 aprovado pelo Conselho da Justiça Federal da VI Jornada de Direito Civil.

Todavia, como com o ajuizamento da ação estará o preferente exercendo seu direito potestativo, ele deve observar o prazo decadencial fixado em

---

[534] BORGES, Marcos Afonso. Arrendamento rural: direito de preferência do arrendatário na aquisição do imóvel, ação própria. In: **Revista de Direito Civil** RDCiv 51-175, jan.-mar., 1990. Disponível em: www.revistadostribunais.com.br. Acesso em: 01 abr., 2015.

[535] LGOW, Carla Wainer Chalréo. **Direito de preferência**. São Paulo, Atlas, 2013, p. 155.

EXECUÇÃO ESPECÍFICA DO DIREITO DE PREFERÊNCIA DO PARCEIRO OUTORGADO

contrato para o exercício do direito de prelação (direito potestativo formativo), ou seja, usualmente o prazo de 30 dias (conforme as leis que tratam do direito legal de preferência estabelecem), Assim, esse prazo correrá, em caso de violação de seu direito de preferência convencional, após o conhecimento da violação, que é o momento em que passa a ser completa a opção de compra/direito de prelação do preferente, devendo o exercício do seu direito e o consequente ajuizamento da ação, ocorrer neste prazo.

Defende Belizário Antônio de Lacerda, embora tratando do direito de preferência do condômino, também considera que o prazo para a ação de preferência deve contar a fluir a partir do momento que o preferente teve conhecimento do ato que lhe foi prejudicial:

> Ora, tratando-se o direito de preferência de um direito pessoal, embora tendo como acessório um direito real, o prazo extintivo só poderá começar a fluir a partir do momento em que o interessado teve conhecimento do ato que lhe foi prejudicial. É sabido que o Registro Imobiliário dá publicidade ao ato, mas que ninguém está obrigado a ir frequentemente nos Cartórios de Registros Imobiliários saber se tal ato foi ou não transcrito. Ademais disso, e como já se ressaltou, esta publicidade oriunda do registro é presuntiva e a perda de um direito é algo de muito importante para ser inferida por mera presunção. Nem se obstacule com o fato eventual de se dilargar indefinidamente o prazo semestral do art. 1.139 do Código Civil, pois, em matéria de perda de direito não se comporta outra interpretação, senão aquela mais benigna. Acresce, finalmente, que é princípio cardeal e assente do direito que todo prazo só flui a partir da ciência inequívoca do ato em virtude do qual foi instituído.
>
> Daí, sustentarmos que o prazo decadencial do art. 1.139 do Código civil tem o termo *a quo* do dia em que o condômino teve ciência efetiva da venda.[536]

Interessante dispositivo, encontramos no Código Civil Português, pois o prazo para intentar a ação de preferência conta-se "da data em que teve conhecimento dos elementos essenciais da alienação", de modo que, como explica António Menezes Cordeiro:

---

[536] LACERDA, Belizário Antônio de. **Do direito e da ação de preferência**. São Paulo: Saraiva, 1981, p. 8.

DIREITO AGRÁRIO

O preceito parece claro. Não basta, para se iniciar o decurso desse prazo, o conhecimento genérico de que houve uma transmissão: o preferente tem de ter acesso ao objeto do contrato, ao preço e à identidade do adquirente.

[...]

O prazo de seis meses é assaz confortável para permitir, ao preferente, preparar a acção e reunir os fundos necessários para fazer o depósito do preço.[537]

Wellington Pacheco Barros levanta situação em que a escritura de compra e venda é firmada na vigência do contrato agrário, mas registrado somente após o seu término, defendendo o seguinte:

> Como fica evidente que o registro posterior ocorreu com o claro intuito de prejudicar o detentor do direito de preferência, é possível ao arrendatário ou ao parceiro outorgado beneficiar-se desse direito de preferência a qualquer tempo por se constituir a omissão em ato juridicamente nulo, mais precisamente, por simulação, quer seja por violação ao disposto no art. 2º, parágrafo único, do Decreto nº 59.566/66, quer por força do art. 169, do Código Civil. A importância dessa conclusão é que, por se tratar a compra e venda de ato nulo, fica sem qualquer relevância jurídica o prazo decadencial de 6 (seis) meses para o exercício da decadência a contar de seu registro. Aqui é aplicável a teoria do fruto da arvora (sic) envenenada pelo qual o vício da planta é transmitido aos seus frutos.[538]

O autor português António Carvalho Martins[539] chama a atenção para o fato de que a lei portuguesa faz referência à venda, de modo que o prazo decadencial conta da venda e não da promessa de venda.

Igual conclusão se chega no Direito Brasileiro, apesar de poder ser exercido o direito a partir do conhecimento da promessa de venda, não inicia a contagem do prazo decadencial.

---

[537] CORDEIRO, António Menezes. **Tratado de Direito Civil Português**. 2v.: Direito das obrigações t. 2.: Contratos. Negócios unilaterais. Coimbra: Almedina, 2010, p. 517-518.

[538] BARROS, Wellington Pacheco. **Curso de direito agrário**. v.1. 7. ed. rev. e ampl. Porto Alegre: Livraria do Advogado, 2012, p. 126.

[539] MARTINS, António Carvalho. **Preferência**. Coimbra: Coimbra, 2001, p. 20.

EXECUÇÃO ESPECÍFICA DO DIREITO DE PREFERÊNCIA DO PARCEIRO OUTORGADO

Diante das considerações acima, temos as seguintes conclusões parciais:

(1) O prazo para ajuizar a ação de preferência / exercer o direito de resgate é de 6 meses, a contar do registro da venda ao terceiro, em caso de venda feita com violação ao direito de ser preferido do preferente, tendo sido enviada ou não a *denuntiatio* completa e regular. O que importa é ter havido a violação do direito de preferência.

(2) Para a ação de indenização, o prazo é de 3 anos da violação do direito.

(3) Para a ação que tenha por objetivo o exercício do direito de prelação sem efeitos reais, contra o terceiro adquirente de má fé ou contra o proprietário original, anulando-se a venda feita ao terceiro de má fé, o seu ajuizamento deve observar o prazo decadencial para exercício do direito de prelação fixado em contrato, contando o prazo a partir do conhecimento da violação do direito.

11.2.3. Depósito do preço

No Brasil, é condição da ação de preferência o depósito do preço.

No Direito Italiano, o preço não é pago no ajuizamento da ação, como aponta Guido Jesu:

> A regra é que o pagamento do preço será feita num prazo de três meses após a adesão ao pedido de preferência (resgate) por parte do terceiro adquirente. Por outro lado, se for contestado o direito e uma disputa judicial for iniciada, os três meses passam a contar do trânsito em julgado da decisão judicial que confirmou a existência do direito de resgate. Se, no entanto, durante o processo, o comprador aderiu ao direito de resgate, o prazo trimestral é contado a partir do momento em que o titular do direito de resgate tenha conhecimento de tal adesão.[540]

---

[540] Tradução livre, do original: "La regola è che il pagamento del prezzo deve essere effettuato nel termine di tre mesi dell'adesione alla domanda di riscatto della parte dell'acquirente riscattato. Qualora vi sia stata contestazione e sia stata intrapresa la via giudiziale, i tre mesi decorrono dal passaggio in giudicato della sentenza che ha accertato la sussistenza del diritto di riscatto. Se però, in corso di causa, l'acquirente ha prestato adesione alla domanda di riscatto, il termine trimestrale decorre dal momento in cui il riscattante sia venuto a conoscenza di tale adesione."

DIREITO AGRÁRIO

No Direito Português, em caso de exercício judicial do direito de preferência do arrendatário, o preço deve ser pago ou depositado em 30 dias após o trânsito em julgado da respectiva sentença, sob pena de caducidade do direito e do arrendamento (artigo 31, item 6, Decreto-Lei nº 294/2009).

Discute-se sobre qual seria o valor objeto do depósito, conforme já se mencionou no item 3.3, acima.

Adicionalmente se discute se o depósito do preço engloba ou não as custas de escritura, registro e tributos incidentes na venda.

O autor português António Carvalho Martins aponta que doutrina e jurisprudência dividem-se, ora defendendo que "preço" deve ser interpretado em sentido estrito, ora entendendo incluir as demais despesas com o contrato.[541]

António Menezes Cordeiro, por sua vez, explica que a jurisprudência tem entendido que "o depósito inicial reporta-se ao preço próprio sensu. Depois se vai ao resto"[542], ou seja, outras despesas eventualmente indenizáveis e seu valor serão fixados ao longo do processo.

Nesse sentido, podemos citar o acórdão de 13/12/1994 da 3ª Turma do STJ, tendo como relator o Min. Claudio Santos:

> Não há que ser tida como insuficiente o depósito do preço efetuado pelo arrendatário que postula imóvel rural alienado a terceiros, sem acréscimo da correção monetária, porque necessário se faz distinguir depósito do preço e pagamento do preço na compra e venda definitiva, devendo apenas o último incluir os acessórios do preço e a correção monetária.

Carla Wainer Chalréo Lgow levanta discussão interessante sobre qual valor deve ser considerado para o exercício de preferência, na hipótese de o valor do negócio ser superior ao declarado, concluindo, com base na doutrina e jurisprudência que cita, com base na paridade de condições e na tutela da confiança, que:

> [...] se a estipulação da preferência tem por objetivo facultar ao titular do direito a contratação paritária com o sujeito passivo, e não lhe garantir vanta-

---

[541] MARTINS, António Carvalho. **Preferência**. Coimbra: Coimbra, 2001, p. 75-90.

[542] CORDEIRO, António Menezes. **Tratado de Direito Civil Português**. 2v.: Direito das obrigações t. 2.: Contratos. Negócios unilaterais. Coimbra: Almedina, 2010, p. 519.

EXECUÇÃO ESPECÍFICA DO DIREITO DE PREFERÊNCIA DO PARCEIRO OUTORGADO

gens adicionais, não há como legitimar o seu direito tomando por base o valor simulado da compra e venda.[543]

Em sentido contrário, defendia, em 1994, Roberto Grassi Neto:

> Na hipótese de alienação na qual tenha o proprietário do imóvel alienado feito lavrar escritura de venda e compra por valor simulado, inferior ao realmente despendido (o que é comum no cotidiano, com intuito de se burlar a legislação fiscal), estará ele se sujeitando à possibilidade vir o locatário exercer seu direito com base exatamente nesse preço irreal.
>
> Observe-se, por derradeiro, que eventualmente indenização proposta pelo comprador, que se viu tolhido do imóvel diante do direito de preferência do arrendatário, poderá ter por base o valor efetivamente despendido e não o constante da escritura.[544]

Já decidiu a 9ª Câmara Cível do TJ/MG, em 10 de novembro de 2009, nos autos da Apelação Cível nº 1.0028.04.007264-9/001, tendo como relator o Des. Tarcisio Martins Costa, ser nula, com fundamento nos artigos 166 e 167 do Código Civil, a alienação de imóvel arrendado por configurar simulação, se a venda é realizada "em quantia equivalente ao dobro do valor de mercado, no intuito de prejudicar a preferência do arrendatário do imóvel, beneficiado pelo Estatuto da Terra."

Por outro lado, se as partes declararem valor menor na venda, não podem se utilizar da própria torpeza em benefício próprio, conforme já decidiu a 9ª Câmara Cível do TJ/RS, em 26 de abril de 2006, nos autos da Apelação Cível nº 70008530966, tendo como relator o Des. Adão Sérgio do Nascimento Cassiano, que:

> Preço é aquele constante na escritura de compra e venda, acrescido das despesas com escritura e registro e ITBI, tudo corrigido monetariamente e acrescido de juros legais, não havendo falar em valores outros, constantes em documentos particulares entre sujeitos vendedor e comprador. Se houve simulação no negócio, mediante declaração de preço que não refletia a realidade,

---

[543] LGOW, Carla Wainer Chalréo. **Direito de preferência**. São Paulo, Atlas, 2013, p. 16-17.
[544] GRASSI NETO, Roberto. O "direito de preferência" nos contratos agrários. In: **Revista de Direito Imobiliário, Agrário e Empresarial**, ano 18, p. 108-123, abr.-jun., 1994, p. 116.

DIREITO AGRÁRIO

com o objetivo de fraudar a lei, pagando menos impostos e custas, inviável às partes alegarem a própria torpeza em litígio perante terceiros no Poder Judiciário *ex vi* do art.104 do CCB/1916.

No mesmo sentido, a decisão do TARS, de 23 de novembro de 1995, nos autos do AC 195.137.138 – 4ªC, tendo como relator o Juiz Moacir Leopoldo Haeser: "Alegação de que a venda foi por preço superior ao constante na escritura não pode prevalecer sobre o instrumento público."

Igualmente, a decisão da 27ª Câmara de Direito Privado do TJ-SP de 28 de agosto de 2012, nos autos da Apelação com Revisão 9088157-78.2009.8.26.0000, tendo como relatora a Desembargadora Berenice Marcondes Cesar:

> Em primeiro lugar, desconsiderando-se a ilicitude da declaração, em escritura pública, de valor inferior ao do negócio efetivado (que, como bem salientado na r. Sentença "a quo", é prática espúria de burla ao Sistema Tributário Nacional), tem-se que não se podem sobrepor os instrumentos particulares à escritura lavrada em Cartório de Registro de Imóveis coo prova da alienação ocorrida. Isso por duas ordens de motivos: seja pela fé pública e pela publicidade "erga omnes" da escritura pública, seja porque os Réus não trouxeram aos autos prova da quitação das obrigações nos três contratos particulares firmados.

Também o STJ já teve a oportunidade de confirmar tal entendimento, conforme a decisão de 25 de março de 2014 da 4ª Turma do STJ, nos autos do REsp 1175438/PR, tendo como relator o Ministro Luis Felipe Salomão:

> 3. A interpretação sistemática e teleológica do comando legal permite concluir que o melhor norte para definição do preço a ser depositado pelo arrendatário é aquele consignado na escritura pública de compra e venda registrada no cartório de registro de imóveis.
>
> 4. Não se pode olvidar que a escritura pública é ato realizado perante o notário e que revela a vontade das partes na realização de negócio jurídico, revestida de todas as solenidades prescritas em lei, isto é, demonstra de forma pública e solene a substância do ato, gozando seu conteúdo de presunção de veracidade, trazendo maior segurança jurídica e garantia para a regularidade da compra.

EXECUÇÃO ESPECÍFICA DO DIREITO DE PREFERÊNCIA DO PARCEIRO OUTORGADO

5. Outrossim, não podem os réus, ora recorridos, se valerem da própria torpeza para impedir a adjudicação compulsória, haja vista que simularam determinado valor no negócio jurídico publicamente escriturado, mediante declaração de preço que não refletia a realidade, com o fito de burlar a lei, pagando menos tributo, conforme salientado pelo acórdão recorrido.

6. Na hipótese, os valores constantes na escritura pública foram inseridos livremente pelas partes e registrados em cartório imobiliário, dando-se publicidade ao ato, operando efeitos erga omnes, devendo-se preservar a legítima expectativa e confiança geradas, bem como o dever de lealdade, todos decorrentes da boa-fé objetiva.

Por outro lado, havendo simulação por preço superior,

não há dúvidas que o preferente pode invocar a nulidade do negócio simulado e preferir ao preço real. Na mesma linha, pode o preferente invocar a nulidade de uma doação, quando esta vise encobrir uma compra e venda dissimulada, tendo-se recorrido a tal esquema justamente para afastar a preferência.[545]

Em sentido contrário, o Supremo Tribunal de Justiça de Portugal, decidiu, em acórdão de 25 de novembro de 1986, nos autos do processo nº 72.826, que celebrado um contrato de compra e venda simulado, quando se tratou de verdadeira doação, a simulação não pode ser arguida contra terceiros de boa fé, de modo que cabe ao preferente exercer seu direito, mesmo nessa hipótese:

I – Celebrado um contrato de compra e venda simulado, pois de verdadeira doação se tratou, não pode ser arguida essa simulação contra terceiros de boa fe, sejam ou não prejudicados com a não invalidação do negocio. II – Não correspondendo o preço declarado no contrato de venda ao preço real, o direito de preferência só pode ser conferido se o preferente pagar o preço real, pois a correspondência entre o preço real e o declarado é um pressuposto desse direito. III – Constitui abuso de direito o exercício de direito de preferência, quando a enorme diferença entre o valor real e o valor declarado do prédio, conhecida do preferente, exceda manifestamente os limites impostos pelo fim social e económico que lhe estão subjacentes.[546]

---

[545] CORDEIRO, António Menezes. **Tratado de Direito Civil Português**. 2v.: Direito das obrigações t. 2.: Contratos. Negócios unilaterais. Coimbra: Almedina, 2010, p. 526-527.

[546] Disponível em: http://www.dgsi.pt. Acesso em: 31 mar. 2014.

DIREITO AGRÁRIO

O artigo 242/1 do Código Civil Português prevê que a nulidade do negócio simulado pode ser arguida pelos próprios simuladores, ainda que a simulação seja fraudulenta. "Trata-se de um preceito que visa ladear a eventual invocação do *tu quoque*: ninguém pode prevalecer-se de ilícito próprio." [547]

O Ac. do STJ Português de 3 de novembro de 1983 decidiu que a simulação é inoponível pelos próprios simuladores ao terceiro de boa fé, "que tem o direito de se substituir ao adquirente pelo preço estabelecido na escritura de venda, inferior ao realmente convencionado."[548]

O artigo 243/1 e 2 do Código Civil Português, por sua vez, veda a oponibilidade da simulação a terceiros de boa fé.

Há autores, como Manuel A. Domingues de Andrade que defendem a interpretação restritiva do referido artigo, de modo a excluir o preferente como terceiro de boa fé, conforme se verifica do trecho abaixo:

> Só se consideram terceiros, para efeitos da tutela de boa fé na simulação, as pessoas prejudicadas com a invalidação do negócio simulado, as que com isso sofreriam uma perda. Não aquelas que apenas lucrariam com a validade do mesmo negócio. Nesta ordem de ideias será perfeitamente admissível invocar-se contra um preferente a simulação do preço da venda (por ter declarado na escritura preço inferior ao real) ou a própria simulação sobre a natureza do negócio. Isso não causará ao preferente um dano injusto, apenas devendo ele ficar exonerado das custas e outras despesas.[549]

Isto porque, conforme alguns dentre os argumentos da doutrina e jurisprudência portuguesa "por haver abuso de direito ao preferir-se por um valor muito inferior ao real; [...] por, finalmente, se verificar um enriquecimento sem causa que excede os bons costumes e constitui abuso do direito."[550]

---

[547] CORDEIRO, António Menezes. **Tratado de Direito Civil Português**. 2v.: Direito das obrigações t. 2.: Contratos. Negócios unilaterais. Coimbra: Almedina, 2010, p. 523.

[548] MARCELINO, Américo Joaquim. **Da preferência**. Coimbra: Coimbra, 2007, p. 97.

[549] ANDRADE, Manuel A. Domingues de. **Teoria geral da relação jurídica**. Facto jurídico em especial negócio jurídico. v.II. Coimbra: Almedina, p. 149-215, 2003, p. 207.

[550] CORDEIRO, António Menezes. **Tratado de Direito Civil Português**. 2. v.: Direito das obrigações t. 2.: Contratos. Negócios unilaterais. Coimbra: Almedina, 2010, p. 525-526.

Nesse sentido, Ac. do do STJ Português em 23 de setembro de 1999 (BMJ 489-304): "preço escriturado mil vezes inferior ao real/abuso do direito ao pretender-se preferir pelo preço declarado."[551]

Nessa linha, defende Carlos Alberto da Mota Pinto:

> Ora não há dúvida que, dado o fim do artigo 243 (proteger a confiança de terceiros), a solução mais acertada é a que impede que a invocação da simulação possa causar prejuízo e não já a que vai ao ponto de, por essa causa, originar vantagens ou lucros que nada legitima. Em conformidade com o exposto, feita uma venda por 100 e tendo-se declarado simuladamente um preço de 30, um preferente não pode invocar a sua qualidade de terceiro de boa fé, para preferir pelo preço declarado; é-lhe oponível a nulidade do negócio simulado, sendo admitido a preferir pelo preço real.[552]

Na mesma linha, também, defende Américo Joaquim Marcelino:

> A simulação pretendeu lesar o Fisco. Daí que seja totalmente descabido conceder ao preferente os benefícios resultantes da sanção (inoponibilidade da simulação) de tal conduta. Ante o injustificado enriquecimento do titular da preferência diz com razão Mota Pinto (citado no acórdão): A torpeza do simulador não legitima um locupletamento do terceiro (preferente) que não seria menos torpe.[553]

Não obstante, há autores portugueses que defendem que a simulação é, em qualquer caso, inoponível a terceiros de boa fé.

Consideramos, neste aspecto, que, realmente, uma vez que tome conhecimento da simulação, o preferente perde a condição de terceiro de boa fé.

O autor português António Carvalho Martins defende, nesse sentido, que:

> No caso de violação da preferência com simulação de preço, a preferência é de operar pelo preço real. O direito à preferência só se consubstancia com o trânsito em julgado da sentença que dê provimento à acção de preferência. Se,

---

[551] MARCELINO, Américo Joaquim. **Da preferência**. Coimbra: Coimbra, 2007, p. 197.

[552] PINTO, Carlos Alberto da Mota. **Teoria geral do Direito Civil**. 4. ed. Coimbra: Coimbra, p. 457-485, 2005, p. 482.

[553] MARCELINO, Américo Joaquim. **Da preferência**. Coimbra: Coimbra, 2007, p. 99.

DIREITO AGRÁRIO

depois de citados, os simuladores arguirem a simulação ao preferente, *máxime* se registrarem a acção de simulação, este já não estará numa situação de ignorância, numa altura em que o seu direito definitivo ainda se não constituiu.[554]

Por outro lado, há de se ver com cautela os meios de prova do valor real, de modo a não permitir também a simulação do alegado "preço real" pelos que se intitulam de simuladores, no intuito de aumentar o valor do exercício da preferência.

Os documentos apresentados devem ser prova inequívoca e de data igual ou anterior à citação das partes para a ação de preferência. Na dúvida, deve o preferente pagar o preço declarado pelas partes.

Em resumo, consideramos que, o direito de preferência deve ser exercido pelo valor declarado pelas partes, salvo se:

(I) se restar provado, de forma inequívoca, que o valor declarado pelas partes é superior ao que foi efetivamente pago, hipótese em que o preferente deve exercer seu direito pelo valor menor, ainda que não declarado, para não ser prejudicado; ou

(II) se restar provado, de forma inequívoca, que o valor declarado pelas partes é inferior ao valor efetivamente pago e também bem inferior ao valor de mercado, hipótese em que o preferente deve exercer seu direito pelo valor maior, para evitar seu enriquecimento indevido, sendo certo que se tomar conhecimento do valor real apenas no processo, poderá desistir de exercer a preferência.

Por outro lado, consideramos que se restar provado, de forma inequívoca, que o valor declarado pelas partes é inferior ao valor efetivamente pago, mas adequado ao valor de mercado do bem, consideramos que o preferente deve exercer seu direito pelo valor declarado, pois não estaria de má fé ao tentar exercer seu direito por tal valor e a simulação das partes não deve lhes favorecer.

Guido Jesu[555] indica que, ainda que o direito de preferência possa ser exercido não apenas em face do primeiro adquirente, mas dos seus sucessores, o preço deve corresponder ao valor da primeira transferência.

---

[554] MARTINS, António Carvalho. **Preferência**. Coimbra: Coimbra, 2001, p. 42.

[555] JESU, Guido. **La prelazione legale agraria**: lineamenti dell'istituto e rassegna giurisprudenziale. Milano: Giuffrè, 2004, p. 84.

EXECUÇÃO ESPECÍFICA DO DIREITO DE PREFERÊNCIA DO PARCEIRO OUTORGADO

Tal solução é para proteger o preferente a não ter que pagar valor superior ao que teria pago se seu direito não fosse violado. Todavia, considerando que o valor servirá de reembolso a quem perdeu a propriedade resolúvel do bem, este poderá ter prejuízo, sendo certo que terá direito de pleitear, a quem de direito, a indenização pelo enriquecimento indevido.

Diante das considerações acima, temos as seguintes conclusões parciais:

(1) O depósito do preço é condição da ação de preferência.

(2) O depósito inicial refere-se apenas ao preço, declarado na escritura e não correção monetária ou outras despesas eventualmente indenizáveis, cujo valor serão fixados ao longo do processo.

(3) Em caso de valor declarado na escritura, diferente do valor realmente pago, observar-se-á o seguinte:

(I) se o valor for maior que o real, o preferente poderá exercer a preferência pelo valor real, para não ser prejudicado; ou

(II) se o valor declarado pelas partes é inferior ao valor efetivamente pago e também inferior ao valor de mercado, o preferente deve exercer seu direito pelo valor maior, para evitar seu enriquecimento indevido, sendo certo que se tomar conhecimento do valor real apenas no processo, poderá desistir de exercer o direito de compra; ou

(III) se o valor declarado pelas partes é inferior ao valor efetivamente pago mas não inferior ao valor de mercado, o preferente deve exercer seu direito pelo valor declarado, pois não estaria de má fé ao tentar exercer seu direito por tal valor e a simulação das partes não deve lhes favorecer.

12.
Cessão do Direito de Preferência com Eficácia Real

O artigo 520 do Código Civil estabelece que o direito de preferência não se pode ceder nem passa aos herdeiros.

Todavia, tal dispositivo refere-se ao pacto adjeto da compra e venda, situação em que o direito de preferência é personalíssimo, de modo que só pode ser exercido pelo próprio titular, não podendo ser cedido, nem a título gratuito nem oneroso.[556]

Agostinho Alvim já defendia em 1961, ao comentar o artigo 1.157 do Código Civil de 1916, equivalente ao artigo 520 do Código Civil vigente, que a cessão do direito de preferência é nula, pois afronta norma de ordem pública:

> O artigo de que nos ocupamos é de ordem pública, eis que encerra uma proibição.
>
> Não é uma norma supletiva da vontade das partes e sim um veto do legislador, porque não teria sentido proibir a cessão, *ressalvando* às partes o direito de fazê-la.[557]

O mesmo autor também afasta a possibilidade de se ajustar direito de preferência com pessoa a declarar:

---

[556] ALVIM, Agostinho. **Da compra e venda e da troca**. Rio de Janeiro: Forense, 1961, p. 207.

[557] ALVIM, Agostinho. **Da compra e venda e da troca**. Rio de Janeiro: Forense, 1961, p. 208.

DIREITO AGRÁRIO

[...] os motivos em que se funda o instituto repelem esta solução.

A preferência é dada ao vendedor, no suposto de que haja uma justificativa para isso; e a lei o permite, não obstante importar em restrição de direitos para o comprador.

Daí a razão de limitar-se o benefício à pessoa do vendedor.

Não fora assim, e pelo mesmo raciocínio se poderia admitir que o indicado pelo vendedor pudesse, por sua vez, indicar outro, imprimindo a esse direito o caráter de circulação, que a lei lhe quis negar.[558]

Mas, Agostinho Alvim já reconhecia a validade do ajuste, como contrato inominado[559] e não como preempção ou preferência nos moldes traçados pelo Código Civil, com o que concordamos.

Aliás, é o que aponta José Osório de Azevedo Júnior:

A leitura do texto pode levar à conclusão de que se trata de norma de ordem pública, já que importa em uma proibição.

Não parece, entretanto, que o tema apresente interesse público, social ou humano de tanta envergadura.

Autores de nomeada entendem que se está no campo do direito dispositivo. Assim, o direito de preferência não se pode ceder nem passa aos herdeiros, salvo cláusula em contrário.[560]

O Código Civil Português não deixou dúvidas, neste aspecto, como se vê da redação do seu artigo 420: "O direito e a obrigação de preferência não são transmissíveis em vida nem por morte, salvo estipulação em contrário."

José Osório de Azevedo Júnior lembra que: "a transmissibilidade do direito de preferência aparece de forma natural e intensa em negócios mobiliários."[561]

Todavia, consideramos, por outro lado, que o direito de preferência com eficácia real não pode ser cedido por dois motivos:

---

[558] ALVIM, Agostinho. **Da compra e venda e da troca**. Rio de Janeiro: Forense, 1961, p. 209.

[559] ALVIM, Agostinho. **Da compra e venda e da troca**. Rio de Janeiro: Forense, 1961, p. 209.

[560] AZEVEDO JÚNIOR, José Osório de. **Compra e venda, troca ou permuta**. 3. ed. São Paulo: RT, 2005, p. 107.

[561] AZEVEDO JÚNIOR, José Osório de. **Compra e venda, troca ou permuta**. 3. ed. São Paulo: RT, 2005, p. 108.

CESSÃO DO DIREITO DE PREFERÊNCIA COM EFICÁCIA REAL

(1) a eficácia real é criada por lei, em razão da situação específica do seu titular, ou seja, de sua condição de locatário ou arrendatário, por exemplo, não podendo ser cedido o direito de preferência legal a quem não seja parte do contrato de locação/arrendamento. Em caso de cessão, terá efeito de um novo contrato de preferência, que não afasta a prioridade e preferência do locatário ou arrendatário;

(2) a cessão de tal direito, seria uma forma de renúncia do mesmo, o que a lei não permite, dado o seu caráter cogente. Não obstante, consideramos possível a cessão do direito de prelação/direito de compra do preferente, após a *denuntiatio*, desde que haja previsão contratual nesse sentido.

Nada impede que o contrato onde se regule o direito de preferência estabeleça a possibilidade de cessão do exercício ou do exercício de preferência a terceiro, em caso de algum impedimento legal para o exercício pelo preferente do direito de compra, à época do recebimento da *denuntiatio* e durante o prazo para o exercício da prelação.

Igual discussão inexiste sobre a cessão de direito de preferência convencional, que pode ser livremente cedido, ressalvados os requisitos de legitimação para contratar entre si já mencionados no item 8.2 deste trabalho.

Diante das considerações acima, temos as seguintes conclusões parciais:

(1) O direito de preferência convencional pode ser cedido, observados os requisitos subjetivos para contratar a futura compra e venda.

(2) O direito de preferência como pacto adjeto da compra e venda pressupõe que a parte é titular de tal direito pois era proprietária anterior do bem preempto, ou seja, é um contrato acessório personalíssimo. Em caso de cessão, deve ser considerado como novo direito de preferência, convencional.

(3) O direito de preferência legal com eficácia real não pode ser cedido, pois importaria em (I) possibilidade de renúncia a direito assegurado por lei; e/ou (II) transferência de um direito com eficácia real a uma parte que

DIREITO AGRÁRIO

não tem a condição específica do titular do direito assegurado por lei em razão de referida condição, que se visa proteger.

(4) Não obstante, consideramos possível a cessão do direito de prelação/ /direito de compra do preferente, após a *denuntiatio*, desde que haja previsão contratual nesse sentido.

13.
Causas Extintivas

Extingue-se o contrato de preempção[562], nas hipóteses listadas a seguir:

(I) em razão do exercício do direito de preempção do preferente, com a conseqüente conclusão do contrato de compra e venda do bem preempto.

(II) por inadimplemento do contrato de preempção pelo proprietário, com venda do bem preempto a terceiro de boa-fé, porque a este não será oponível o contrato de preempção convencional. Nesta hipótese, caberá ao preferente apenas a indenização pelas perdas e danos decorrentes da quebra do contrato, conforme já foi tratado no item 11 do presente trabalho.

(III) por decurso de prazo sem que haja existência de intenção de venda do imóvel por seu proprietário, durante a vigência do contrato.

(IV) violação do direito de prelação e decurso do prazo decadencial do direito de preferência, sem que o preferente ajuíze a ação de preferência, ou a ação declaratória de nulidade da venda efetuada a terceiro de má fé em violação ao seu direito com eficácia pessoal.

(V) pelo não exercício no prazo decadencial ou pela renúncia, que deve ser expressa, do beneficiário ao seu direito de prelação, isto

---

[562] Apenas são tratadas as hipóteses de extinção do contrato de preempção válido, não sendo tratadas as hipóteses de nulidade ou anulabilidade do contrato.

DIREITO AGRÁRIO

é, quando, durante o decurso do prazo para o seu exercício, o preferente manifesta que não tem interesse em concluir o contrato de compra e venda do bem preempto, desde que o bem venha a ser vendido, nas condições renunciadas. Antes de se tornar direito de prelação/direito de compra, como já expusemos, a renúncia somente será válida se o direito de preferência for convencional e não legal.

(VI) por resilição bilateral (distrato), isto é, por manifestação de vontade de ambos os contratantes (outorgante e beneficiário) de extinguir o contrato de preempção. Por outro lado, vale lembrar que não extingue o direito de preferência do beneficiário a compra e venda em sentido inverso, ainda que denominada de rescisão ou distrato entre o outorgante e o terceiro adquirente do bem preempto.

Nesse sentido, a decisão da 5ª Câmara do 2º Tribunal de Alçada Cível de São Paulo, nos autos da Ap. 182.044-2, em 06 de agosto de 1985, tendo como relator o Juiz Cézar Peluso[563], que considerou como nova venda o negócio denominado de "rescisão" pelas partes, era, na realidade nova venda, porque não se pode "distratar uma venda perfeita, acabada e esgotada", considerando que essa nova venda, assim como a primeira, realizada sem prévia comunicação ao titular do direito de preferência, deveria ser tida como: (I) ineficaz em relação ao titular do direito de preferência; ou (II) ineficaz por caracterizar fraude a lei, por intentar prejudicar o direito de preferência do arrendatário; de modo que, observados os demais requisitos legais, cabe ao arrendatário o pedido de adjudicação do bem preempto.

(VII) em razão do implemento de condição resolutiva.

As partes podem ajustar que o contrato de preempção ficará desfeito dentro de certo prazo se ocorrer determinada condição.

(VIII) em razão do não implemento da condição suspensiva, livremente ajustada entre as partes.

[563] **Revista dos Tribunais**, n. 600, ano 74, p. 154-159, out. 1985.

CAUSAS EXTINTIVAS

As partes podem ajustar que o contrato de preempção não terá efeitos, enquanto não ocorrer determinada condição.

(IX) por falecimento do preferente, se o contrato for *intuitu personae*.
(X) por resolução ou nulidade do contrato, declarados judicialmente.

Diante das considerações acima, temos as seguintes conclusões parciais:

Extingue-se o direito convencional de preferência:

(I)   por decurso de prazo sem que haja intenção de venda do bem pre-empto por seu proprietário, durante a vigência do contrato;
(II)   em razão do regular exercício do direito de prelação (com o recebimento da *denuntiatio*) ou exercício forçado frente ao terceiro de má fé (no prazo para exercício do direito de prelação deve ser ajuizada a ação);
(III)   em razão de violação do mesmo, com venda do bem a terceiro de má fé ou optando o preferente apenas pela indenização pelas perdas e danos;
(IV)   em razão de não exercício do mesmo ou pela renúncia expressa, no prazo decadencial, após o recebimento da *denuntiatio* ou após tomar conhecimento de venda a terceiro de má fé;
(V)   por resilição bilateral (distrato);
(VI)   em razão do implemento de condição resolutiva ou não implemento da condição suspensiva;
(VII)   por falecimento do preferente, se o contrato for *intuitu personae*; e
(VIII) por resolução ou nulidade do contrato, declarados judicialmente.

CONCLUSÃO

O STJ, em seu atual entendimento, nega ao parceiro outorgado o direito de preferência legal, tal como assegurado de forma expressa ao arrendatário no Estatuto da Terra e seu Regulamento.

Consideramos, com o devido respeito, que tal entendimento é equivocado, pautado apenas na interpretação literal e isolada de um artigo da Lei, seja porque a preferência é assegurada no artigo 92, inserido no capítulo das normas gerais, aplicáveis, portanto, também ao contrato de parceria, ou porque o artigo 96, VII dispõe que se aplica à parceria, as normas pertinentes ao arrendamento rural, no que couber, bem como as regras do contrato de sociedade, no que não estiver regulado pela Lei.

A preferência já se encontra regulada na Lei, de modo que não haveria necessidade de se recorrer às regras de sociedade. Todavia, se analisarmos as regras de sociedade de pessoas vigentes à época da edição do Estatuto da Terra, vamos perceber que a regra era a vedação à cessão da participação do sócio, sem a autorização do outro sócio.

Tal posição não se aplica ao contrato de parceria, seja pela possibilidade de livre disposição do imóvel, por seu proprietário, seja porque o adquirente é obrigado a manter a parceria, o que justifica ainda mais que seja assegurado o direito legal de preferência, para evitar a entrada de estranhos numa relação que, embora possa não ter exatamente *affectio societatis*, se aproxima de um contrato de sociedade, em que as pessoas unem esforços para objetivos comuns, partilhando seus resultados.

O contrato de arrendamento e de parceria são contratos muito próximos, que visam o uso temporário da terra para as atividades agrárias, com

DIREITO AGRÁRIO

a diferença que na parceria a remuneração do proprietário é variável e este participa dos riscos da atividade agrária.

O direito de preferência previsto no Estatuto da Terra, como vimos, visa assegurar a manutenção da empresa agrária.

Ao arrendatário é assegurado o direito de preferência porque ele é sempre cultivador direto, suportando sozinho os riscos da atividade agrária.

Não existe razão para afastar tal direito do parceiro outorgado quando este também seja titular ou gestor da empresa agrária ou cultivador direto do imóvel, isto é, financie os custos da atividade agrária.

O contrato de arrendamento é atualmente muito próximo ao contrato de parceria, de modo a inexistir razão que justifique tratamento diferenciado quanto ao direito de preferência.

Consideramos que se a participação do proprietário do imóvel não for relevante para a atividade agrária, deve o contrato de parceria ser tido como de arrendamento com contraprestação variável, inclusive para fins de incidência do direito legal de preferência. É o que ensina, por exemplo, a doutrina espanhola, ao diferenciar a parceria vulgar, se o proprietário contribuir apenas com a terra ou com esta e valor inferior a 20% do capital despendido para o cultivo, e a científica, quando o proprietário contribuir com valor superior.

Se o parceiro outorgado for o principal ou exclusivo responsável pela empresa agrária, não se justifica tratamento diferente ao parceiro outorgado do que o conferido ao arrendatário, quanto ao direito de preferência assegurado por lei.

Se parceiro outorgante e parceiro outorgado tiverem igual participação na empresa agrária, mesmo assim, consideramos que dado o caráter associativo do contrato de parceria, deve-se assegurar a preferência ao parceiro outorgado, seja para evitar que estranhos entrem na relação de parceria, ou para permitir ao parceiro outorgado tornar-se proprietário do imóvel, consolidando a empresa agrária a longo prazo.

Se o parceiro outorgante for o único gestor da empresa agrária ou se o parceiro outorgado não tiver participação expressiva (econômica ou de gestão). Somente nesse caso, isto é, se o parceiro outorgado não for um parceiro real, mas for apenas mão de obra – trabalhador ou prestador de serviços – na empresa agrária (como era o contrato de parceria, em sua origem), pode-se considerar "não cabível" o direito de preferência, isso porque tratar-se-ia, na realidade, de falsa parceria, ou seja, rela-

CONCLUSÃO

ção empregatícia ou de prestação de serviços camuflada em contrato de parceria.

Ainda que nosso entendimento não prevaleça e não seja reconhecido o direito de preferência legal do parceiro outorgado, às partes é lícito contratar preferência no contrato de parceria, ou seja, o direito convencional de preferência.

Tal ajuste, poderia repetir todas as regras do direito de preferência legal. A única ressalva seria quanto à eficácia real (direito de resgate), que o ajuste não poderia ter, pois este efeito depende de previsão legal no Direito Brasileiro.

O direito de preferência tem diversas fases e cada um tem efeitos e natureza jurídica próprias: (I) direito de preferir; (II) direito de prelação; e (III) direito de resgate. Apenas não tem o direito de preferência convencional a terceira fase e os seus respectivos efeitos reais.

Então, tendo as partes repetido as disposições legais no contrato de parceria, afastariam o risco de o STJ negar ao parceiro outorgado o direito de preferência, mas não afastariam o risco de não ser possível a sua execução específica, caso o terceiro adquirente não tinha conhecimento (ou não for possível provar seu conhecimento) do direito do preferente.

O registro no cartório de registro de títulos e documentos, embora não gere a eficácia real, segundo a opinião de Pontes de Miranda[564], permite a responsabilização do terceiro adquirente pela violação do direito de preferência. Na mesma linha, decisão do STJ, já reconheceu que o contrato de parceria pode ser anteposto a terceiro se registrado no cartório de registro de títulos e documentos.[565]

Nessa linha, dados os princípios contratuais modernos, em especial da ampla oponibilidade dos contratos, faceta da eficácia externa do princípio da função social dos contratos, consideramos que o pacto de preferência assim registrado deve ser oponível a qualquer terceiro adquirente, para adimplir a obrigação inadimplida, assim como poderá ser oponível o contrato, ainda que não registrado, desde que se prove o conhecimento do adquirente da existência do direito.

---

[564] MIRANDA, Pontes de. **Tratado de direito privado**. v.39. 2. ed. Rio de Janeiro: Borsoi, p. 203-225, 1962, p. 221.

[565] Acórdão da 4ª Turma do STJ, de 27/10/1998, nos autos do RESP 32.995-8 MG, tendo como relator o Ministro Barros Monteiro.

DIREITO AGRÁRIO

Todavia, alertamos para a necessidade de atualização legislativa do Estatuto da Terra, para não deixar dúvidas que ao parceiro outorgado cabe o direito legal de preferência e também a qualquer arrendatário, seja ele ou não cultivador direto e familiar, bem como da Lei de Registros Públicos, para permitir o registro facultativo dos contratos de arrendamento e parceria na matrícula do imóvel, ainda que o direito de preferência com eficácia real e a manutenção dos contratos em caso de alienação do imóvel decorram da lei e independam de registro para sua existência e oponibilidade *erga omnes*.

Isso se justifica de um lado para dar maior publicidade aos contratos, preservando os direitos dele decorrentes com mais segurança, e de outro lado, para evitar as decisões desavisadas de juízes que exigem o registro dos contratos agrários para que seja possível o exercício de direito de resgate, como se o direito de preferência agrário estivesse regulado tal como o direito de preferência do locatário.

REFERÊNCIAS

AGUIAR JUNIOR, Ruy Rosado de. Os contratos nos Códigos Civis Francês e Brasileiro. **Revista CEJ**, n. 28 jan.-mar., 2005.

ALMEIDA, Paulo Guilherme. O direito de preferência nos contratos agrários. A atividade agrária como característica fundamental. In: **Revista de Direito Civil, Imobiliário, Agrário e Empresarial**, ano 11, p. 118-122, abr.-jun., 1987.

ALVARENGA, Maria Isabel de Almeida. **Direito de preferência para a aquisição de ações**. São Paulo: USP, 2001, 231f. Dissertação (Mestrado em Direito), sob a orientação de Fábio Konder Comparato, no curso de Direito Comercial da USP.

ALVARENGA, Octávio Mello. **Curso de direito agrário**. Brasília: Fundação Petrônio Portella, 1982.

___. **Teoria e prática do direito agrário**. Rio de Janeiro: Esplanada, 1979.

ALVIM, Agostinho. **Da compra e venda e da troca**. Rio de Janeiro: Forense, 1961.

ANDRADE JÚNIOR, Attila de Souza Leão. **Comentários ao Código Civil**: direito das sociedades, vol. IV. Rio de Janeiro: Forense, 2002.

ANDRADE, Manuel A. Domingues de. **Teoria geral da relação jurídica**. Facto jurídico em especial negócio jurídico. v. II. Coimbra: Almedina, p. 149-215, 2003.

ALVES, José Carlos Moreira. **Direito romano**. v. 1. 13. ed. Rio de Janeiro: Forense, 2002.

ALVIM, Arruda; ALVIM, Thereza. (Coords.). **Comentários ao Código Civil Brasileiro**. Do direito das obrigações v. V (arts. 421 a 578). Rio de Janeiro: Forense, 2007.

___. **Comentários ao Código Civil Brasileiro**. Do direito das coisas. v. I. t. I. (livro introdutório). Rio de Janeiro: Forense, 2009.

ARAÚJO, Carlos Antônio de. Condomínio indivisível. Direito de preferência. Escritura pública de compra e venda. **Jus Navigandi**, Teresina, ano 12, n. 1437, 8 jun. 2007. Disponível em: http://jus.com.br/artigos/9996. Acesso em: 13 fev. 2015.

____. Condomínio indivisível. Direito de preferência. Escritura pública de compra e venda. Condômino preterido. Validade do negócio jurídico. In: **IOB – Repertório de Jurisprudência Civil, Processual, Penal e Comercial**, São Paulo, v. 3, n. 21, p. 703-698, nov. 2008.

ARRUDA E SILVA, Bruno Rodrigues. **A prova nas ações declaratórias de produtividade que visam anular desapropriações para fins de reforma agrária**: necessidade de contemporaneidade na avaliação do estado de uso do imóvel rural. Disponível em: http://www.ambito-juridico. com.br. Acesso em: 11 abr. 2015.

ASCENSÃO, José de Oliveira. Panorama e perspectivas do direito civil na União Europeia. In: LOTUFO, Renan; NANNI, Giovanni Ettore; MARTINS, Fernando Rodrigues (Coords.). **Temas relevantes do Direito Civil contemporâneo**. São Paulo: Atlas, p. 11-17, 2012.

ASURMENDI, Camino Sanciñena. **La opción de compra**. 2.ed. Madrid: Dykinson, 2007.

AZEVEDO, Antônio Junqueira de (Coord.). **Comentários ao Código Civil**. v.6. São Paulo: Saraiva, 2003.

____. Princípios do novo direito contratual e desregulamentação do mercado – direito de exclusividade nas relações contratuais de fornecimento – função social do contrato e responsabilidade aquiliana do terceiro que contribui para inadimplemento con-

tratual. **Revista dos Tribunais**, v. 750, 1998, p. 113-120, abr. 1998. Disponível em: www.revistadostribunais.com.br. Acesso em: 23 abr. 2015.

____. **Negócio jurídico**: existência, validade e eficácia. 4. ed. 8. tir. São Paulo: Saraiva, 2013.

AZEVEDO JÚNIOR, José Osório de. **Compra e venda, troca ou permuta**. 3. ed. São Paulo: RT, 2005.

BARATA, Carlos Lacerda. **Da obrigação de preferência**: contributo para o estudo do artigo 416 do Código Civil. Coimbra: Coimbra, 2002.

BARBI FILHO, Celso. Acordo de acionistas: panorama atual do instituto no Direito Brasileiro e propostas para a reforma de sua disciplina legal. **Revista de Direito Mercantil, Industrial, Econômico e Financeiro**, ano XL, n. 121, p. 30-55, jan.-mar. 2001, São Paulo: Malheiros, 2001.

BARROS, Francisco Carlos Rocha de. **Comentários à lei do inquilinato**. 2. ed. rev. e atual. São Paulo: Saraiva, 1997.

BARROS, Wellington Pacheco. **Contrato de parceria rural**: doutrina, jurisprudência e prática. Porto Alegre: Livraria do Advogado, 1999.

____. **Curso de direito agrário**. v. 1. 7. ed. rev. e ampl. Porto Alegre: Livraria do Advogado, 2012.

BERTOLDI, Marcelo M. **Acordo de acionistas e sua efetividade**. São Paulo: Faculdade de Direito da Pontifícia Universidade Católica de São Paulo, 2003, 266 f. Tese (Doutorado em Direito), elaborada sob a orientação do Professor Doutor Fernando

A. Albino de Oliveira, no curso de Direito das Relações Sociais da Faculdade de Direito da Pontifícia Universidade Católica de São Paulo.

BESSONE, Darcy. **Da compra e venda.** Belo Horizonte: Bernardo Álvares, 1960.

BETTI, Emilio. **Lezioni di diritto civile sui contrati agrari.** Milano: Giuffrè, 1957.

BEVILÁQUA, Clóvis. **Código Civil dos Estados Unidos do Brasil.** v. I. 5ª tir. Rio de Janeiro: Rio, [ano].

___. **Código Civil dos Estados Unidos do Brasil.** v. II. 5ª tir. Rio de Janeiro: Rio, [ano].

BITTAR, Carlos Alberto. **Contratos civis.** Rio de Janeiro: Forense, 1990.

BITTENCOURT, J. Paulo. O direito de prelação do cultivador direto. In: **Arquivos do Ministério da Justiça,** v.33, n. 140, p. 182-190, out-dez., 1976.

BORGES, Antonino Moura. **Curso completo de direito agrário.** 4. ed. Campo Grande: Contemplar, 2012.

___. **Estatuto da Terra comentado e legislação adesiva.** Leme, SP: Edijur, 2007.

BORGES, Marcos Afonso. Arrendamento rural: direito de preferência do arrendatário na aquisição do imóvel, ação própria. In: **Revista de Direito Civil** RDCiv 51-175, jan.-mar.1990. Disponível em: www.revistadostribunais. com.br. Acesso em: 01 abr. 2015.

BORGES, Paulo Torminn. **Institutos básicos do direito agrário.** 11.ed.rev. São Paulo: Saraiva, 1998.

BRITO, Cristiano Gomes de. **Sociedade limitada e cessão de quotas.** Curitiba: Juruá, 2010.

BUFULIN, Augusto Passamani. Breves notas sobre o direito de preferência na locação de imóveis urbanos (Lei 8.245/1991). In: **Revista de Direito Privado** v. 53, p. 101, jan. 2013. Disponível em: www.revistadostribunais. com.br. Acesso em: 01 abr. 2015.

BUSSADA, Wilson. **Direito de preferência interpretado pelos tribunais.** São Paulo: Hemus, 1993.

CABELEIRA, Imar Santos. **Dos contratos de arrendamento rural e parceria rural.** Rio de Janeiro: Aide, 1985.

CAMPINHO, Sérgio. **O direito de empresa à luz do código civil.** 13. ed. Rio de Janeiro: Renovas, 2014.

___. Regime jurídico do contrato. O contrato de locação na falência. Direito de preferência do locatário do falido. A falência e o princípio da "venda (não) rompe a locação". In: **Revista Semestral de Direito Empresarial.** Rio de Janeiro, n. 2, p. 241-267, jan-jun. 2008.

CAPELLETTI, Catalina Soifer; MENHA, Natália Previero. Da alienação judicial de imóvel arrendado: a manutenção do contrato de arrendamento e o direito de preferência do arrendatário. In: MEDEIROS NETO, Elias Marques de. **Aspectos polêmicos do agronegócio:** uma visão através do contencioso. São Paulo: Castro Lopes, p. 849-863, 2013.

CARRARA, Giovanni. **I contratti agrari.** Torino: Torinese, 1959.

CARVALHO, Afrânio de. **Registro de imóveis.** Rio de Janeiro: Forense, 1976.

CHARLES, Javier Talma. **El contrato de opción.** Barcelona: Bosch, 1996.

DIREITO AGRÁRIO

CHIOVENDA, Giuseppe. **Principii di diritto processuale civile**. Napoli: Casa Editrice Dott. Eugenio Jovene, 1980.

COELHO, Fábio Ulhoa. **Manual de direito comercial**. 26. ed. São Paulo: Saraiva, 2014.

COELHO, José Fernando Lutz. **Contratos agrários**: uma visão neo-agrarista. Curitiba: Juruá, 2006.

CORDEIRO, António Menezes. **Tratado de Direito Civil Português**. 2. v.: Direito das obrigações t.2.: Contratos. Negócios unilaterais. Coimbra: Almedina, 2010.

COSTA, Adalberto. **O contrato de arrendamento rural**. Porto: Vidaeconómica, 2013.

COSTA, José Bezerra. **Arrendamento rural**: direito de preferência. Goiânia: AB, 1993.

COSTA, Paulo Oliveira. Apontamentos para uma visão abrangente da função social dos contratos. In: TEPEDINO, Gustavo (Coord.). **Obrigações** – estudos na perspectiva civil-constitucional. Rio de Janeiro: Renovar, p. 45-68, 2005.

CRUZ, Gabriel Dias Marques da. **Arguição de descumprimento de preceito fundamental**: lineamento básico e revisão crítica no direito constitucional brasileiro. São Paulo: Malheiros, 2011.

DEMÉTRIO, Nelson. **Doutrina e prática do direito agrário**. São Paulo: Pró Livro, 1980.

DIAS, José de Aguiar. **Cláusula de não-indenizar**. Rio de Janeiro: Forense, 1980.

DÍEZ-PICAZO, Luis; GULLÓN, Antonio. **Sistema de derecho civil**. v. III. Derecho de cosas y derecho inmobiliario registral. Madrid: Tecnos, 2001.

DINIZ, Maria Helena. **Compêndio de introdução à ciência do direito**: introdução à teoria geral do direito, à sociologia jurídica e à lógica jurídica. Norma jurídica e aplicação do direito. 21. ed. São Paulo: Saraiva, 2010.

____. **Curso de direito civil**. v. 2. Teoria geral das obrigações. 28. ed. São Paulo: Saraiva, 2013.

____. **Curso de direito civil**. v. 3. Teoria das obrigações contratuais e extracontratuais. 29.ed. São Paulo: Saraiva, 2013.

____. **Curso de direito civil**. v. 4. Direito das coisas. 28. ed. São Paulo: Saraiva, 2013.

DUVIA, Paolo. **La denuntiatio nella prelazione volontaria**. Milano: Giuffrè, 2005.

ENGISCH, Karl. **Introdução ao pensamento jurídico**. 9. ed. Lisboa: Fundação Calouste Gulbenkian, 2004.

FAVALE, Rocco. **Il Codice Civile commentario**. Opzione. Art. 1.331. Milano: Giuffrè, 2009.

FERRAZ JÚNIOR, Tércio Sampaio. **Introdução ao estudo do direito**: técnica, decisão, dominação. 6. ed. 2ª reimpr. São Paulo: Atlas, 2010.

FERREIRA, Pinto. **A legislação do inquilinato e do arrendamento rural comentada**. Rio de Janeiro: Rio, 1978.

FERREIRA, Pinto. **Curso de direito agrário**. 2. ed. São Paulo: Saraiva, 1995.

____. **Curso de direito agrário**. 4. ed. São Paulo: Saraiva, 1999.

FERREIRA, Waldemar. **Tratado de sociedades mercantis**. v. 1. Rio de Janeiro: Nacional de Direito, 1958.

___. **Tratado de sociedades mercantis**. v. 2. Rio de Janeiro: Nacional de Direito, 1958.

___. **Tratado de sociedades mercantis**. v. 3. Rio de Janeiro: Nacional de Direito, 1958.

FERRETO, Vilson. **Contratos agrários**: aspectos polêmicos. São Paulo: Saraiva, 2009.

FONSECA, Rodrigo Garcia da. **A função social do contrato e o alcance do artigo 421 do Código Civil**. Rio de Janeiro: Renovar, 2007.

FRAGA, Luiz Fernando; VAL, Pedro Bruning do. A função social da propriedade como limitador da autonomia da vontade nos contratos agrários e sua aplicação pelo Poder Judiciário. In: MEDEIROS NETO, Elias Marques de. **Aspectos polêmicos do agronegócio**: uma visão através do contencioso. São Paulo: Castro Lopes, p. 791-811, 2013.

GALBIATTI, Ricardo Cesar Carvalheiro. Direito de preferência. In: **Revista Jurídica**. Porto Alegre, v. 44, n. 221, p. 138-154, mar. 1996.

GARBAGNATI, Luigi; NICOLINI; Massimo; CANTÚ, Cristina. **Contratti, prelazione e processo agrario**. Milano: Giuffrè, 2011.

GIANNINI, Marina Meirelles. **O acordo de acionistas**. São Paulo: Faculdade de Direito da Pontifícia Universidade Católica de São Paulo, 2007, 123 f. Dissertação (Mestrado em Direito), elaborada sob a orientação do Professor Doutor Fábio Ulhoa Coelho, no curso de Direito Comercial da Faculdade de Direito da Pontifícia Universidade Católica de São Paulo.

GISCHKOW, Emílio Alberto Maya. **Princípios de direito agrário** – desapropriação e reforma agrária. São Paulo: Saraiva, 1988.

GODOY, Luciano de Souza. Uma visão dos contratos agrários à luz dos precedentes do Superior Tribunal de Justiça. In: MEDEIROS NETO, Elias Marques de. **Aspectos polêmicos do agronegócio**: uma visão através do contencioso. São Paulo: Castro Lopes, p. 377-395, 2013.

___. **Direito agrário constitucional**: o regime da propriedade. São Paulo: Atlas, 1998.

GRASSI NETO, Roberto. O "direito de preferência" nos contratos agrários. In: **Revista de Direito Imobiliário, Agrário e Empresarial**, ano 18, p. 108-123, abr.-jun.,1994.

___. **Evolução e perspectiva dos contratos agrários**. São Paulo: Faculdade de Direito da Universidade de São Paulo, 1998, 287 f. Dissertação (Mestrado em Direito), elaborada sob a orientação do Professor Doutor Fábio Maria De-Mattia, no curso de Direito Civil da Faculdade de Direito da Universidade de São Paulo.

HIRONAKA, Giselda Maria Fernandes Novaes. Contratos agrários. In: **Revista de Direito Civil, Imobiliário, Agrário e Empresarial**, ano 14, p. 100-121, jul.-set. 1990.

JESU, Guido. **La prelazione legale agraria**: lineamenti dell'istituto e rassegna

DIREITO AGRÁRIO

giurisprudenziale. Milano: Giuffrè, 2004.

KUGLER, Herbert Morgenstern. **Acordo de sócios na sociedade limitada**: existência, validade e eficácia. São Paulo: Faculdade de Direito da Pontifícia Universidade Católica de São Paulo, 2012, 290 f. Dissertação (Mestrado em Direito), elaborada sob a orientação do Professor Doutor Fábio Ulhoa Coelho, no curso de Direito Comercial da Faculdade de Direito da Pontifícia Universidade Católica de São Paulo.

LACERDA, Belizário Antônio de. **Do direito e da ação de preferência.** São Paulo: Saraiva, 1981.

LGOW, Carla Wainer Chalréo. **Direito de preferência.** São Paulo, Atlas, 2013.

LIMA, Ruy Cirne. Cláusula de preferência (eficácia erga omnes). In: **Revista de Direito Público**, n. 62, ano XV, p. 217, abr.-jun. 1982.

MAIA, J. Motta. **O Estatuto da Terra comentado.** 2. ed. Rio de Janeiro: Mabri, 1967.

MARCELINO, Américo Joaquim. **Da preferência.** Coimbra: Coimbra, 2007.

MARTINS, António Carvalho. **Preferência.** Coimbra: Coimbra, 2001.

MARTINS-COSTA, Judith. **A boa-fé no direito privado.** 2ª tir. São Paulo: RT, 2000.

MATTIA, Fabio Maria de. Empresa agrária e o estabelecimento agrário. In: **Revista dos Tribunais**, v. 715, p. 64, maio 1995.

MESQUITA, Manuel Henrique. **Obrigações reais e ónus reais.** Coimbra: Almedina, 1990.

MIRANDA, Pontes de. **Tratado de direito predial.** v.I I. Domínio. II. Condomínio. III. Tapumes. 2. ed. Rio de Janeiro: José Konfino, 1953.

___. **Tratado de direito privado.** v.38. 2.ed. Rio de Janeiro: Borsoi, p. 383-388, 1962.

___. **Tratado de direito privado.** v.39. 2.ed.Rio de Janeiro: Borsoi, p. 203-225, 1962.

MOURA, Geraldo Bezerra de. **Curso de direito comercial.** Rio de Janeiro: Forense, 1992.

NANNI, Giovanni Ettore. Abuso do direito. In: LOTUFO, Renan; NANNI, Giovanni Ettore (Coords.). **Teoria geral do direito civil.** São Paulo: Atlas, 2008.

NEGRÃO, Theotonio; GOUVÊA, José Roberto F.; BONDIOLI, Luis Guilherme A; FONSECA, João Francisco N. da. **Código Civil e legislação civil em vigor.** 31. ed. São Paulo: Saraiva, 2012.

NEGRÃO, Theotonio; GOUVÊA, José Roberto F. **Código de Processo Civil e legislação processual em vigor.** 39. ed. São Paulo, Saraiva, 2007.

NEVES, José Roberto de Castro. O arrendamento rural e a sua contraprestação. In: MEDEIROS NETO, Elias Marques de. **Aspectos polêmicos do agronegócio**: uma visão através do contencioso. São Paulo: Castro Lopes, p. 361-375, 2013.

OPITZ; Silvia C. B; e OPITZ, Oswaldo. **Curso completo de direito agrário.** 8. ed. São Paulo: Saraiva, 2014.

ORLANDI NETO, Narciso. Registro do contrato de arrendamento. In: **Revista** de direito imobiliário, v. 10, p. 143, jul. 1982.

OSORIO, Joaquim Luiz. **Direito rural**. Rio de Janeiro: Konfino, 1948.

PENTEADO, Luciano de Camargo. **Efeitos contratuais perante terceiros**. São Paulo: Quartier Latin, 2007.

___. **Manual de Direito Civil**: coisas. São Paulo: RT, 2013.

PEREIRA, Caio Mário da Silva. **Instituições de direito civil**. v. III. Contratos, declaração unilateral de vontade, responsabilidade civil. 15. ed. Rio de Janeiro: Forense, 2011.

PERES, Fábio Henrique. **Cláusulas contratuais excludentes e limitativas do dever de indenizar**. São Paulo: Quartier Latin, 2009.

PERES, Tatiana Bonatti. Abuso do direito. In: **Revista de Direito Privado**, nº 43, p. 09-71, jul.-set. 2010.

___. Dever de diligência na aquisição de imóveis e de empresas. In: **Temas de direito imobiliário e responsabilidade civil**. Rio de Janeiro: Lumen Juris, p. 03-21, 2012.

___. Função social do contrato. In: **Revista de Direito Privado**, nº 40, p. 288-307, out.-dez. 2009.

___. Locação empresarial: a cláusula de vigência e os princípios atuais do direito contratual. In: PERES, Tatiana Bonatti (Coord.). **Temas relevantes de direito empresarial**. Rio de Janeiro: Lumen Juris, p. 27-39, 2014.

___. **Opção de compra**. Curitiba: Juruá, 2011.

___. Vigência do contrato de arrendamento em caso de venda judicial do imóvel arrendado. In: **Revista de Direito Privado**, nº 48, p. 281-295, out.-dez. 2011.

PERLINGIERI, Pietro. **Perfis do direito civil**: introdução ao direito civil constitucional. 3.ed. Rio de Janeiro: Renovar, 2002.

PETTERSEN, Altamir; MARQUES, Nilson. **Uso e posse temporária da terra** (arrendamento e parceria). São Paulo: Pró-livro, 1977.

PINTO, Carlos Alberto da Mota. **Teoria geral do Direito Civil**. 4. ed. Coimbra: Coimbra, p. 457-485, 2005.

RAMOS, Helena Maria Bezerra. **Contrato de arrendamento rural**: teoria e prática. Curitiba: Juruá, 2012.

REALE, Miguel. **Lições preliminares de direito**. 27. ed. São Paulo: Saraiva, 2009.

REQUIÃO, Rubens. **Curso de direito comercial**. v. 1. 22. ed. São Paulo: Saraiva, 1995.

RODRIGUES, Silvio. **Direito civil**: dos contratos e das declarações unilaterais da vontade. v. III. 3. ed. São Paulo: Max Limonad, 1967.

SANTOS, Theophilo de Azeredo. **Manual de direito comercial**. Rio de Janeiro: Forense, 1972.

SCAFF, Fernando Campos. **Direito agrário**: origens, evolução e biotecnologia. São Paulo: Atlas, 2012.

SCALINI, Paolo. **L'impresa agraria e i contratti agrari**. Torino: Editrice Torinese, 1968.

SIMIONATO, Frederico Augusto Monte. **Tratado de direito societário**. v. I. Rio de Janeiro: Forense, 2009.

SOARES, Rafael Machado. O direito de preferência no contrato de arrendamento rural à luz da hermenêutica constitucional. In: **Justiça do Direito**, Passo Fundo, v. 20, n. 1, p. 100-110, 2006.

SODERO, Fernando Pereira. **Direito agrário e reforma agrária.** São Paulo: Legislação Brasileira, 1968.

SOUZA, Sylvio Capanema de. **A Lei do inquilinato comentada.** 7. ed. Rio de Janeiro: GZ, 2012.

STEFANINI, Luís de Lima. **A propriedade no direito agrário.** São Paulo: RT, 1978.

TARTUCE, Flávio. **Manual de direito civil.** São Paulo: Método, 2011.

TEPEDINO, Gustavo; BARBOZA, Heloisa Helena; MORAES, Maria Celina. **Código Civil interpretado conforme a Constituição da República.** v. I. Parte geral e obrigações (arts. 1º a 420). 2. ed. Rio de Janeiro: Renovar, 2007.

___. **Código Civil interpretado conforme a Constituição da República.** v.II. Teoria geral dos contratos. Contratos em espécie. Títulos de crédito. Responsabilidade civil. Preferências e privilégios creditórios (arts. 421 a 965). Rio de Janeiro: Renovar, 2006.

THEODORO JUNIOR, Humberto. **O contrato e sua função social.** 3. ed. Rio de Janeiro: Forense, 2008.

___. In: TEIXEIRA, Sálvio de Figueiredo (Coord.). **Comentários ao Código Civil brasileiro.** v.III. t.II. Dos defeitos do negócio jurídico ao final do livro III. Arts.185 a 232. Rio de Janeiro: Forense, 2003.

TRIOLA, Roberto. **La prelazione legale e volontaria.** Milano: Giuffrè, 2007.

___. **La prelazione urbana.** Milano: Giuffrè, 1990.

TUCCI, Rogério Lauria; AZEVEDO, Álvaro Villaça. Direito de preferência. In: **Revista do Advogado.** Associação dos Advogados de São Paulo, n. 45, p. 41-56, jan. 1995.

VENOSA, Sílvio de Salvo. **Direito civil:** parte geral. v.1.13.ed. São Paulo: Atlas, 2013.

___. **Direito civil:** contratos em espécie. v. 3. 13. ed. São Paulo: Atlas, 2013.

___. **Lei do Inquilinato comentada.** 13. ed. São Paulo: Atlas, 2014.

VETTORI, Giuseppe. **Efficacia ed opponibilità del patto di preferenza.** Milano: Giuffrè, 1988.

WALD, Arnoldo. Da prevalência do critério econômico da indivisibilidade e dos efeitos reais da preferência do condômino (interpretação do art. 1.139 do Código Civil). In: **Revista de Direito Civil, Imobiliário, Agrário, Empresarial,** v. 15, n. 56, p. 177-191, 1991.

ÍNDICE

PREFÁCIO	9
SUMÁRIO	11
INTRODUÇÃO	15
1. OS CONTRATOS AGRÁRIOS E O ESTATUTO DA TERRA	19
2. O DIREITO DE PREFERÊNCIA	71
3. O DIREITO DE PREFERÊNCIA NO ESTATUTO DA TERRA (POSIÇÃO DO ARRENDATÁRIO)	97
4. O DIREITO DE PREFERÊNCIA DO LOCATÁRIO	163
5. O DIREITO DE PREFERÊNCIA NAS RELAÇÕES CIVIS	173
6. O DIREITO DE PREFERÊNCIA NO ÂMBITO SOCIETÁRIO	195
7. DIREITO DE PREFERÊNCIA DO PARCEIRO OUTORGADO	217
8. DIREITO DE PREFERÊNCIA CONVENCIONAL	235
9. PRINCIPAIS EFEITOS JURÍDICOS DO CONTRATO DE PREEMPÇÃO	249

DIREITO AGRÁRIO

10. REGISTRO DO CONTRATO DE PREEMPÇÃO   255

11. EXECUÇÃO ESPECÍFICA DO DIREITO DE PREFERÊNCIA
DO PARCEIRO OUTORGADO   259

12. CESSÃO DO DIREITO DE PREFERÊNCIA COM EFICÁCIA REAL   293

13. CAUSAS EXTINTIVAS   297

CONCLUSÃO   301

REFERÊNCIAS   305